Mein Leben im Dschungel

Anthologie

Mein Leben im Dschungel

Anthologie

Alle Rechte, insbesondere auf
digitale Vervielfältigung, vorbehalten.
Keine Übernahme des Buchblocks in digitale
Verzeichnisse, keine analoge Kopie
ohne Zustimmung des Verlages.
Das Buchcover darf zur Darstellung des Buches
unter Hinweis auf den Verlag jederzeit frei
verwendet werden.
Eine anderweitige Vervielfältigung des
Coverbildes ist nur mit Zustimmung
der Coverillustratorin möglich.

Die Illustrationen sind urheberrechtlich
geschützt und dürfen nur mit Zustimmung
der Künstler verwendet werden.

Die Namen sind frei erfunden.
Evtl. Namensgleichheiten sind zufällig.

www.net-verlag.de
Erste Auflage 2015
© Coverbild: Sandra Braun
Covergestaltung, Korrektorat
und Layout: net-Verlag
Auswahl der Geschichten:
Lysann Rößler & Leserteam
© Illustrationen:
Christine Prinz (S. 23)
Heidemarie Opfinger (S. 142)
Andreas Tampe (S. 159)
Franziska Buchner (S. 247)
© net-Verlag, Tangerhütte
printed in the EU
ISBN 978-3-95720-142-3

Mein Leben im Dschungel

In dieser Anthologie erleben Sie spannende, ergreifende und teilweise realistisch wirkende Begebenheiten. Viele Autoren zeigen Ihnen eine Welt des tatsächlichen Dschungels auf, einige sogar eine alternative Dschungelwelt – die des Alltags.

Wir wünschen allen Lesern

einige unterhaltsame Stunden!

Ihr net-Verlag-Team

Inhaltsverzeichnis

Christine Prinz	Begegnungen	9
Ronny Gempe	Am Abgrund	25
Michael Johannes B. Lange	Jenseits von Brasília	42
Brit Gögel	Wie immer – oder Überleben im Alltagsdschungel	58
Wenke Giwsok	Mein Leben im Dschungel oder Reif für die Insel	64
Saskia V. Burmeister	Das Spiel von Licht und Schatten	74
Karen Wright	Viel Glück im Urwald	89
Karin Pelka	Eine Trommel-Symphonie	106
Susanne Rübner	Verloren	123
Sabine Kohlert	Survival	128
Susanne Zetzl	Allein, allein	130
Heidemarie Opfinger	Begegnung mit einem Waldmenschen	138
Susanne Haug	Sergio	143
Sophie Jauch	Urwaldexpedition	155
Heike Großmann	Wildes Uganda	158
Michaela Weiß	Gefangen	160
Gina Grimpo	Verschollen	165
Volker Liebelt	Das dritte Auge	181
Angie Pfeiffer	Wolfsbruder	200
Sabine Kranich	Anna und ihr Dschungel	210
Ingeborg Henrichs	Undurchdringlich	215
Martina Bracke	Die goldene Sonne	216
Dr. Silke Vogt	Urwaldessen	220
Markus L. Schmid	Mein Leben im Dschungel	221
Mona Schneider-Siepe	Dschungel in der Stadt	231
Hans-Peter Lorang	Dschungelnächte	232
Karen Plate-Buchner	Tarzan	247

| Anja Kubica | 24 Stunden | 248 |

Autorenbiografien	251
Illustratorenbiografien	254
Buchempfehlungen	255

Christine Prinz

Begegnungen

1 – Bauchlandung (Jessikas Perspektive)

Die Aussicht war einfach atemberaubend! Bis zum Horizont erstreckte sich der grüne Urwald. Hie und da durchbrochen von größeren und kleineren Flüssen. Ich war begeistert und schoss ein Foto nach dem anderen. Speicherkarten hatte ich ja genug mitgenommen. »Thomas, sieh dir das an!«, quiekte ich alle paar Augenblicke in höchster Verzückung. Ich war so glücklich, dass ich meinen Verlobten auf dieser Reise begleiten durfte. Noch dankbarer war ich aber dafür, dass er mir seinen Fensterplatz überlassen hatte.

Thomas saß schmunzelnd zwischen mir und Elsa, seiner Schwester. Er kannte den Dschungel aus Vogelperspektive wohl schon zur Genüge. Es bereitete ihm aber offensichtlich großes Vergnügen mitanzuhören, wie ich und Elsa uns gegenseitig Worte des Erstaunens zuriefen.

Die Seitenfenster waren zwar winzig und zeigten zum Großteil auch nur graue Tragfläche, aber ich sah noch genug grünen Wald! Das, was ich sah, verschlug mir jedenfalls den Atem. Unsere Maschine flog nicht gar so hoch. Ich konnte die vielen bunten Wasservögel ausmachen, welche die Flussläufe bevölkerten. Ich konnte ganze Kolonien mit ihren vielen Tieren und Nestern erkennen.

»Elsa, siehst du die Vögel da unten?«
»Ja! Wunderschön!«
»Jessi, schau, der große Baum da!«
»Irre!«

So ging das in einer Tour. Bis zu dem Zeitpunkt, an dem wir alle einen lauten Knall hörten. Der Pilot fluchte auf Spanisch. Durch das Fenster konnte ich sehen, wie tiefschwarzer Rauch aus dem linken Propeller entwich. Der Propeller wurde langsamer, stotterte, setzte endgültig aus. Wir stürzten ab! Mitten über dem Dschungel!

Unsere kleine Maschine würde wie ein Spielzeug zerschmettert werden. Da war ich mir sicher. Aber wir hatten unvorstellbares Glück und ein Ass von einem Piloten! Es gelang ihm doch tatsächlich, die Maschine auf einem Flusslauf notzulanden. Die Kufen setzten mit einem harten Ruck auf der Wasseroberfläche auf. Links und rechts von uns stoben große weiße Wasservögel empört kreischend auf. Wie ein Pfeil schoss unsere Maschine auf dem dunklen Gewässer dahin. Wir hatten wirklich verdammtes Glück, dass der Fluss erst in einiger Entfernung eine Biegung machte. Ansonsten wären wir nämlich ungebremst in die nächste Baumreihe gerast. So hatte unser kleines Flugzeug aber bereits einen Großteil seiner Geschwindigkeit eingebüßt, als wir auf den Uferbewuchs trafen.

Ich hörte metallisches Kreischen und das gewaltsame Splittern von Holz. Dann war, bis auf die verschreckten Tierlaute, alles ruhig.

Ich öffnete vorsichtig die Augen.

»Ist jemand verletzt?«, rief der Pilot.

Wir sahen uns gegenseitig an. Bis auf einige Prellungen und blaue Flecken hatten wir es alle gut überstanden.

Der Pilot bekreuzigte sich.

Wir krabbelten aus dem Flugzeug, weil wir das dringende Bedürfnis hatten, Land unter den Füßen zu spüren und kräftig durchzuatmen. Elsa war sehr blass und wacklig auf den Beinen. Ihr Blick ging ins Leere. Ich bugsierte sie auf einen umgestürzten Baumstamm und versuchte, sie zu beruhigen.

»Madre de díos«, hörte ich den Pilot fluchen. Heilige Mutter Gottes – so viel Spanisch verstand ich gerade noch. Der Pilot stand vor der abgeschlagenen linken

Tragfläche und begutachtete den Schaden. Dann kletterte er wieder ins Flugzeug und klemmte sich auf seinen Sitz.

»Qué pasa?«, rief ihm Thomas nach.

Dem weiteren Gesprächsverlauf konnte ich nicht mehr folgen. Ich sah nur das angespannte Stirnrunzeln auf Thomas' Gesicht, als Santos, der Pilot, zu uns zurückkehrte. Die Maschine sei hinüber und die Funkeinrichtung ebenfalls. Aber wir sollten uns keine Sorgen machen.

Nachdem sich der erste Schrecken gelegt hatte, verpflegten wir uns mit dem Wenigen, was wir eingepackt hatten. Wir hatten angenommen, in ein, zwei Stunden im Camp einzutreffen. Außer ein paar Butterbroten, Müsliriegeln und Mineralwasser in Plastikflaschen gab es nichts. Mir knurrte deshalb schon bald wieder der Magen. Die Notfallkonserven rührten wir nicht an.

Als es zu dämmern begann, verkrochen wir uns wieder im Flugzeug. Als ich sicher war, dass Elsa bereits schlief, stellte ich Thomas eine brennende Fragen: »Die werden uns doch suchen, oder?«

»Sicher. Wir sind längst überfällig. Mach dir keine Sorgen. Die haben sicher schon Verbindung mit dem Flughafen aufgenommen. Und morgen schicken sie dann die ersten Suchflugzeuge los.«

Seine Worte und seine Nähe beruhigten mich. In eine dünne Rettungsdecke gehüllt, schlief ich dicht an Thomas gekuschelt ein.

Am Himmel des nächsten Tages zeigte sich aber keine Suchmaschine. Auch nicht am Tag darauf. Thomas erklärte das damit, dass es sich ja um ein riesiges Dschungelgebiet handele. Elsa konnte das zufriedenstellen. Mich jedoch nicht. Ich wusste, dass man die Suche sehr wohl hätte eingrenzen können. Unsere Flugroute war ja schließlich vorab bekannt gewesen. Jede Suchaktion hätte sich zunächst entlang dieser Fluglinie bewegt.

Zugegeben, unser kleines Wrack war in dem grünen Wildwuchs nur schwer auszumachen. Aber zu diesem Zweck führte man ja schließlich immer Leuchtpistolen mit sich, mit deren Geschossen man deutlich auf sich aufmerksam machen konnte. Wir wechselten uns dabei ab, den Himmel nach Flugzeugen abzusuchen.

Des Nachts schreckte ich öfter mal aus meinem unruhigen Schlaf auf, weil ich dachte, Motorenlärm gehört zu haben. Aber es war immer nur ein Wunschtraum. Alles, was man hörte, waren die unterschiedlichsten Ruflaute nachtaktiver Tiere.

Wir verpflegten uns mit Trockennahrung aus dem Notfallkoffer und öffneten die ersten Konservendosen. Unsere Vorräte schmolzen dahin. Besonders was das Trinkwasser anlangte. Schon am zweiten Tag nach unserem unfreiwilligen Stopp suchten wir deshalb die nähere Umgebung nach Essbarem ab. Santos grub ein paar Wurzeln und auch Insekten aus, die, wie er behauptete, essbar waren. Etwa hundert Meter flussabwärts entdeckten wir auch mehrere Sträucher, die vor reifen, roten Beeren fast überquollen. Weil Santos sie nicht kannte, wollte er sie aber auch nicht anrühren. Also rührten wir sie auch nicht an.

Am dritten Tag regnete es wie aus Eimern. Den allnachmittäglichen Regenschauer hatten wir bereits zweimal erlebt. Diesmal war es aber kein kurzer Schauer, sondern ein ausgewachsener Tropensturm. Mich plagte die Befürchtung, dass wir vom Unwetter auf den Fluss hinausgezogen würden. Aber das Propellerflugzeug war derart in den dichten Uferbewuchs verkeilt, dass alles Rütteln und Zerren des Windes vergeblich blieb.

Thomas meinte, es sei wahrscheinlicher, dass wir von einem umkippenden Baum zerquetscht würden. Nicht gerade die rosigsten Aussichten.

Wir hockten aneinandergedrängt beisammen und hofften zitternd das Beste. So wie es die vielen Dschungeltierchen in ihrem Bau wohl auch gerade taten.

Der vierte Tag brach herein. Der Sturm hatte sich gelegt. Wir waren erleichtert, hatten allerdings kein Trinkwasser mehr und mussten Wasser aus dem Fluss schöpfen. Dazu bedienten wir uns der leeren Konservendosen vom Vortag. Die wassergefüllten Dosen kochten wir dann über einem Ein-Mann-Kocher ab und fügten noch Desinfektionstabletten aus dem Notfallkoffer hinzu. Trotzdem war mir bei jedem Schluck etwas mulmig zumute.

Bis zum Mittag hatte sich immer noch kein Suchflugzeug gezeigt. Thomas und Santos wollten etwas weiter in den Dschungel vordringen. Also blieben Elsa und ich beim Flugzeug zurück, um den Himmel im Auge zu behalten.

Elsas Blick wanderte immer wieder hundert Meter flussabwärts. Zu der Böschung, wo die Sträucher mit den leuchtend roten Beeren wuchsen. Schließlich stand sie auf und ging darauf zu.

»Nicht, Elsa!«, warnte ich sie. »Die könnten giftig sein!«

»Quatsch,« entgegnete sie. »Die Tiere essen schließlich auch davon.«

Ich wiederholte stur das, was Santos uns eingebläut hatte: »Nur weil die Tiere sie essen, muss das nicht heißen, dass sie für Menschen genießbar sind!«

Doch Elsa hörte nicht auf mich. Sie pflückte zaghaft eine Beere. Ich fiel ihr in den Arm. Sie gab mir einen kräftigen Schubs. Ich plumpste rücklings auf mein Hinterteil.

»Lass mich!«, giftete sie mich an, und ich ließ sie resigniert gewähren.

Sie probierte eine Beere. Dann noch eine und noch eine. »Hey, die schmecken echt lecker!« Sie hielt mir welche hin.

Aber ich lehnte kopfschüttelnd ab, und das war auch gut so. Denn einige Stunden später zeigten sich bei Elsa erste Symptome einer Vergiftung.

Schnell wuchs sich das dumpfe Drücken zu massiven Bauchkrämpfen aus, die Elsa wimmernd auf den Boden zwangen. Sie hatte sich zwar den Finger in den Mund gesteckt und erbrochen, aber das Beerengift war wohl schon in zu hoher Dosis in ihr Blut gelangt. Das Einzige, was sie damit erreicht hatte, war, sich auch noch die Speiseröhre zu verätzen.

Ich richtete ihr im Laderaum des Flugzeuges ein Lager ein und verabreichte ihr dann in kleinen Schlückchen Wasser. Vielleicht verdünnte das ja den Beerenbrei in ihrem Magen soweit, dass sich ihre Beschwerden linderten.

Mich plagten arge Gewissensbisse. Warum hatte ich Elsa nicht aufgehalten?

Als die anderen zurückkehrten, war Thomas außer sich. »Elsa!«, tobte er verzweifelt. »Wie kannst du nur so blöd sein?«

»Die sahen so lecker aus«, stammelte Elsa kraftlos.

Dann sah mich Thomas vorwurfsvoll an. »Du hättest sie aufhalten müssen!«, zischte er.

Ich senkte beschämt den Kopf.

»Nein, Thomas«, wisperte Elsa von ihrem Krankenlager. »Es ist meine Schuld. Ich hatte Hunger. Solchen Hunger.«

Nachdem Elsa in einen fiebrigen Schlaf gefallen war, forderte Thomas entschlossen: »Wir müssen Hilfe holen!«

»Hilfe? Von wem denn?«, antwortete ich verzweifelt, die Schultern zuckend. »Wir sind mitten im Dschungel. Wir haben keine Funkverbindung. Niemand weiß, wo wir sind!«

»Vielleicht gibt es hier in der Nähe ein Dorf oder einen Handelsposten«, konterte Thomas. Er wandte sich händeringend an Santos. Aber nach genauerem Kartenstudium stand fest, dass wir an einem recht ungünstigen Fleck abgestürzt waren. Wir konnten nur hoffen, dass man uns bald finden würde.

»Ich gehe«, verkündete Thomas schließlich.

Ich hockte immer noch neben Elsa und bewachte ihren Schlaf. Verwundert sah ich auf: »Gehen – wohin?«

»Ich werde versuchen, mich bis zur nächsten Siedlung durchzuschlagen.«

»Du kannst doch nicht einfach so in den Dschungel laufen!«

»Santos wird mir die Karte, den Kompass und ein paar Vorräte überlassen.«

Ich sah ihn an, als ob er verrückt geworden wäre.

»Ich muss es versuchen«, erwiderte er stürmisch. »Elsa stirbt!«

»Dann komme ich mit!«, verkündete ich spontan.

»Nein!« Thomas schüttelte energisch den Kopf. »Du bleibst hier bei Elsa!«

»Aber wenn dir etwas passiert?«

Wir sahen uns eine Weile schweigend an. Er nahm mich sanft an der Schulter. »Bleibt beim Flugzeug«, wisperte er. »Die werden euch schon bald finden. Aber bis dahin ist es für Elsa wahrscheinlich zu spät.«

»Bis du mit Hilfe zurück bist, doch auch«, gab ich mit tränenerstickter Stimme zu bedenken.

»Ich muss es versuchen. Sie ist meine Schwester.« Er nahm mich tröstend in seine Arme. »Würdest du für mich nicht dasselbe tun?«

Selbstverständlich würde ich. Ich würde alles versuchen, und wenn es noch so aussichtslos erschien.

Nachdem er seine Siebensachen gepackt hatte, verließ er uns. Als ich ihn hinter der nächsten Flussbiegung verschwinden sah, war ich mir sicher, ihn niemals wiederzusehen.

2 – Beerendrama (Thomas' Perspektive)

Weit bin ich nicht damit gekommen, Hilfe zu holen. Bei dem Versuch, einen im Sturm umgestürzten, immer noch glitschigen Baumriesen zu übersteigen, rutschte ich aus. Ein stechender Schmerz durchzuckte meinen Fuß. Ich verstauchte mir nachhaltig den Knöchel und machte eine weitere Bruchlandung auf dem Dschungelboden.

»Du bist ja ein schöner Held!«, schalt ich mich, während ich meinen Stiefel abstreifte und meinen schmerzenden Fuß abtastete. Ich verfluchte mich, weil ich so leichtsinnig gewesen war. Ich hätte ja um den Baum herumlaufen können. Aber nein, ich musste ja darüber hinwegsteigen und mich zum Krüppel machen. Ich hatte nicht nur mein Leben leichtfertig aufs Spiel gesetzt. Elsa würde sterben!

Mit einem Mal verspürte ich das seltsame Gefühl, beobachtet zu werden. Ich sah mich schniefend um. Zu meiner Rechten sah ich eine kleine Gestalt. Ich stutzte. Tatsache, da stand ein Junge! Als wäre er aus dem Boden gewachsen! Stand da und begaffte mich mit weit offenem Mund.

Er war vielleicht zehn bis zwölf Jahre alt, hatte dunkles Haar und dunkle Augen. Für einen Indianer war er zu hellhäutig, für einen Europäer zu dunkel. Ein Mestizo also, ein Mischling. Er trug eine fleckige, dunkelgrüne Hose, ein ebenso dreckig wie grünes Shirt und eine Art Gurtsystem, an dem allerlei kleine Taschen und Behälter baumelten.

Irgendwann klappte er seinen Mund zu, zog die Hände artig an seine Hosennaht und grüßte mich mit einem artigen: »Buenos días, Señor!«

»Buenos días«, stammelte ich instinktiv. Ein Teil von mir hielt den Jungen immer noch für ein Produkt meiner Fantasie.

Als er sich aber sofort neben mich kniete, fragte, wie es mir ging, ob ich Schmerzen hätte, wo ich Schmerzen hätte – da kam er mir sehr real vor. Er befühlte mit seinen kleinen Kinderhänden mein geschwollenes Fußgelenk. Zog mir die Socke ab. Dann griff er flink in eine große Tasche und zauberte allerlei Verbandszeug daraus hervor.

Meine Augen quollen fast über vor Staunen. Geschickt wickelte der kleine Kerl einen sauberen, weißen Verband um meinen schmerzenden Fuß, nachdem er eine dunkle, intensiv riechende Heilpaste darauf gepappt hatte.

Ich bedankte mich mit einem kleinlauten »Gracias«.

Der Junge erwiderte das mit einem »De nada« und fing an, zwischen den Baumästen herumzuturnen. Zurück kam er mit einem langen, dicken Ast in Händen, den er mir sogleich als Krücke anbot.

Da endlich erwachte ich aus meiner Lethargie.

»Elsa!«, rief ich aus, und der Junge zuckte verstört zusammen. Ich hievte mich auf die Beine und beschwor den Jungen auf Spanisch, mir zu helfen. Elsa hätte giftige Beeren gegessen. Ich wollte noch wissen, wo seine Eltern waren und ob hier in der Nähe ein Arzt wäre, aber der Junge schnitt mir energisch das Wort ab. Er wollte wissen, welche Beeren die Patientin zu sich genommen habe.

Ich war schlau genug gewesen, ein paar der roten Früchte einzustecken. Die holte ich jetzt aus meiner Hosentasche hervor und zeigte sie ihm.

Wie viele, wollte er umgehend wissen. Ich formte mit meinen beiden Händen eine kleine Kugel, so wie es Elsa getan hatte, als ich sie nach der Dosis gefragt hatte.

Der Junge grinste, dann hüpfte er auf den Baumstamm und feuerte mich Worten und Gesten an, ihm zu folgen. Ich wollte, dass er seine Eltern verständigte, dass er einen Arzt holte. Aber er wehrte herzhaft lachend ab: »Не волнуйтесь!«

Das war jetzt aber Russisch. Klar. Mestizo. Mischling. Ich musste aber ziemlich doof ausgesehen haben, denn der Junge bog sich vor Lachen. Ich schöpfte Hoffnung. Für Elsa.

Der Kleine schien nicht sonderlich bekümmert. Er wollte nicht auf meine Fragen antworten, meinte bloß, ich solle mir keine Sorgen machen. Er würde das schon richten. Und ich vertraute dem Urteil dieses zehnjährigen Bengels. Immerhin hatte er auch schon meinen Knöchel verarztet, oder?

Er half mir dabei, über den Baumstamm zu klettern. Zur einen Seite auf den Jungen gestützt, zur anderen auf den Stock, humpelten wir los. Für den Rückweg brauchten wir deshalb etwas länger.

Als wir uns dem Flugzeugwrack näherten, hatte Santos gerade Wache. Er sah uns kommen und verständigte die anderen.

Jessika lief uns entgegen und begrüßte mich mit einer stürmischen Umarmung. »Thomas!«

»Alles okay, Jess. Alles okay.«

»Dein Fuß!«

»Nur 'ne kleine Verstauchung.«

»Buenos días, Señora«, begrüßte sie der kleine Mestizo artig und entließ mich und mein drückendes Körpergewicht in Jessikas Obhut.

»Wer ist das?«, wollte sie erstaunt wissen, doch ich schüttelte den Kopf. Meine Gedanken galten jetzt ganz und gar Elsas Genesung. Der Junge war mir bereits weit voraus, mit einem »Buenos días, Señor« an Santos vorbei geeilt und in der Maschine verschwunden.

Als mich Jessika und Santos ins Innere hievten, sah ich Elsa immer noch wimmernd unter der Rettungsdecke liegen.

Mein kleiner Retter hockte bereits auf dem Boden und hantierte mit unserem Ein-Mann-Kocher.

Ich ließ mich an der Wand niedergleiten und beobachtete aufmerksam sein Tun.
Jessika setzte sich neben mich. Santos kehrte wieder auf seinen Posten draußen zurück.
»Wer ist das?«, flüsterte Jessika nach einer Weile.
»Keine Ahnung«, gestand ich. »Ich hab ihn unten am Fluss getroffen. Er behauptet, er könnte ihr helfen.«
Der Junge ließ sich durch unser fremdländisches Geschnatter nicht im Geringsten ablenken. Er hatte sich schon ziemlich häuslich eingerichtet. Rings um ihn lagen allerlei Habseligkeiten bereit. Unter anderem ein sauberer Metallbecher, den er aus einem zusammensteckbaren Essgeschirr-System zog. Ich staunte nicht schlecht, als er aus einer großen Tasche auch noch einen waschechten Sanitätskoffer zog. Der Kleine war erstaunlich gut ausgerüstet.

Mit großen Augen verfolgten Jessika und ich, wie der Junge flink darin herumkramte und ein eingeschweißtes Päckchen herausnahm. Er riss es auf, warf einen abschätzenden Seitenblick auf Elsa. Dann schüttete er so viel Pulver aus dem Päckchen auf ein Stück Papier, wie er es wohl für richtig hielt. Er benutzte das gefaltete Stück Papier, das er vorab aus seinem Notizblock abgerissen hatte, als Trichter. Ohne auch nur ein Korn zu verstreuen, kippte er das Pulver in den Becher. Als nächstes goss er vorsichtig Wasser hinein. Dazu benutzte er seine Trinkflasche. Zum Umrühren nahm er eine Spatel aus seinem Sanitätskoffer. Als er fertig damit war, zog er aus seinem klappbaren Essgeschirr auch eine Schachtel Esbit hervor. Mit einem Würfelchen aus dieser Schachtel und einem Feuerzeug aus seiner Brusttasche setzte er unseren Ein-Mann-Kocher in Gang.

Die ganze Prozedur hatte nur wenig Zeit in Anspruch genommen. Schon dampfte es aus dem Trinkbecher auf dem Kocher.

Jessika und ich sahen uns überrascht, aber auch glücklich an. Der Kleine war wirklich unverschämt gut in diesen Dingen. Irgendjemand hatte ihm das beigebracht. Daran bestand kein Zweifel. Was aber tat ein kleiner, zehnjähriger Junge mitten im Dschungel?

Der Bursche wisperte vor sich hin, und dabei streckte er von Zeit zu Zeit einen Finger nach dem anderen aus. Sein halblautes Geplapper war weder Spanisch noch Russisch. Es musste irgendein Indianerdialekt sein. Ein unverständlicher, melodiöser Singsang.

»Was macht er da?«, wisperte ich verwundert. »Beten?«

»Quatsch!«, erwiderte Jessika. »Ich glaube, er zählt die Zeit! Er hat ja keine Uhr, schau!«

Tatsache, der Kleine trug keine Uhr an seinem Handgelenk. Wie sollte er also die Kochzeit einhalten? Er ratterte die Strophen irgendeines Liedes herunter und zählte dabei mit den Fingern mit!

Wir waren wirklich baff.

»Meinst du, es gibt ein Dorf hier in der Nähe?«

»Ne«, raunte ich. »Auf der Karte ist doch nirgends was eingezeichnet.«

»Es muss ja nicht jedes Kaff eingezeichnet sein, oder?«

So unterhielten wir beide uns gedämpft, während das Gebräu vor sich hin dampfte und der Kleine vor sich hin sang.

Als die Arznei endlich fertiggestellt war, half Jessika meiner Schwester dabei, sich aufzusetzen. Ich hielt Elsa sogleich den fertigen Becher an die Lippen. Sie nippte schwach daran. Dann wollte sie sich wieder hinlegen, weil ihr schwindlig wurde. Aber weder ich noch unser kleiner Arzt ließen das zu.

Ich zwang Elsa noch ein paar Schluck Gebräu auf. Sie legte sich wieder hin, und nach ein paar Minuten, da sie sich besser fühlte, wiederholten wir das Ganze.

So lange, bis der Becher geleert war.

Und schon bald stellte sich die positive Wirkung des Gebräus ein. Elsa gewann deutlich an Gesichtsfarbe und an Kraft. Wir waren alle sehr erleichtert. Dann stöhnte sie nach einer Weile aber wieder auf und hielt sich den Bauch: »Uh-oh ...«

»Was ist los?«, wollte ich alarmiert wissen. Ich dachte, sie hätte einen Rückfall erlitten.

»Ich muss raus«, presste Elsa verlegen hervor und ich wurde puterrot im Gesicht.

Weil ich dastand wie ein verzauberter Ölgötze, war es Jessika, die Elsa nach draußen half, wo sie sich ungeniert erleichtern konnte.

Als meine Schwester zurückkam, auf eigenen Beinen stehend, strahlte sie von einem Ohr zum anderen. »Schon viel besser«, verkündete sie, und der Junge bog sich vor Lachen. Er verstand zwar kein Wort Deutsch, aber Elsas seliger Gesichtsausdruck sagte alles.

Voller Erleichterung fielen erst Elsa und dann ich, schließlich auch Jess in das Lachen ein. Wir lachten so laut und ausgelassen, dass Santos besorgt seinen Kopf zur Türe hereinstreckte.

So endete der vierte Tag unseres Dschungelaufenthalts doch noch mit einem Lichtblick.

3 – Der Waldläufer (Santos Perspektive)

Was soll ich sagen? Ich bin nicht wirklich religiös. Ich bin Pilot. Ich halte mich lieber an die Naturgesetze der Aerodynamik. Aber was diesen Jungen angeht, ist der abergläubische Teil in mir felsenfest davon überzeugt, dass Gott uns einen Engel geschickt hat. Einen kleinen grünen Engel im Sanitätsdienst.

Er war ein zurückhaltendes, scheues Kerlchen. Ein Indianer eben. Die sind auf uns Städter nicht sonderlich gut zu sprechen. Aus gutem Grund. Trotzdem hatte ich ihn schon bald ins Herz geschlossen. Denn in Sachen Survival-Training hatte er eindeutig die Nase vorn. Das gebe ich ungeniert zu. Ich bin zwar Pilot und auch für Notfälle ausgebildet. Der Kleine aber lebt den Notfall vierundzwanzig Stunden am Tag.

Als ich mich mit ihm länger unterhielt, fand ich heraus, dass er sich als Waldläufer verdingte. Er beförderte Kleinkram und Botschaften von Dorf zu Dorf. Was das für Botschaften seien, habe ich ihn gefragt. Und als Antwort hatte er nur eine Schnute gezogen und schmatzende Kusslaute gemacht. Wir mussten beide herzhaft lachen. Klar, so etwas will man nicht über Funk verbreiten. Schon gar nicht, wenn das halbe Dorf mithörte. Apropos Dorf. Schon am nächsten Tag nach Fräulein Elsas Genesung brachen wir auf. Unser kleiner, grüner Waldläufer führte uns an und versorgte uns unterwegs mit so ziemlich allem, was wir brauchten.

In kleinen Etappen ging es durch den Dschungel. Von einem Unterschlupf zum nächsten. Nicht nur die Deutschen waren erstaunt, das muss ich zugeben. Ich bin zwar auf dem Land aufgewachsen, aber ich bin kein Dschungelkind. Ich kenne die Routen der Eingeborenen und Guerillatruppen nicht. Der kleine Jaguar hingegen schon. Er erzählte mir brühwarm von allem, was ihm nur in den Sinn kam. Von giftigen Spinnen, großen Raubkatzen und noch größeren Würgeschlangen, von heftigen Tropenstürmen und nicht minder heftigen Feuergefechten zwischen Regierungstruppen und Drogenkartellen. Ich merkte wohl, dass der Kleine sein Wissen nicht aus fremder Erzählung schöpfte. In diesem kleinen Kinderkörper, das wurde mir während unserer gemeinsamen Reise deutlich bewusst, steckte bereits ein breites Spektrum menschlicher Erfahrung. Dieser Knirps war seinen Altersgenossen in manchen Dingen schon weit voraus. In anderen Dinge allerdings immer noch ein Kind. Bei jeder Rast zum Beispiel nötigte er einem von uns ein Spiel ab. Egal ob Händeklatschen, Hasch-mich oder Kitzel-mich. Vor dem Schlafengehen wollte er immer eine Geschichte erzählt bekommen. Und es war ihm vollkommen egal, ob Spanisch oder Deutsch. Ob er sie also verstand oder nicht, er lauschte mit andächtig gespitzten Ohren. Ich war so gerührt, dass ich, sofern ich Zeit und Energie dazu hatte, den Dolmetscher zum Besten gab.

Durch unseren kleinen Waldläufer erfuhr ich auch, warum man keine Suchflugzeuge losgeschickt hatte. Ein Vorbote des Tropensturms hatte nämlich weiter südlich schon kurz nach unserem Abflug zugeschlagen und sowohl Funk als auch Rollbahn lahmgelegt. Letztlich hatte sich aber doch alles zum Guten gewendet. Dank unserem kleinen grünen Engel.

4 – *Was ich diesen Sommer erlebt habe (Jaguars Perspektive)*

Hallo! Ich heiße Jaguar. Ich bin 10 Jahre alt und lebe in einem kleinen Dorf in einem riesigen Dschungel. Ich bin ein Mischling. Denn meine Mutter ist eine Eingeborene, mein Vater ist aber ein Russe. Ich spreche kein Deutsch. Fräulein Elsa lehrt mich Deutsch. Sie hilft mir, das hier zu schreiben. Wer ist Fräulein Elsa? Sie ist eine Touristin. Ihr Bruder ist Archäologe. Sie kam, um ihn zu besuchen, aber sie stürzten allesamt mit dem Flugzeug ab. Ich war droben auf der Hügelkette und habe gesehen, wie das Flugzeug auf dem Fluss gelandet ist. Ich ging hin, um den Menschen dort zu helfen. Es waren vier. Ich führte sie zu unserem Dorf. Sie waren sehr glücklich und dankbar. Mein Vater war auch sehr stolz auf mich. Er hat mir seine Mütze geschenkt! Sie ist mir noch viel zu groß, aber ich liebe sie!

Ronny Gempe

Am Abgrund

Eine weitere Biegung an einer herabhängenden Liane vorbei, und noch immer ist er mir dicht auf den Fersen. Er trägt eine Waffe, und als Mann ist er mir zudem auch körperlich überlegen. Eiskalte Todesangst verschnürt meine Kehle. Doch es bleibt keine Zeit, um nach Luft zu schnappen. Denn Zeit ist ein ›Luxus‹, der mir in meiner Lage nicht vergönnt ist.
Lauf, Anna! Du kannst es schaffen! Mein verzweifeltes Mantra begleitet mich, während ich tiefer und tiefer in einem Dschungel aus undurchdringlichem Geäst verschwinde. Einem blinden Fleck im nordöstlichen brasilianischen Regenwald, welchen bisher nur wenige Forscher vor mir betreten haben.
Der mich umgebende Lianenwald ist unterdessen eine grüne Mauer, die mir beim atemlosen Hindurchkämpfen aufgrund der Vegetation die Unterarme und Beine zerkratzt. Schmerz empfinde ich trotzdem nicht. Hierfür ist mein Adrenalin-Level viel zu hoch. *Ich muss es schaffen! Das bin ich ihnen schuldig. Sie dürfen nicht einfach von der Landkarte verschwinden!*
Hinter mir ertönt ein Warnschuss gen Himmel. Ich laufe geradeaus weiter, drehe mich nicht um, damit keine wertvollen Sekunden meines Vorsprungs verlorengehen. Mit angstverzerrtem Gesicht springe ich über die geschwungenen Wurzelausläufer eines Andiroba-Baumes, und wieder werden Schüsse abgefeuert, welche diesmal das tiefgrüne Blattwerk über mir zerfetzen. Ohne Navigationsgerät und Kompass, die mir die Richtung vorgeben könnten, laufe ich im brasilianischen Bundesstaat Maranhão im nordöstlichen Teil des Landes um mein Leben.
Dieses knapp 1.200 Quadratkilometer große Gebiet

wurde zwar schon vor Jahren dem fern der Zivilisation lebenden Volk der Awá-Indianer zugesprochen, welche im Zentrum meiner Forschungstätigkeit stehen, und dennoch ist es massiv bedroht. Vor allem illegale Holzfäller und Rinderzüchter versuchen immer wieder, das Land der Awá durch Waffengewalt in ihren Besitz zu bringen. Obwohl die brasilianische Regierung den territorialen Schutz dieses indigenen Amazonas-Volkes in ihrer Verfassung verankert hat, geschieht dessen Umsetzung vor Ort de facto nicht.

Das beste Beispiel dafür ist der bewaffnete Angreifer, vor dem ich gerade fliehe. Nun erlebe ich erstmals am eigenen Leib, mit *was* für einer Bedrohung dieses friedliebende Volk tagtäglich konfrontiert ist.

Ich kann förmlich spüren, wie sich meine zweckmäßige und dennoch für diesen Ort viel zu westlich geschnittene Kleidung mit Schweiß und Luftfeuchtigkeit vollsaugt, während mir mein eigener Herzschlag in den Ohren nachhallt. Immer weiter verliere ich mich in einem Dickicht aus majestätisch anmutenden Bäumen, Schlingpflanzen und farbenfroh schillernden Blüten. Mein Verfolger rückt unterdessen mehr und mehr auf.

Wie soll ich aus diesem Labyrinth jemals wieder herausfinden?, schießt es mir durch den Kopf. Aber dieser Frage muss ich mich später widmen. Jetzt heißt es: überleben um jeden Preis!

Trotz der zwei Monate, in denen ich nun schon die Kultur und Lebensumgebung der Awá studiere, ist mir diese grüne Welt noch immer so fremd, als hätte man mich auf dem Mars ausgesetzt. Tausende Kilometer von den klimatisierten Büros unseres Genfer Forschungsinstituts für Ethnologie und Kulturanthropologie entfernt erkenne ich, wie nicht nur der namenlose Söldner hinter mir mein Feind ist. Nein, die Natur selbst ist ein Gegner in meinem Wettlauf um Leben und Tod. Tropische

Feuchtigkeit, die allein das Atmen mit jedem Schritt geradezu in einen Hochleistungssport verwandelt. Und kein Awá-Indianer ist in der Nähe, der mir mit seinem zwei Meter großen Bogen zu Hilfe eilen könnte.

Geschützt und versteckt leben hier nur noch etwa 350 von ihnen, dazu kommen die ca. 100 Awá, die bisher keinerlei Kontakt zur Zivilisation aufgenommen haben und wie schon seit Jahrhunderten als Jäger und Sammler durch das Unterholz des Regenwaldes ziehen. Sie alle leben nicht nur in der Natur, sondern *mit* ihr.

In meiner aktuellen Situation bräuchte ich ihre Instinkte und Lebenserfahrung. Dachte ich anfangs noch, dass ich den Awá in puncto Wissen weitaus überlegen sei, zeigt sich nun, dass dies ein gefährlicher Trugschluss war. Ich bin schlichtweg aufgeschmissen und muss einsehen, dass die Awá in ihrem natürlichen Umfeld deutlich überlebensfähiger sind, als es jeder Westliche je sein könnte. Ein Wissen, welches sich die Awá auf eine unbeschreiblich schmerzhafte Art zwangsläufig aneignen mussten. Denn die traurige Geschichte ihrer Vertreibung und ihr Kampf ums nackte Überleben haben einen mehr als zweihundertjährigen Ursprung.

Angefangen hatte alles mit der Besiedlung durch die ersten Europäer, die das Land der Awá für sich einnahmen. Den Indianern blieb nichts anderes übrig, als sich gegen 1800 zum Rückzug in das grüne Dickicht des immergrünen Regenwaldes zu entschließen, um so den Übergriffen der *neuen* Bewohner des südamerikanischen Kontinents zu entgehen. Und doch bot selbst dieses Versteck keinen gänzlichen Schutz vor den weißen Angreifern. Genau wie der Mann, der mich gerade verfolgt, so werden auch die Awá weiterhin von Männern gejagt, deren tödliche Waffen durchschlagskräftiger sind als jeder kunstvoll geschnitzte Pfeil und Bogen der brasilianischen Ureinwohner.

Ich vollziehe eine scharfe Kurve und verschwinde hinter einer dichten Anhäufung von Attalea-Palmen. Zum ersten Mal während meiner Flucht kann ich mich kurz ausruhen. Die belebten Geräusche des Regenwaldes sind noch die gleichen, aber die lauten Schritte des Angreifers sind zumindest von meiner Warte aus nicht mehr zu hören. Und dann sehe ich es.

Hinter einer weiteren Baumgruppe lugen die grauen Umrisse einer Behausung hervor. Vorsichtig schleiche ich mich durch Büsche und Gras zu ihr hinüber. Passe dabei auf, möglichst keine Geräusche zu produzieren. Als ich nach etwa fünfzig Metern endlich vor der Behausung stehe, erkenne ich, dass es sich um eine verlassene Goldgräberhütte handelt. Ein aus Stein erbautes Haus mit Türen und Fenstern. Obwohl ich weiß, warum ein solch fremdartig wirkendes Gebäude an einem Ort wie diesem zu finden ist, verwirrt mich der ungewohnte Anblick im ersten Moment. Über die letzten Wochen hinweg war ich schließlich nur die typischen aus Holz und Palmblättern errichteten Unterkünfte der Awá gewohnt.

Die Fenster der Goldgräberhütte sind mit Brettern zugenagelt. Um mich dennoch abzusichern, dass sie wirklich verlassen ist, versuche ich, zwischen den Schlitzen ins Innere zu schauen.

Wie vermutet, ist sie menschenleer.

Ich habe weiter Glück, da die Türen nicht verschlossen sind. Schnell schlüpfe ich geräuschlos hinein und lasse mich mit dem Rücken an einer der kühlenden Steinwände auf den von der Natur zurückeroberten Boden herabsinken.

Zeit für eine Bestandsaufnahme: Ich bin von Kratzern übersät, ein unbekannter Mann trachtet nach meinem Leben, und die nächste Polizeiwache ist meilenweit entfernt. Panisch blicke ich mich um und suche meine neue Umgebung nach etwas ab, mit dem ich mich notfalls zur

Wehr setzen könnte. Eine Spitzhake, Axt oder Schaufel vielleicht. Doch das Einzige, was ich zwischen einem Grasbüschel am Boden finde, ist eine achtlos liegengelassene Siebe-Pfanne zum Waschen des Erdreichs.

Ich hebe sie auf und werfe sie frustriert an die gegenüberliegende Wand. Genau dieses Werkzeug ist schuld daran, weswegen ich überhaupt hier bin. Warum sich die Situation der Awá vor gar nicht allzu langer Zeit auf so dramatische Weise zugespitzt hat.

Denn trotz des Rückzugs der Awá in den Regenwald im Zuge der *weißen Invasion* verschärften sich hierzulande die Verhältnisse, als Geologen Mitte des 20. Jahrhunderts bei ihren Grabungen zufällig auf das größte Erzvorkommen auf unserem Planeten stießen. Von den USA, Japan, der Weltbank sowie der damaligen Europäischen Wirtschaftsgemeinschaft eifrig finanziert, ward innerhalb kürzester Zeit das *Grande Carajás Projekt* geboren. Über eine Fläche hinweg, welche mit der menschlichen Vorstellungskraft kaum zu erfassen ist, entstand genau hier die größte Erzmine der Welt, in der seitdem unter anderem auch Rohstoffe wie Gold, Mangan, Kupfer, Nickel und Zinn abgebaut werden. Mit bloßem Auge ist dieser weltgrößte Tagebau sogar aus dem Weltall aus sichtbar. Und mit jeder verstreichenden Sekunde, in der ich in meinem derzeitigen Versteck verharre, kommt es mir so vor, als sei auch diese Hütte aus dem All heraus sichtbar. *Bitte, bitte, lass ihn mich hier nicht finden! Diesen Ort haben schon zu viele Leute vor ihm entweiht.*

Von den Verheißungen nach schnellem Geld und Reichtum in der Region angelockt, folgten im Zuge des kommerziellen Raubbaus an der Natur unzählige weitere Siedler, Schatzsucher, Holzfäller und Viehzüchter, die die alteingesessenen Awá nur als »lästiges Primitiven-Volk« betrachteten. Sie auf brutalste Weise jagten, vergifteten oder ganze Familien mit Müttern, Vätern, Kindern und

Greisen noch an Ort und Stelle durch die erbarmungslosen Mündungen ihrer Gewehre regelrecht hinrichteten.

In den Neunzigerjahren erstmals publik gemacht, warnten etwa Forscher wie Fiona Watson von *Survival International* davor, dass dieses indigene Volk inzwischen dramatisch umzingelt sei. So bestätigen etwa neuere Satellitenbilder, dass über dreißig Prozent des Waldes um die Awá herum bereits abgeholzt und damit einhergehend auch ihr vertrauter Lebensraum zerstört wurde.

Gefangen in einer Spirale aus Geld, Gier und Gewalt, konnten den Awá nicht einmal mehr die Jahrhunderte alten Bäume und Pflanzen des tropischen Regenwaldes Sicherheit vor dem schweren maschinellen Gerät und der Feuerbereitschaft der fremden Eindringlinge geben. Nach wie vor werden riesige Weideflächen für die Rinderzucht der anliegenden Großgrundbesitzer benötigt. Da der Import von südamerikanischem Rindfleisch im Gegensatz zu heimischen Produkten größtenteils billiger ist, steigt schon seit Jahren die Nachfrage in Absatzmärkten wie Russland, China und Europa. Hinzu kommt die systematische Abholzung des Baumbestandes für den Export der exotischen Tropenhölzer zur Herstellung von Autoarmaturen für Nobelklassefahrzeuge und hochpreisigen Möbelstücken.

Während sich die brasilianische Wirtschaft innerhalb kürzester Zeit zum weltweit zweitgrößten Exporteur von Rindfleisch und einem der wichtigsten Lieferanten von Tropenhölzern mauserte, verschloss die Regierung des Landes hartnäckig die Augen vor dem grausamen Genozid an ihren Ureinwohnern.

Die letzten Informationen und Studien, welche ich zur Vorbereitung meines Aufenthaltes bei den Awá untersucht hatte, ließen den Schluss zu, dass die Awá das inzwischen am meisten bedrohte indigene Volk der Erde sind. Es war demnach schon fast meine Pflicht, sie mithilfe einer großangelegten Forschungsstudie wieder in den Fokus der Weltöffentlichkeit zu holen. Denn in dem Stundenglas der Awá befinden sich nur noch ein paar winzige Sandkörner, und mit jedem neuen Tag droht ein weiteres in den schwarzen Abgrund der Vergessenheit zu fallen.

Ich schrecke aus meinem Gedankenfluss hoch, als ein Schuss die geschlossenen Fensterbretter zersplittern lässt. Mein Versteck wurde soeben entdeckt. Bietet keinerlei Schutz mehr. Unter Schock renne ich zur Hintertür hinaus und laufe wie schon zuvor in den Tiefen des Dschungels einen Zickzack-Kurs, um so meinem Angreifer möglichst wenig Schussfläche zu liefern.

Wieder muss ich an die Awá denken. Ich habe Angst, dass mich das gleiche traurige Schicksal wie sie ereilt. Gejagt, verfolgt und getötet zu werden, ohne dass es irgendjemand mitbekommt.

Während ich bei meiner fortgesetzten Flucht eine Gruppierung ungewöhnlich großer Faune passiere, sehe ich aus dem Augenwinkel heraus, wie ein kleiner Kapuzineraffe mit schwarzem Fell und weißem Kopf aufgeschreckt von einem Ast auf den eines benachbarten Baumes springt. Er sieht genauso aus wie jener, den eine der jungen Awá-Mütter im Dorf *adoptiert* hat. Wie ich bei meinem Aufenthalt bei den Indianern gelernt habe, kommt es oft vor, dass verwaiste Affenbabys aufgenommen und diese sogar mit Muttermilch gestillt werden, da sie für die Awá ab diesem Zeitpunkt als Familienmitglieder gelten.

Heiße Tränen beginnen mir beim Rennen über die Wangen zu laufen, und ich kann einfach nicht begreifen, wie irgendjemand Hass gegen diese warmherzigen und liebevollen Menschen empfinden kann.

Was habe ich mir bei den Vorbereitungen meiner Reise für Sorgen gemacht, wie mich die Awá als hochgewachsene, blonde *Karai* – weiße Frau – aufnehmen würden. Ich konnte im Vorfeld nur mutmaßen, wie kurz oder lange es dauern würde, ihr Vertrauen zu gewinnen. Nach einer abenteuerlichen Reise, welche nach dem transkontinentalen Flug von der Schweiz nach Brasilien aus einer zweitägigen Wegstrecke durch überwiegend unwegsames Gelände mit Jeep, Boot und zuletzt zu Fuß bestand, erreichte ich die Awá und wurde von einer außergewöhnlichen Herzlichkeit überrascht, wie ich sie noch nie erlebt habe. Sämtliche meiner Befürchtungen verpufften damals gleich noch am ersten Tag in Schall und Rauch. Mein Übersetzer Thiago und ich wurden sofort aufs freundlichste »Willkommen« geheißen und von der Awá-Gemeinschaft ohne Berührungsängste, zwei kleinen hilflosen Kapuziner-Äffchen gleich, adoptiert.

Im Gegensatz zu meinem Verfolger, der sich trotz des Verbots der Regierung (wahrscheinlich durch Schmiergeldzahlungen oder andere illegale Weise) Zutritt zu dem Gebiet der Awá verschafft hat, musste ich für diese Ehre, die ja hochoffiziell eine wissenschaftliche Studie unseres Instituts ist und mit Unmengen von Genehmigungen verbunden war, mit den brasilianischen Behörden förmlich ringen. Erst nach einem endlos langen verwaltungsrechtlichen E-Mail- und Schriftverkehr wurde es uns unter Auflage diverser Vorgaben schließlich gestattet, für das dreimonatige Forschungsprojekt anzureisen.

Auch wenn die Anreise im Landesinneren über zwei Tage hinweg von Strapazen und Unannehmlichkeiten geprägt war, so hat mich nichts auf den Anblick vorbereitet, der mich empfing, kurz bevor wir das Awá-Gebiet endlich erreichten: Vor uns breitete sich das komplette Ausmaß der von Menschenhand produzierten Umweltkatastrophe wie ein verkohlter grauer Flickenteppich aus. Weite Flächen verbrannten Holzes und traurig aus dem Boden ragende Baumstümpfe, die sich nicht meter-, sondern kilometerweit in den äquatorialen Dschungel fraßen. Tief in mir drinnen sammelte sich damals eine Mischung aus Traurigkeit und Wut, die wohl erst nachvollziehbar ist, wenn man direkt mit dieser erschreckenden post-apokalyptischen Landschaft konfrontiert wird.

Wir liefen teilweise an noch rauchendem Boden vorbei, bis uns Takwarentxia, der Stammesführer, am Rande des Waldes begrüßte. Auf dem Weg durch den Regenwald, hin zum Dorf, änderte sich die Szenerie. Umgeben von all den riesigen Bäumen konnte ich mich an der Artenvielfalt von Tier- und Pflanzenwelt kaum sattsehen. Ich war überwältigt – sprachlos. Es war ein Anblick, welcher mich nur noch mehr in dem Anliegen bestärkte, dieses (noch) heile Stück Welt vor der drohenden Zerstörung zu bewahren.

Im Verlauf meines Aufenthaltes sollte ich von Takwarentxia und all den anderen Awá-Männern und -Frauen, die ich kennenlernen durfte, noch viel über Harakwá, was so viel wie »der Ort, den wir kennen« bedeutet, erfahren. Es gab nicht mehr nur mich, Dr. Anna Rochat, als individual-gesellschaftlich geprägtes Individuum, nein, ich wurde ein Teil ihrer Gemeinschaft. Wurde ein Mitglied der Awá, das sich schon nach kürzester Zeit in ihre Riten und Gebräuche vollständig integriert hat.

Einer letzten Erinnerung vor dem nahenden Tod gleich, ziehen all meine Erlebnisse mit den Awá vor meinem inneren Auge vorbei: meine Tage, die sich in den vergangenen Wochen fast immer auf die gleiche Weise abgespielt haben.

Erinnerungen daran, wie ich bei den Frauen im Dorf zurückblieb, während die männlichen Awá auf mitunter zwölfstündige Jagd-Streifzüge durch den Dschungel aufbrachen. Mit ihnen Babaçu-Nüsse und Açaí-Beeren fürs Abendessen sammelte oder die Kinder beim Spielen auf dem großen Platz zwischen den Hütten beobachtete.

Ich muss an die innig geschlossene Freundschaft mit einer der ältesten Awá-Frauen denken. Sie heißt Amerintxia und lebt gemeinsam mit ihren vielen Tieren in einer kleinen Hütte etwas außerhalb des Dorfes. Doch trotz ihres beachtlichen Alters, welches sie selbst nicht so genau beziffern kann, bestand sie weiter darauf, mit mir und den anderen Frauen in den Wald zu gehen, um Nahrung zu sammeln.

Während mir meine augenblickliche Situation wie ein unendlich langer Lauf durch die Hölle vorkommt, vergingen all diese himmlischen Tage bei den Awá viel zu schnell. Ich war jedes Mal schon fast traurig, wenn es Abend wurde und wir täglich bei Sonnenuntergang gemeinsam das Abendessen zu uns nahmen. Obwohl ich für Thiago und mich einige Konservendosen eingepackt hatte, aß ich doch ausschließlich, was die Awá aßen: Neben Früchten und Beeren standen hierbei auch gegarte Schildkröten und Gürteltiere auf dem Speiseplan. Zu einer besonderen Gelegenheit gab es sogar roten Jaguar.

Ich werde nie den Anblick vergessen, als Karapiru – *der Falke*, einer der stärksten Krieger im Dorf, zusammen mit den anderen Männern von der Jagd zurückkam. Es war ein seltsames Bild, da es so aussah, als hätte der erlegte Jaguar freiwillig seine Pfoten über die starken Schultern von Karapiru gelegt, um sich von ihm Huckepack tragen zu lassen. Mit den Frauen bereitete ich damals das Essen zu, und es war ein *Festschmaus!* Wie so oft hörte ich mir danach die unglaublichen Geschichten einzelner Awá an, die von einem schier unbändigen Überlebenswillen geprägt sind.

Ich schlief genau wie sie auf einer handgeknüpften Hängematte. Natürlich erst, nachdem ich etwa zwei Stunden vor dem Schlafen meine Aufzeichnungen per Hand in das ledergebundene Tagebuch geschrieben hatte. Die Benutzung eines Laptops war ohne Strom nicht möglich, und war es anfangs noch ein komisches Gefühl, sich ohne Internet oder ein funktionierendes Mobiltelefon zu wissen, fing ich schon nach einer Woche an, all diese Sachen nicht einmal mehr zu vermissen beziehungsweise überhaupt nur an sie zu denken. Zu viel gab es hier zu sehen und zu erleben. Eine Intensität an Leben, wie man sie sich als städtischer Europäer kaum vorstellen kann, wurde zu meinem Alltag.

Jenseits von Schnellstraßen, Flughäfen und Fastfood-Läden teilte ich mit den Awá Freud und Leid. Fernab von einem Tag, dessen stündliche Taktung ein zuschnürendes Korsett aus selbst auferlegten Vorgaben und Leistungsdruck darstellt. Und wie schon gesagt, ich wurde *wirklich* ein Teil von ihnen, oder stellte es mir zumindest gerne so vor.

Mein einziger Luxus in der gesamten Zeit mit den Awá bestand lediglich aus einem Wasseraufbereiter, der von mir und meinem Übersetzer Thiago zum Einsatz kam, nachdem wir von dem Trinken des ungefilterten Flusswassers über Tage hinweg mit schlimmem Durchfall zu kämpfen hatten.

Auch die Awá lernten die Vorteile dieser Art der Wasserfilterung mit Aktivkohlegranulat schnell zu schätzen. Und so verblieben wir, dass ich den Aufbereiter bis zu meinem nächsten Besuch vor Ort lassen würde. Ich plante zu dieser Zeit bereits eine Fortführung meiner Forschungen und eine baldige Rückkehr.

Da aber mein jetziger Aufenthalt bei den Awá langsam dem Ende zuging, versprach mir der Stammesführer Takwarentxia, einem spirituellen Ritual bewohnen zu dürfen, welches bisher nur wenigen *Karai* vergönnt war: ein »Treffen« mit den Geistern ihrer Vorfahren. Ich war fasziniert und skeptisch zugleich von dem, was mich dabei erwarten würde.

Kurz nachdem sich dann am gestrigen Abend Karapiru

und eine Handvoll der anderen Awá-Krieger mit Baumharz-Fackeln bestückt zur Nachtjagd verabschiedet hatten, erlebte ich, wie sich die dagebliebenen älteren Männer vor meinen Augen *verwandelten*. Mit Kränzen aus weißen, roten und orangenen Papageienfedern an Kopf und Oberarmen geschmückt, trugen sie ihre geheimnisvolle weißgraue Körperbemalung auf. Daraufhin setzte ein leises Summen ein, welches in einen mehrstimmigen Gesang überging und von ihren traditionellen Instrumenten begleitet wurde. Obwohl ich als Wissenschaftlerin transzendentalen Erfahrungen eher kritisch gegenüberstehe, konnte ich in dieser Nacht die »Anwesenheit« jener verstorbenen und gefallenen Awá auf eine fast schon religiöse Art spüren. Ich erkannte, dass es um mich herum mehr gibt als nur die verstaubten Theorien, welche ich mir zum Erklären der Welt nach meinem Studium bereitgelegt hatte.

Erst in den frühen Morgenstunden legte ich mich wieder in meine Hängematte und schlief innerhalb von Sekunden ein.

Rückblickend betrachtet war und ist meine Zeit mit dem Volk der Awá wahrscheinlich die intensivste und glücklichste meines Lebens. Zumindest bis vorhin, als mich der brutale Übergriff meines Angreifers, nicht weit des Dorfes entfernt, in die raue Wirklichkeit zurückholte.

Der heutige Morgen begann nach dem lebhaften Treiben der Nacht zuvor verhältnismäßig ruhig. Als ich gegen Mittag aufgestanden war, die Sonne stand bereits an ihrem höchsten Punkt, und mich im nahen Flusslauf gewaschen hatte, wurde ich zu meiner Überraschung von Takwarentxia abgeholt. Er wollte mir in Anlehnung an den Vorabend die Grabstätte zeigen, an der seine Frau und ihr gemeinsamer Sohn, *kleiner Schmetterling*, ihre letzte Ruhe gefunden hatten. Beide waren schon vor Jahren einem der schwersten Massaker gegen die Awá zum Opfer gefallen. Er selbst hatte damals nur entkommen können, indem er sich mehrere Tage in den angrenzenden Wäldern versteckt gehalten hatte.

Wir liefen einen nur Takwarentxia bekannten Weg entlang, als er plötzlich stehen blieb und scharf nach links blickte. Ich drehte meinen Kopf in die Richtung, in die auch der Stammesführer schaute, und sah ihn: den fremden weißen Mann.

Der Eindringling im Awá-Paradies war komplett in Schwarz gekleidet und trug eine kaltspiegelnde Sonnenbrille. Doch die Bedrohung ging nicht von seiner Erscheinung aus, sondern von der angewinkelten Waffe, die er direkt auf uns gerichtet hatte. Ich traute mich kaum zu atmen, so erstarrt war ich vor Angst. In den darauffolgenden Augenblicken geschah alles dermaßen schnell, dass ich kaum begriff, was hier vor sich ging. Takwarentxia gab ein Zeichen, und wir rannten los.

Schon nach wenigen Metern verlor ich auf unserer Flucht durch den Regenwald Amazoniens den Stammesführer der Awá aus den Augen. Doch während ich immer weiterrannte, stellte ich schnell fest, dass nicht etwa Takwarentxia das Ziel dieses Fremden war, nein, *ich* war seine Zielscheibe! Eine Forscherin, die das fast vergessene Schicksal der Awá neu aufrollen und »ins Licht der Öffentlichkeit stellen will«, wie einige lokale Zeitungen über meinen Aufenthalt vorab berichtet hatten. Ihr Schicksal wurde zu meinem, und so renne ich jetzt genau wie sie. Versuche weiterzuleben, zu rennen, dem weißen Mann mit der großen Waffe zu entfliehen.

Wieder muss ich nach dem überstürzten Verlassen der Goldgräberhütte über am Boden rankende Baumwurzeln springen. Beim letzten Sprung spüre ich, wie mir dabei der aufgegangene rechte Schuh vom Fuß rutscht. Es bleibt keine Zeit, ihn aufzuheben und anzuziehen. Ich renne einfach ohne ihn weiter, auch wenn dies bedeutet, meinem Verfolger einen weiteren Vorteil verschafft zu haben.

Wer genau den unheimlichen Söldner hinter mir angeheuert hat, ein reicher Holzfäller, der ein lohnendes Exportgeschäft wittert, oder einer der großen Viehzüchter-Clans, kann ich nicht abschätzen. Und es spielt auch keine Rolle. Denn das Ziel ist jedes Mal das Gleiche: Sie wollen Harakwá, den Lebensraum meiner neuen Familie, der Awá, vernichten. Ich befinde mich plötzlich mittendrin im Kampf zwischen Gut und Böse.

Meine Kräfte schwinden zusehends, während ich weiter über das unebene Unterholz renne, springe und aufpassen muss, nicht zu fallen. Ich habe Angst. Nicht nur um mich, auch um die Awá.

Für einen kurzen Moment unachtsam gewesen, bemerke ich es erst, als schon zu spät ist. Mein nackter Fuß bleibt an einem Schlingpflanzenausläufer hängen. Ich stolpere und gehe schmerzhaft zu Boden. Tränen laufen über meine Wangen, als ich sehe, wie nicht nur die Haut auf dem Fuß aufgerissen wurde, sondern auch meine Schienbeine mit brennenden rotfeuchten Flecken bedeckt sind.

Egal. Weiter!

Bevor ich aufstehen kann, fällt ein Schuss. Nur knapp werde ich von der Kugel verfehlt. Als ich zurückschaue, zischt bereits die nächste Kugel haarscharf an meinem Kopf vorbei. Ich zittere am ganzen Körper. *Nicht aufgeben!*

Gerade als der Söldner seine Waffe ablegt, um nachzuladen, nutze ich den Moment und stütze mich mit letzter Kraft wieder auf. Humpele mit dem verletzten Fuß, so schnell es mir möglich ist, zu der lichtdurchlässigen Stelle zwischen den Bäumen und Sträuchern schräg vor mir. Jeder zurückgelegte Meter ist jetzt lebensentscheidend.

Vorwärts! Durch die Sträucher hindurch und –

Licht!
Ohne stehen zu bleiben schleppe ich mich über das flache Gras, bis meine Flucht jäh von einem steil abfallenden Abgrund gestoppt wird.
Es war der falsche Weg. Unter mir zischen die Fluten des Amazonas, hinter mir die Gewehrkugeln. Ich sitze in der Falle.
Mir bleibt nur noch eine Möglichkeit: tief Luft holen und springen.

Als mein verletzter Fuß auf der harten Wasseroberfläche auftrifft, fühlt es sich an, als würde er von tausend scharfkantigen Glasscherben durchbohrt. Schon im nächsten Moment zieht mich die Sogwirkung nach unten, während ich meinen Schmerz in das trübe Wasser des Amazonas hineinschreie.
Kaum dass ich die Oberfläche unter größter Kraftanstrengung wieder erreiche und die feuchtschwüle Luft meine Lungen füllen kann, durchsieben einzelne Schüsse das Wasser um mich herum. Die Strömung des Flusses ist stark. Immer wieder werde ich von ihr zurückgetrieben, aber ich schwimme verzweifelt gegen sie an. Bei jedem Schwimmzug versuche ich nicht, an die Tierwelt unter mir zu denken: Piranhas, Zitteraale, Wasserschlangen und andere natürliche Jäger, die man sonst nur von reißerischen Filmen her kennt. Sollte ich sterben, so bete ich, dass es wenigstens schnell geht.
Endlich erreiche ich das gegenüberliegende Ufer und ziehe mich an den Wurzeln und Halmen der Böschung ans Land. Ich huste Wasser. Bleibe auf dem Rücken liegen. Versuche, zu Atem zu kommen. Zum Schutz meiner Augen halte ich die Hand gegen die knallende Sonne, und zwischen meinen Fingern funkelt ein Himmel, wie ihn nur Träume malen können. Ein letztes schönes Bild vor dem Tod, denke ich.

Doch ich sterbe nicht ..., vorerst jedenfalls. Als ich mich mit den Händen abstütze und ins Gras kauere, sehe ich, wie mich der schwarzgekleidete Mann von der anderen Seite des Ufers aus mit seiner Waffe anvisiert. Er drückt nicht ab, sondern scheint eher abzuwägen, ob er mich aus dieser Entfernung heraus treffen könnte. Nach einem Moment (bei dem wir beide innehalten) lässt er die Waffe sinken und verstaut sie mit einem gekonnten Griff hinter seinem Rücken.

Der Abstand scheint zu groß zu sein. Oder meine Lage ist in dieser gefährlichen Wildnis bereits so aussichtslos, dass es selbst mein Killer nicht einmal mehr für *nötig* erachtet, mich jetzt noch erschießen zu müssen.

»Sehen Sie es ein!«, ruft der Fremde in einem akzentfreien Englisch zu mir herüber. »Sie stehen auf der falschen Seite der Geschichte.«

Eine Welle aus Trotz und Wut steigt in mir auf und bahnt sich ihren Weg nach außen. Ich schreie zurück: »Und wieso tragen dann *Sie* von uns beiden die Waffe?! Töten *Sie* Unschuldige? Für was überhaupt? Rindersteak zu Blutpreisen? Möbel aus Tropenholz, die niemand *wirklich* braucht? *Sie* sind es, der auf der falschen Seite steht!«

Nach all dem Wasser, welches ich beim Durchschwimmen des Flusses geschluckt habe, brennen meine Lungen förmlich. Aber ich bin stolz auf mich. Auch wenn sich der Mann davon vollkommen ungerührt zeigt.

»Sie machen sich lächerlich! Wir wissen beide, dass Ihre primitiven *Forschungsobjekte* den Kampf um diesen Boden eher früher als später verlieren werden. Und die Ironie dabei ist, dass es bis auf *Sie* und eine Handvoll *Weltverbesserer* niemanden interessiert!«

Ich sehe die Umrisse von Amerintxia mit ihren Tieren, den starken Karapiru, Takwarentxia und allen anderen Awá vor meinen Augen vorbeischwimmen. Sehe, wie sie sich immer mehr mit meinen Tränen vermischen. »Das … Das glaube ich nicht! Wenn ich erst meine Studie veröffentlicht habe, *wird* die Welt herschauen. Hiervor kann … *darf* sie nicht einfach die Augen verschließen!«

Selbstgefällig baut sich der Mann zu seiner vollen Größe auf und schwellt dabei bedrohlich seine stählernen Muskeln. Ich hoffe, er überlegt es sich nicht doch noch einmal, ob er versuchen sollte, mich zu erschießen. Es steht viel auf dem Spiel – für beide von uns.

»Lassen Sie mich Ihnen ein Geheimnis verraten: Der Welt ist das Schicksal einer Horde Wilder … wie soll ich sagen … *scheißegal*!«, donnern seine höhnischen Worte über den trüben Fluss hinweg. »Produktion und Nachfrage, das ist es, was die Welt, was *uns alle* antreibt. Na, Sie werden es schon noch sehen …, angenommen, Sie können dieser Hölle lebend entkommen.«

Seine Drohung unterstreicht er, indem er seinen Finger auf mich richtet, als wäre dieser eine Pistole, zielt und abdrückt.

Und dann, endlich, dreht er sich um und entfernt sich vom steilen Abgrund über dem Flussufer. Er ist schon fast an der Mauer aus Baumranken und Sträuchern angelangt, als er sich ein letztes Mal umdreht und mir zuruft: »Und passen Sie auf sich auf! Ich habe gehört, es soll in diesen Gewässern eine Menge gefräßiger Kaimane geben.«

Ich sehe noch, wie ihn die grüne Unendlichkeit des Dschungels verschlingt, wische mir mit dem Handrücken die letzten Tränen aus den Augen und fasse einen Entschluss: Ich werde es zurück zum Dorf schaffen. Zurück zu meinen Aufzeichnungen. Zurück zu meiner Familie. Irgendwie! Die Welt soll sehen, was sie mit den Awá verliert. Es wird ein Kampf, welcher schon jetzt verloren zu sein scheint, doch ich *werde* kämpfen. Genau wie die Awá. Gemeinsam werden wir überleben. *Wir müssen.*

Michael Johannes B. Lange

Jenseits von Brasília

Ach, wie schön ist Brasília! Es ist einfach nur wundervoll – voller Wunder eben. Das können Sie nicht verstehen? Sie können es nicht verstehen, wie man in einer Retortenstadt mitten im Urwald gerne leben kann? Nun, zum einen leben wir auf einem Hochplateau. Mit einer Durchschnittstemperatur von 21° ist es meines Erachtens sehr gut hier auszuhalten. Der Grundriss unserer Stadt gleicht einem Flugzeug. Vielleicht fühle ich mich auch deshalb manchmal so, als könnte ich fliegen und allem Dschungel entkommen.

Sie müssen es einmal mit meinen Augen sehen! Eben diese Stadt ist für mich die große Chance auf ein neues Leben – nachdem das alte so furchtbar war. Ich bin durch und durch Brasilianer geworden. Meine beiden Vornamen habe ich so schnell wie möglich portugisiert – João Carlos. Der Beamte runzelte zwar zuerst die Stirn, doch sein Kollege sagte achselzuckend, wenn es weiter nichts sei. *Mas que nada!* Also machte er sich kopfschüttelnd ein paar Notizen auf seinem Formular, und ich hatte sofort Sergio Mendes im Kopf und wurde nach all dem, was mir in dieser alten Welt passiert war, wieder ganz ruhig und klar in all meinem Denken. Auf halbem Wege meines menschlichen Lebens hatte ich mich nämlich verirrt, mich in einem dichten und dunklen Wald wiedergefunden und musste mich voller Panik umsehen, weil ich meinen Weg verloren hatte.

Aber so wurde ich dann Brasilianer! In Brasilien kommen alle irgendwie miteinander aus. Ich mag Brasilien, weil es so ganz ohne Rassenhass ist. Schwarze, Weiße, Mulatten, Mestizen, Zambos – alle leben nebeneinander her. Was – Sie wissen wirklich nicht, was ein Zambo ist?

Zambos sind Leute, die Indianer und Afrikaner als Eltern haben – so wie Jimi Hendrix und Tina Turner. Mir ist kein einziger Vorfall bekannt, in dem Schwarze so drangsaliert werden wie in anderen Ländern. Kein Rassismus – auf keinem Volkszählungsbogen wird daher nach der Rasse gefragt. Sicher, es gibt Reich und Arm, und was mit den Indigenen gemacht wird …

Im Großen und Ganzen ist für mich alles bestens hier – oder etwa nicht? Ich muss gestehen: Seit einiger Zeit beschleicht mich ein ungutes Gefühl, nur ein Gefühl, doch so etwas kann auswachsen. Ich habe doch etwas Angst – gerade wenn ich allein bin. Offen gestanden: Meine Angst wird von Tag zu Tag größer. Für etwas Beistand wäre ich zutiefst dankbar. Wollen Sie mich also durch mein schönes Brasília begleiten?

***

Ich wohne in einem Wohnblock im *setor de edificios publicos sul* an der Via W3 Sul. Viele Menschen meiden Brasília. Sie haben ein Problem mit den hohen Mieten – vor allem die unteren Regierungsangestellten. Sie mögen die Architektur nicht. Sie mögen das Klima nicht. Sie mögen dies nicht, sie mögen das nicht. Ob Sie es glauben oder nicht: Ich mag hier alles und jeden – vor allem die Architektur. Was wollen Sie denn in Rio oder in São Paulo? Ja, große wichtige Städte, aber laut, gefährlich, verbaut und tödlich. Man kann doch auch nicht immer auf dem Ipanema liegen, sehnsüchtig den Mädchen hinterherglotzen oder Karneval feiern. Wenn Sie es mögen – okay, dann habe ich natürlich nichts gesagt. Aber ich, ich mag Brasília.

Von meiner kleinen Wohnung aus kann ich über die Kathedrale, den *Platz der Drei Gewalten* und den *Nationalkongress* bis auf den *Lago Paranoa* blicken.

Das tue ich vor allem, wenn ich das Geschrei auf den Fluren höre. In einem wahr gewordenen Traum zu leben heißt leider nicht zwangsläufig, von den Albträumen anderer verschont zu bleiben – vor allem, wenn man diese Leute mag. Leute zu mögen kann nicht ausbleiben, wenn man Seite an Seite wohnt (genauso wenig natürlich wie das Gegenteil).

Im Augenblick höre ich Eduardo schreien und toben. Ich weiß, dass er einmal in einer verdeckten Aktion auf Haiti war. Er hat ein paar unserer Landsleute herausgeholt und dabei auch nähere Bekanntschaft mit den *Tontons Macoutes* gemacht. Einmal wurde ich von den anderen Nachbarn zu Hilfe geholt. Dann war ich in seinen Albträumen. Wir waren zusammen auf Haiti. Und ich sagte nur: Eduardo! Kannst du mich sehen? Kannst du mich sehen, mein Freund? Wir sind nicht auf Haiti, Eduardo. Wir sind in Brasília. Alles ist gut. Du hast deine Mission erfüllt, mein Freund. Dom Aurelio ist stolz auf dich. Niemand wird dir deinen Orden nehmen.

Aber …

Du hast in Stille deinem Land gedient. Du hast gedient. In Stille.

Der zweite Mensch, der mir wichtig erscheint, ist Jorge. Jorge kommt aus Honduras. Er ist noch nicht lange bei uns. Er hat mir von seiner kleinen Tochter erzählt, die er sehr vermisst. Ich helfe Jorge, so gut es geht.

Sie sehen, ich bin nicht allein. Und Sie sehen: Hier wohnen schon manchmal seltsame Leute. Trotzdem komme ich mit ihnen hervorragend aus. Das ist eben Brasilien! Das Land ist so groß, dass es die Vergangenheit schlucken kann. Ich traue dem Land einiges zu – vor allem, weil es bisher so gut lief.

Ich werde also den Termin im Ministerium mit einiger Zuversicht wahrnehmen, auch wenn mein ungutes Gefühl immer größer wird.

***

»Cachaça?«, fragt mich der schwarze Barkeeper in dem weißen Kittel hinter dem Tresen wieder lächelnd. Seine Zähne blitzen in dem dunklen Gesicht weiß auf.
»Cachaça«, bestätige ich. Ich kann wieder einmal nicht anders, als das Lächeln zu erwidern. Hoffentlich wieder der gute aus Vitoria de Santo Antão, denke ich, und mein Lächeln hört nicht auf.
Selbstverständlich sind das alles rein rhetorische Fragen. Natürlich ist es für mich unmöglich, den Tag ohne Cachaça zu beenden. Zum ersten Mal seit langem beruhigt es mich jedoch nicht. Ich muss gestehen: Ich bin aufgeregt wegen morgen.
Ich nehme an einer Tischgruppe Platz. Ich proste kurz Eduardo zu, einem Stammgast wie ich, und glotze dann in den vergitterten Fernseher. Es läuft ein Unterhaltungsprogramm: Susa tanzt singend durch eine Fantasielandschaft, in der braune, schwarze und weiße Kinderkandidaten äußerst eindrucksvoll ihre Geschicklichkeit unter Beweis stellen. Ich weiß nicht, ob das stimmt, aber irgendjemand soll einmal zu ihr gesagt haben, ihre Brüste seien gar nicht ihre. Susas Antwort: Natürlich seien das ihre, sie habe ja schließlich dafür bezahlt. Also erfreue ich mich an Susa und versuche, die quälenden Gedanken beiseitezuschieben. Und dann wird mich die 8-Uhr-Novela auch noch ein wenig ablenken.

***

Längst ist es wieder einmal Abend. Wieder blicke ich aus dem Fenster. Die untergehende Sonne streicht die beiden Riesenteller des Nationalkongresses und die beiden schlanken Bürotürme der Abgeordnetenbüros, die zwischen den Tellern stehen, in karmesinrotes Licht.

Willst du jetzt nicht endlich schlafen, João?
Ich habe Angst, verdammt! In letzter Zeit träume ich immer häufiger, ich sei in einem fremden Land. Doch dieses Land ist nicht fremd. Ich bin dort zu Hause. Ich spreche und verstehe die Sprache, und ich habe einen Namen in dieser Sprache. Ich gehe durch eine Stadt und kenne jede Straße. Die Menschen sehen so aus wie ich. Das muss meine Heimat sein.
Ich spüre, wie ich aus meinem verschwitzten Bettzeug schreiend aufwache.

***

Im Ministerium lässt man mich am nächsten Morgen sofort vor.
»Sie werden schon erwartet, João«, lächelt die Sekretärin. Sie trägt ihr brünettes Haar hochgesteckt, und wirft mir über den Brillenrand diesen Blick zu, den ich souverän erwidere. Wir spielen alle unser Spiel.
»Herzlichen Dank«, sage ich ebenso zwinkernd und betrete durch die Mahagoni-Tür auf roten Teppichen das Büro des Ministers.
Aurelio Prontuario ist genauso groß wie ich und trägt einen Nadelstreifenanzug. Er hat graumeliertes Haar und duftet nach herbem Rasierwasser. Ich mag ihn. Ich habe ihn schon immer gemocht. Zwischen uns war von Anfang an Vertrauen.
»Sie sind also João?«, begrüßte er mich damals lächelnd und tätschelte beim Handschlag noch meinen Ellenbogen. Sein Vertrauen habe ich noch nie enttäuscht – er meines übrigens auch nicht.
»Setzen Sie sich doch bitte, João«, bittet er mich lächelnd.
Obgleich alles so wie immer ist, bin ich nun auf das Äußerste alarmiert. Und das hat einen ganz bestimmten

Grund. Am Fenster steht ein Mann, der mir den Rücken zugedreht hat, mich nun aber anschaut. Er trägt einen anthrazitfarbenen Anzug und hat volles schwarzes Haar. Er blickt mich aufmerksam an. Er lächelt freundlich, sagt aber nichts. Meine Angst bleibt. Sie wird sogar noch größer.

»Ich habe einen Auftrag für Sie, João«, beginnt Aurelio. »Wir wissen alle, dass Sie ein ausgewiesener Experte indigener Probleme sind ...«

Ich lächele, peinlich berührt, und spüre, wie ich rot werde. Ich bitte Aurelio, zur Sache zu kommen.

»Für diesen Auftrag müssen Sie Brasília leider verlassen.«

Das darf doch nicht wahr sein! Ich betrachte meine – unsere – geliebte brasilianische Flagge. In dem gelben Rhombus auf grünem Grund, der den blauen Himmel mit dem Spruch Ordnung und Fortschritt abbildet, finden sich in einem Sternbild die siebenundzwanzig Sterne für jeden Bundesstaat – unterschiedlich angeordnet mit verschiedenen Größen und eben nicht so fantasielos und einheitlich wie im US-Sternenbanner.

»Wohin soll ich, Dom Aurelio?«, frage ich gepresst, während meine Augen die Sterne auf der Flagge absuchen. »Para? Roraima? Amazonas?« Mir stockt der Atem. »Oder ist es Acre? Wieder Acre? An der Grenze? An der Grenze zu ...?« Acre ist der vierte Stern. Er steht direkt unter dem ersten »O« von Progresso. Das halte ich mir jedenfalls vor Augen, weil mein Herz plötzlich wie verrückt schlägt. Ein Teddy wird mir hingehalten, aber nein, das ist nur eine Illusion, höre zu, ermahne ich mich, höre auf Dom Aurelio.

»An die Grenze«, wiederholt der Minister ernst.

»Sie wissen, was mir da passiert ist«, setze ich nach einigem Zögern an. Zu sehr stockt mir der Atem. Mein Herz schlägt wie verrückt. »Sie wissen doch genau ...«

»Niemand will hier alte Wunden aufreißen«, meldet sich nun der Fremde vom Fenster. In seine Stimme legt er soviel Sanftheit, dass ich am liebsten alles kurz- und kleinschlagen möchte, ich ...

»Genau das tun Sie aber, verdammt!« Dann wende ich den Blick ab. »Wer ist denn der eigentlich? Vom Geheimdienst oder was?«

»Dom ...« Dom Aurelio hält inne. Für einen flüchtigen Augenblick erlebe ich ihn so hilflos wie noch nie zuvor hier.

»Joaquim«, sagt der Fremde mit der Stirnglatze. Er hat kurze schwarze Haare, die teilweise schon ergraut sind. Seine Brille ist aus einem ganz einfachen Gestell. Mir fällt ein, dass ich ihn schon einmal gesehen habe. Er war nie allein, er ...

»Diese Sache mit den Funai ist leider noch nicht abgeschlossen«, fährt der Minister in einer Mischung aus Verlegenheit und Wut fort. »Das wissen Sie genauso gut wie ich.«

Funai! Das verdammte F-Wort! Ich reiße mich so gut wie möglich zusammen und setze zu einem »Aber ...« an.

»Wir, wir alle werden einen Weg finden müssen, mit diesen Menschen auszukommen, mit ihnen Frieden zu schließen«, fährt der Minister fort, wobei er mich auffordernd ansieht. »Sie auch! Sie sind einer unserer besten Männer. Wir wissen, dass wir auf Sie zählen können! Bringen Sie, Sie beide, João und Joaquim, die Verhandlungen zu einem erfolgreichen Ende, mit dem alle leben können! Sie wissen genau, dass es so nicht weitergehen kann!«

»Ihnen konnte ich noch nie widersprechen, Dom Aurelio«, bestätige ich lächelnd, auch wenn mir alles andere als nach Lachen zumute ist. Ich habe Joaquim schon öfters gesehen. Immer war er in Begleitung von Einwohnern dieser Stadt. Und dann kam Joaquim wieder – allein.

***

»Sind Sie gläubig, João?«, fragt mich Joaquim am nächsten Morgen.
Die Sonne scheint. Es ist noch ziemlich kühl, ja fast kalt. Dementsprechend habe ich die üblichen Flip-Flops und die leichte Kleidung zurückgelassen und mich umgezogen, zumal uns eine Reise in den Dschungel bevorsteht. Die überlebensgroßen Statuen der vier Evangelisten blicken fast so wie der Corcovado-Jesus auf uns herab. Wir treten ein – in Beton und Glas, die von sechzehn identischen Betonsäulen getragen werden.
»Offen gestanden, ich weiß es nicht«, antworte ich. »Aber für mich gehört die Kathedrale von Brasília einfach dazu, und ich will nicht von hier weggehen, ohne noch einmal hiergewesen zu sein.«
Ohne dass ich es will, beginne ich zu erzählen, was man alles in der Architektur der Kathedrale sehen kann: die Dornenkrone des Herrn, die Krone Marias, betende Hände, gefaltete Hände oder einfach – passend zu dem Dschungel, der uns umgibt – eine Blüte.
»Wirklich beeindruckend, was Sie so alles sehen«, stellt er fest, wobei er anerkennend die dünne Unterlippe vorwölbt. Es wird nicht das erste Mal sein, dass er das sagt. »Immerhin beten Sie ja den Rosenkranz«, stellt er leise fest, als wir in dem Gotteshaus sind.
Obwohl ich weitergehe und die Pietà-Statue betrachte, macht es der kreisförmige Betonsockel der Akustik möglich, unsere Unterhaltung in Zimmerlautstärke über rund fünfundzwanzig Meter weiterzutragen.
»Ich weiß nicht, ob man das beten nennen kann«, erwidere ich. »Ich habe gelesen, dass das Beten des Rosenkranzes den Blutdruck senkt.«
»Wo haben Sie das denn gelesen?«
»In einer Atheistenzeitung.«

»Interessant, und jetzt sind Sie hier«, stellt Joaquim fest.
»Ich glaube, ich bin nur deshalb hier, weil meine Tochter gläubig war«, gestehe ich.
Dazu schweigt Joaquim. Dafür bin ich ihm dankbar. Vielleicht wird er mir sogar tatsächlich sympathisch.
»Was man so gläubig nennt. Sie sprach ein Gebet und bestand darauf, dass auch ich unbedingt die Hände faltete. Ihr zuliebe tat ich ihr den Gefallen – zuerst lachend, aber dann …«
»Ja?«, fragt Joaquim.
»Dann wurde es ernst«, erklärte ich. »Wir tun immer so, als sei das so putzig und so niedlich, wenn kleine Kinder beten. Dabei sind diese Kinder im Grunde genommen unsere großen Brüder und Schwestern im Herrn. Da finde ich es nur passend, dass Don Bosco unser Stadtheiliger ist.«
»So habe ich das noch nie gesehen«, gibt Joaquim zu.
»Unterschätzen Sie nicht die Religion«, sage ich lächelnd, wobei ich sogar, wenn auch nur leicht, einen Zeigefinger hebe.
»Das tue ich bestimmt nicht«, meint Joaquim.
»Haben Sie beispielsweise schon gewusst, dass vor brasilianischen Gerichten die Aussagen von Medien als beweiskräftig anerkannt werden?«
»Was sagen Sie da?«, fragt Joaquim.
Zum ersten Mal sehe ich ihn regelrecht verblüfft. »Ist aber so«, bekräftige ich.
»Verstehe ich Sie richtig? Ein Toter spricht durch ein Medium, vor Gericht, und diese Aussage, die Aussage eines Toten wird im Gerichtssaal protokolliert, kommt in die Akten und wird verwendet? Die Aussage kann auch weiterverwendet werden bei Berufungen und Revisionen?«
Ich nicke nur und sage nichts mehr dazu. Ich denke an

den Teddy meiner Tochter, der mir schlagartig stumm entgegen lächelt. Es ist alles gesagt.
Joaquim sagt auch nichts mehr. Denkt er das Gleiche wie ich?

***

Wir verlassen Brasília mit einem roten GLA Mercedes – ziemlich beeindruckend, wenn man sich für Autos interessiert. Würde ich in Brasília wirklich eins brauchen, so würde ich mich wahrscheinlich für einen VW-Golf entscheiden, der von vielen Regierungsangestellten gefahren wird.

»Riecht neu«, stelle ich fest, als ich mich auf dem Beifahrersitz niederlasse. »Wahrscheinlich auch direkt aus Iracemapolis?«

»Klar, ich zahle doch nicht fünfundsechzig Prozent Importzoll«, meint Joaquim leichthin und grinst sogar.

»Ob der wohl für den Dschungel reicht?«, frage ich skeptisch.

»Für unseren Dschungel ist er schon okay«, erwidert Joaquim zuversichtlich, während er einen Gang höher schaltet. »Seit wann leben Sie eigentlich schon in Brasília?«

Ich atme aus. »Da muss ich überlegen. Es kommt mir vor, als lebe ich schon immer hier. Wie lange ist es denn bei Ihnen?«

Joaquim lacht. »Ehrlich gesagt, mir geht es ähnlich. Je älter man wird, desto schneller verfliegt die Zeit. Menschen kommen und gehen und das immer schneller.«

Am frühen Nachmittag überqueren wir eine Brücke über den Rio Paraná. Meine Angst wächst, und dennoch freue ich mich.

»Mein Gott, was für ein Panorama!«, sage ich. »Sehen Sie nur!«

»Was sehen Sie?«, fragt mich Joaquim. Ihm gelingt es, seine Verblüffung nicht zu zeigen.
Ich sehe sie trotzdem. »Ja, sind Sie denn blind?«, frage ich ihn und muss fast lachen. »Da, die Kaimane, das ist sogar ein Mohrenkaiman.«
»Was Sie so alles sehen«, stellt Joaquim leise fest.
»Man muss nur genau hingucken«, erwidere ich und sehe nach oben. Ein Zaunadler schwebt über uns, während wir – oder zumindest ich – den Gesang des Urwalds höre: Amazonasfischer, Gelbscheitel-Amazonen, schwarze Brüllaffen, Maikongs, Flachlandtapire, Kurzohrfüchse und Drachenechsen. Ich sehe zuerst Pampashirsche und Pampashühner durch die Gräser trotten und später Spinnenaffen durch die Bäume springen. Ich ...
»Was Sie so alles sehen«, wiederholt Joaquim leise. »Sie haben den Dschungel im Kopf, was?«
Was ist da in seiner Stimme?, frage ich mich wachsam. Ist es Bewunderung? Neid? Abscheu? Alles zugleich?
»Sehen Sie doch selber einmal hin!«, fordere ich ihn kurzerhand auf.
»Das tue ich schon die ganze Zeit«, versichert er mir, wobei er – vor allem bei den Pausen, in denen er nicht fährt – den Blick kaum von mir abwendet. »Und es ist faszinierend, was ich da alles sehe.«

***

Gegen Mittag halten wir in einer kleinen Ortschaft, an die ich mich noch dunkel erinnern kann. Auf meinem Weg zur Einbürgerung bin ich hier hindurch gekommen. Zugegeben: Es sind keine schöne Erinnerungen, die ich mit damals verbinde. Und auch jetzt ist es nicht schön – einfach zu viele Eingeborene. Wir sind jetzt zu weit weg von Brasília.

»Wie geht es Ihnen?«, fragt Joaquim mich, als wir eine Churrascaria betreten, vor der ein Mischlingshund mit geschlossenen Augen regungslos im Schatten liegt. Der Geruch von gegrilltem Fleisch schlägt uns entgegen.

»Gut«, antwortete ich und lasse rasend schnell die Perlen meines Rosenkranzes durch die Finger gleiten. Welcher Tag ist heute? Sind es die freudenreichen Geheimnisse? Die lichtreichen Geheimnisse? Die schmerzhaften Geheimnisse? Die glorreichen Geheimnisse? Ich komme einfach nicht drauf. Wahrscheinlich ist diese Ansammlung der Eingeborenen in dieser Gaststätte doch zu viel zu für mich.

»Gut? Wirklich gut?«

»Aber ja!« Ich spüre, dass ich unwirscher klinge, als ich es eigentlich will.

Joaquim verzieht jedoch keine Miene, als er mich auf ein Regierungsbüro hinweist, das direkt in der Parallelstraße liegt.

»Schon gut«, meine ich.

Gemeinsam lassen wir uns von dem Kellner, einem kleinen flinken Mulatten, an einen Tisch leiten, der dienstfertig vorbereitet wird. Schnell wird das Gedeck aufgetragen. Jeder von uns bekommt eine »Fleischampel«: grün für die Bitte um Servierung, rot als Signal für Sättigung. Eine Minute später wird uns Wasser serviert, fünf Minuten später liegen die Fleischspieße vor uns. Im Hintergrund steht ein Büffet mit Beilagen bereit, an dem man sich nach Gutdünken bedienen kann.

Während ich bete, verharrt Joaquim rücksichtsvoll. Wir wünschen uns gegenseitig einen guten Appetit. Rechte Freude am Essen kommt bei nicht auf. Mein Blick fällt auf die kleine Familie am Nebentisch. Sie haben eine Tochter, und die Mutter ist wieder in froher Hoffnung. Gegrüßet seist du, Maria, denke ich, wenn ich es auch schon nicht bete.

»Lassen Sie uns gehen!«, fordert Joaquim mich auf, als wir beide die Fleischampeln auf Rot gestellt haben. »Es ist nicht mehr weit. Also lassen Sie es uns endlich hinter uns bringen!«

Ich sehe ihn an. »Ordnung und Fortschritt – unser Motto.«

Joaquim lächelt tapfer.

***

In der Nachmittagshitze trifft mich das Erkennen wie ein Faustschlag. Alle Wege führen hierhin, alle, auch auf Umwegen. Ich kenne diese Gebirgsformation, diesen einen Felsen, und ich kenne diesen Eingang. Obwohl ich noch nie hiergewesen bin, spüre ich diese beklemmende Vertrautheit eines Déjà-Vu. Ich war einmal hier gewesen – in einem anderen Leben. Ich hatte einen anderen Namen. Ich wollte einen anderen Namen. Ich wollte, dass mich niemand kennt.

Doch da ist noch mehr. Ich wollte mich selbst nicht kennen.

Nun sind wir an dieser Grenze. Von Meter zu Meter und Stunde zu Stunde sind wir ihr näher gekommen. Hier ist Brasilien zu Ende. Hier beginnt ein neues Land.

»Wie geht es Ihnen?«, fragte Joaquim mich wie von weit weg.

»Ich will zurück nach Brasília«, sage ich hart und fest. Mir wird schwindelig.

»Hören Sie auf«, meint er sanft. »Dazu ist es jetzt zu spät. Und das wissen Sie selber.«

»Ich wusste, dass das passieren wird«, erwidere ich nach einer Pause. »Und trotzdem ...« Mein Herz pocht und pocht und pocht. Ich fingere nach meinem Rosenkranz. Was sind die Geheimnisse in diesen schwarzen Perlen? »Wie spät ist es? Welcher Tag ist heute?«

»Genauso spät wie damals«, erwidert Joaquim, ohne auf seine Uhr zu blicken.

Die letzten Worte versickern in diesem Strudel, der sich vor mir auftut. Es ist ein Strudel aus Menschen, die auf mich zuströmen. Der Lärm ist nicht so unerträglich, wie ich befürchtet habe. Dennoch ist es mein ganz persönliches Maracanã, aus dem ich – wer weiß? – vielleicht doch noch als Sieger herausgehen könnte.

»Es ist wie damals«, erinnere ich mich leise. »Damals, als ich nichts tun konnte, damals, als ...«

»Du warst bei mir«, sagt das Mädchen, das plötzlich neben mir zu meiner Rechten steht.

Mein Gott, denke ich, dass ich das noch erleben darf! Sie hat schulterlanges blondes Haar, das in der Mitte gescheitelt ist. In ihrem blauen Kleid von damals blickt sie ernst zu mir auf. Dann lacht sie. Sie lacht über das ganze Gesicht. »Du warst damals zum ersten Mal bei mir – nicht bei deiner Arbeit, nicht in deiner Gedankenwelt, nicht sonstwo, du warst zum ersten Mal bei mir und bei meinem Tanz. Du hast dir Zeit für mich genommen. Du bist der beste Papa der Welt.«

***

Aus dem abschließenden Bericht des behandelnden Arztes:

Besagter Patient befindet sich seit oben genanntem Datum in stationärer Behandlung.

Zur Vorgeschichte:

Besagter Patient litt unter Agora- und Demophobie. Dies wurde ausgelöst durch den Tod seiner einzigen Tochter bei der Massenpanik einer Schulaufführung, bei der zwölf Menschen ums Leben kamen und über sechzig zum Teil schwer verletzt wurde. Das Trauma, die Vater-Tochter-Beziehung und die Schuldgefühle waren so schwerwiegend, dass sich bei dem Patienten besagte Phobien herausbildeten. Diese machten ein normales Leben nicht mehr möglich, sodass sich die verzweifelte Ehefrau schließlich zur stationären Einweisung entschloss.

Eine Stabilisierung seines geistigen Zustandes trat ein, als der Patient diese Nervenklinik mit der brasilianischen Hauptstadt Brasília identifizierte. Folgerichtig gab er nicht nur sich selbst, sondern auch seinen Mitpatienten und Pflegern portugiesische Namen. Der unterzeichnende Arzt wurde mit einem Minister der brasilianischen Regierung namens Aurelio gleichgesetzt. Die Einnahme von Medizin wurde mit dem Konsum von brasilianischem Zuckerrohrschnaps verglichen. Ansammlungen von Menschenmassen, die für ihn bedrohlich wirkten, wurden pauschal als »Eingeborene« klassifiziert.

Es gibt noch etliche Beispiele für das Eintauchen in diese Parallelwelt. Die Vorstellungskraft des Patienten war ungebrochen und überaus kreativ. Wäre es nicht so traurig, so müsste diese »brasilianische« Einbildungskraft des Patienten als absolut genial eingestuft werden. Warum es ausgerechnet Brasilien ist, kann hier nur vermutet werden. Auslösend könnte hierbei ein Album sein, das von Vater und Tochter gemeinsam gestaltet wurde und – laut Aussagen der Ehefrau – als gemeinsames Band zwischen den beiden diente bzw. dient.

Da dieser neue »brasilianische« Bewusstseinszustand entscheidend zur Stabilisierung des Patienten beitrug, spielten alle dieses Spiel mit – zumal er durch seine freundlich-umgängliche Art schnell die Sympathien von Patienten und Pflegern errang.

In diesem Zusammenhang ist besonders seine Empathie lobend hervorzuheben, die entscheidend dazu beitrug, schwierige Situationen unter Patienten zu entschärfen. Hier sind u. a. die schweren geistigen Zusammenbrüche eines Afghanistan-Veteranen (dessen Einsatz er freilich in Haiti verortet) und eines Vaters zu nennen, der ebenfalls seine Tochter verloren hat. Wie Untersuchungsergebnisse ergeben haben, war der erste gemalte Buchstabe dieser Tochter ein »H«, weshalb der Patient seinen Leidensgenossen »Honduraner« nannte und sich im Rahmen seiner Fähigkeiten um ihn kümmerte. Auf diese Weise war er häufig eine nicht zu unterschätzende Hilfe für das Pflegepersonal.

Auf Grundlage bisheriger Erfolge in der Konfrontationstherapie haben wir uns nun entschlossen, dass Trauma des Patienten aufzuarbeiten, indem auch er sich damit konfrontieren ließ. Hierzu entschloss sich der Patient zu einer Rückreise zu dem Ort, an dem seine Tochter ums Leben kam. Begleitet wurde er von einem unserer am meisten erfahrenen Therapeuten, der in einem entscheidenden Moment die Rolle der verstorbenen Tochter übernahm, um den trauernden Vater aus seinen Schuldgefühlen und seinen Selbstzweifeln zu erlösen.

In memoriam Johannes Karl Biniok (1916-1998).

Brit Gögel

Wie immer – oder Überleben im Alltagsdschungel

5:30 Uhr, Wecker klingelt, ausmachen, umdrehen, weiterschlafen,
Schlummerfunktion – 5 Minuten.
Also noch mal: klingeln, ausmachen, umdrehen, weiterschlafen, ausmachen, umdrehen, weiterschlafen, umdrehen ...
Wochentag? Montag!
Mist, also doch aufstehen, Licht anmachen, oh Gott – viel zu hell, Licht wieder aus, durchs Schlafzimmer tasten, Vorsicht – bloß nicht über Dreckwäsche stolpern!
Scheiße – zu spät.
Aufsammeln, uahhh – Männersocken, widerlich, aber gute Teppichqualität – noch keine Löcher reingeätzt.
Ins Bad torkeln, ans Licht gewöhnen – gaaanz langsam ans Licht gewöhnen ...
Erstes Ziel – Toilette, hinsetzen, Augen schließen, herrlich – am liebsten sitzen bleiben.
Griff nach rechts, ins Leere greifen, Klopapier?
Alle – wie immer.
Mit runtergelassener Hose 'ne neue Rolle aus dem Schrank angeln, von hinten sicher sehr interessant.
Geschafft!
Schnell waschen, Zähne putzen, anziehen – nicht hübsch aber kindertauglich, also – wie immer.
Blick in den Spiegel ...
Na ja, sah auch schon besser aus, wen interessiert's?
Wen?
Scheiße: mein Mann!
Ins Schlafzimmer laufen, schnarchenden Mann wecken, feststellen – er sieht auch nicht besser aus.
Zurücklaufen, rechts abbiegen und – Kaffee – Infusion

des Lebens, Treibstoff in meinen Adern, ein Geschenk Gottes.

6:00 Uhr, Kinder wecken, mehrmals – nur um sicher zu gehen, noch mal umdrehen, laut rufen: »Aufstehen!!!«
Wieder in die Küche laufen, auf Erfolg hoffen.
Frühstück machen, Brote schmieren – fünfmal, zweimal Remoulade, dreimal Margarine, aber hauchdünn, also draufschmieren und wieder abkratzen.
Salami mit Käse, nicht Salami oder Käse – mit Käse!
Wichtig: Salami und Käse entsprechen neunzig Prozent eines Brotes.
Alle Kinder anwesend, gebührend begrüßen, Pünktlichkeit loben, Unpünktlichkeit kritisieren.
Wie immer – kein Grund zum Loben.
Kleidung kontrollieren, dreimal o.k., zweimal Katastrophe.
Diplomatisch werden, einem übergewichtigen Mädchen blaue Leggins und hautenges Shirt ausreden, auf die Farbe des Shirts – grün! – nicht weiter eingehen.
Dem anderen Mädchen den tiefen Ausschnitt verbieten. Nochmal genau hingucken, sich wundern:
Brüste sind drastisch gewachsen – über Nacht!
Haare bürsten, fünfmal, viermal lange, einmal kurz – leider nur ein Sohn.
Endlich Frühstück, alle anwesend, Ruhe genießen.
Zwölf Sekunden später – Ruhe vorbei, Mädchen 1 zieht Mädchen 2 etwas aus dem BH: »Das sind meine Socken!«
Mädchen 2 stürmt ins Bad – selbstmordgefährdet.
Mann springt auf, grinst: »Bis heute Abend!«
Von wegen starkes Geschlecht! Feigling! Flieht auf Arbeit – wie immer.
Mädchen 2 erscheint, kein Todesfall, Brüste auf Normalgröße geschrumpft, danke, ihr Götter!

7:00 Uhr, Frühstück beendet, Kinder anziehen, Jahreszeit? Winter!
Warum haben Kinder eigentlich kein Fell?
Egal, letztes Kind fertig, hurra!
Mist – erstes Kind wieder ausgezogen, sich ärgern?
Nein – zu müde und spät dran – wie immer.
Fünf Kinder verladen, Auto starten, springt nicht an, Scheiße!
Nachbar schreit: »Diesel! Musste vorglühen!«
Klugscheißer!
Wär' mir auch noch eingefallen.
Fahrt in die Stadt, zehn Minuten Hyänentransport.
Panzerglas hinterm Fahrersitz – dafür sollte man demonstrieren!
Endlich, Gymnasium erreicht, Mädchen 1 und 2 lebend absetzen, nächste Schule, Kind 3 abgeben.
Endstation – Kindergarten, Kind 4 und 5 zum Aussteigen überreden.
Funktioniert nicht, schreiende Kinder unter den Arm klemmen, das größere rechts – da hab ich mehr Kraft, das kleinere links.
Böse Blicke ernten, glotzt nicht so! Hätte sie ja auch hinterherschleifen können …
Kinder wieder ausziehen, ruhig bleiben.
Küsschen verteilen – zweimal Kinder, einmal Teddybär, einmal Plüschschaf.
Zum Auto laufen, Schweiß abwischen, aufatmen.

8:30 Uhr, wieder zu Hause, nichts aufgeräumt.
Von wegen Heinzelmännchen – totale Verarsche, also selber machen, wie immer, putzen, waschen, kochen.
Ach ja – Einkauf nicht vergessen.
Kurzer Blick in den Spiegel? – Besser nicht, losfahren.
Supermarkt – Einkaufszettel? Klar! Wo? Zu Hause, was soll's …

12:30 Uhr, Einkauf geschafft, wegräumen, Hälfte vergessen – wie immer.

Kurze Pause, hinsetzen, heute schon was gegessen? Nein.

Schnell etwas essen?

Telefon klingelt: »Ja, Oma, alles bestens!«

»Stress? Nein, ich doch nicht.«

»Wo warst du? Beim Arzt?«

»Aha, nein, die Tabletten kenne ich nicht.«

»Stuhlgang?«

»Nein, Oma, ich muss auch nicht jeden Tag.«

»Wie der aussieht? Darauf achte ich nun wirklich nicht.«

»Nein, auf meinen Urin achte ich auch nicht.«

»Du nervst doch nicht!«

Leise zur Haustür schleichen, Arm lang machen, kräftig auf die Klingel drücken.

»Muss leider Schluss machen, hat geklingelt.«

»Ja, ruf mich später noch mal an!«

Auflegen, Telefon auf besetzt schalten und Gott für die Erfindung der Haustürklingel danken.

Essen?

Inzwischen vergessen – wie immer.

14:30 Uhr, Kinder zurück, und zwar – alle!

Gab's Zensuren?

Hoffentlich nicht – schlechte Zensuren kosten Nerven, gute kosten Geld.

Hausaufgaben machen, ruhig bleiben.

Warum lässt sich Intelligenz nicht zuverlässig vererben?

Endlich – geschafft.

Blick auf die Uhr, Magenknurren – noch immer nichts gegessen.

15:30 Uhr, Familienzeit.
Irrtum – Joghurt verteilen, Nasen putzen.
Kind 5 beißt Kind 4. Mist – Pflaster alle, also Schokolade, keine da – beim Einkauf vergessen.
Nächstes Kind schreit, Ursache – nicht vorhanden, ruhig bleiben.
Katze aus der Spielzeugkiste befreien, Joghurthände von den Möbeln wischen.
»Aua!« Verdammt, warum muss hier immer alles rumliegen? Hinsetzen, Legobaustein aus der Fußsohle kratzen und brüllen: »Wer war das?«
Niemand – wie immer.

17:30 Uhr, Kinder waschen, Bad nochmals wischen – überall kleine Seen.
Klopapierrolle aus der Toilette fischen, neue aus dem Schrank holen.
Mist – alle, heute früh die letzte genommen, beim Einkauf leider vergessen.
Kind 5 einen Tampon aus der Nase ziehen.
Kind 4 fragt: »Mama was is'n das?«
Kind 1 und 2 das Lachen verbieten.
Kind 4 pädagogisch antworten: »Das erkläre ich dir – später!«
Endlich Abendbrot, endlich was essen.
Wurstscheiben schwimmen im Tee, Lappen holen, Schaden begrenzen, aufregen? Nein – lieber etwas essen.

19:00 Uhr, Kinder ins Bett, Geschichten lesen, Köpfe streicheln, Monster vertreiben.
Ausruhen? Nein – zu viel liegen geblieben, aufräumen.
Aufräumen abbrechen:
Kind 5 – Durst.
Kind 3 – aufs Klo.
Kind 4 – Milchzahn verloren.

Kind 1 und 2 heute kein Problem – schön!
Wäsche zusammenlegen, nur einzelne Socken.
Warum fressen Waschmaschinen Socken? Strom und Wasser sind doch schon teuer genug!
Kurz ausruhen, fernsehen? Super Idee, Fernbedienung?
Weg – wie immer.
Also – Sofaritzen durchsuchen, Spielkisten auf den Kopf stellen, mit Taschenlampe unter die Möbel kriechen.
Aufgeben! Nicht ahnen, dass sie morgen früh im Kühlschrank auftaucht.

Spät, endlich im Bett, Zweisamkeit genießen, Abbruch, weinendes Kind in der Tür.
Rutschen und Bettdecke heben, kalte Füßchen spüren, leisen Atem hören.
Scheißtag? Nein – zufrieden einschlafen, wie immer.

Am nächsten Morgen ganz früh aufstehen, diese Geschichte schreiben und stolz verkünden: »Ich liebe dieses Leben, und ich bin glücklich – wie immer!«

Wenke Giwsok

Mein Leben im Dschungel oder Reif für die Insel

Ich fühle mich wie benebelt. Nein, nicht vom Alkohol. Mir ist irgendwie schwindelig, und vor den Augen ist alles verschwommen. Vorsichtig setze ich einen Fuß vor den anderen. Der Boden ist angenehm weich und lässt meine Schritte federleicht sein. Ich sehe viele Pflanzen, die sehr dicht miteinander verwachsen sind. Mir fällt das Atmen schwer. Die Luft ist feucht und warm. Bunte Schmetterlinge flattern um mich herum. Einzelne Sonnenstrahlen dringen durch das dichte Blattwerk. In der Nähe einer Bananenstaude finde ich eine Behausung. Es scheint niemand darin zu wohnen. Ich will noch ein bisschen die Gegend erkunden. Die Geräusche hier sind sehr vielfältig. Ein ständiges Rauschen, begleitet von Flötentönen eines Vogels. Trompetenartige Geräusche, die an- und abschwellen, mal lauter, mal leiser sind.

Jetzt klingelt etwas. Vielleicht ein Vogel, der das Geräusch meines Weckers imitiert.

Als es dunkel wird, beschließe ich, mir ein Nachtlager in dieser Behausung einzurichten.

Es ist noch dunkel, als ich einen Plums höre. Schlaftrunken gehe ich nach draußen. Da hangelt sich ein Affe von meinem Dach herunter. Als er auf mich zuspringt, weiche ich zurück. Wer weiß, ich lege mich wieder hin und schließe das Moskitonetz.

Am Morgen ist der Affe immer noch da. Ich betrachte ihn, wie er auf einem benachbarten Baum sitzt. Er hat ein braunes, flauschiges Fell. *Plum* werde ich ihn nennen. Ich halte ihm eine geschälte Banane hin. Er schnuppert etwas desinteressiert. Ist er vielleicht krank?

Als ich die Banane beiseite lege, wird es für den Affen interessant. Auf den Boden mag er nicht kommen, aber die Frucht möchte er schon haben. Mein Magen knurrt. Gestern Abend habe ich nur Banane gegessen.

Langsam lasse ich den heutigen Tag beginnen. Einzelne Sonnenstrahlen bahnen sich den Weg durch das dichte Blätterwerk. Bunt schillernde Vögel gleiten an mir vorbei. Von hier aus kann ich die herrlich leuchtenden Blüten der exotischen Pflanzen bewundern. Neben mir auf einem Baum hängt *Plum* an seinem Schwanz nach unten. Sieht echt lustig aus. Er scheint mich zu beobachten. Sein Blick wandert zwischen mir und der Banane.

Hier vergesse ich Tag und Stunde. Ich lebe nur nach den Gestirnen, soweit diese zu sehen sind. Jeden Tag erkunde ich einen neuen Teil meiner grünen Insel. Auf einem lichten Stück am Rande des Dschungels habe ich einen Mangobaum und einem Orangenbaum entdeckt. Es sieht fast so aus, als stand da mal eine Hütte mit Garten.

Heute habe ich von meinem Tagesmarsch lebende Muscheln vom Strand mitgebracht. Auf dem Rückweg finde ich Früchte, die aussehen wie Chilischoten, aber jede Frucht hat eine andere Farbe: lila, gelb, orange, rot. Die Blätter sind auch lila. Ich nehme ein paar Früchte mit.

Zu Abend koche ich die Muscheln mit einer dieser Früchte und verspeise sie mit Orangen als Beilage. Das passt gut zusammen. Nur ist das ganze dermaßen scharf, dass ich noch eine Banane dazu essen muss. Am liebsten würde ich die Muscheln mit Sojasoße, Kokosmilch und ein paar Gewürzen verfeinern. Aber so ist es auch o.k.

Richtig urig finde ich es erst, wenn ich improvisieren muss.

Plum hat sich inzwischen etwas verkrochen. Die Banane, die ich ihm hingelegt habe, spieße ich auf einen Ast. Mal sehen, ob er wiederkommt.

Als ich gerade meine müden Füße in einem Fluss kühlen will, taucht kurz vor mir ein Krokodil auf. Ich bekomme einen riesen Schreck. Das hätte gefährlich werden können. Daran muss ich mich erst noch gewöhnen. In den Baumwipfeln spielen Kapuzineräffchen und piepsen unaufhörlich. Ihnen zuzuschauen empfinde ich als entspannend. So kann ich mich von dem Schock mit dem Krokodil etwas erholen.

Hier gibt es einige Tiere, die ich noch nie so live erlebt habe. Zum Beispiel die Brüll-Affen. Aus großer Entfernung hört man sie. Das ist so laut, dass ich jedes Mal aufs Neue erschrecke.

Ich suche mir Feuerholz für eine Kochstelle und einige Pflanzen, von denen auch »mein Affe« frisst.

Unterwegs beobachte ich einen Kolibri, wie er vor mir in der Luft steht und an einer leuchtend bunten Blüte saugt.

In einiger Entfernung gibt es einen Fluss. Von da hole ich mir Wasser. Hier am Fluss trinken auch die Tiere.

Früher hätte ich meine jetzige Art zu kochen als primitiv beschrieben. Heute stört mich das nicht wirklich. Ich koche alles in einem Topf. Kein Ceran-Kochfeld, kein Back-Herd. Kühlschrank und Mikrowelle haben mir gestern allerdings gefehlt. Da hätte ich mir schnell was aufwärmen können. Aber zum Abendessen süße Banane, das ist doch cool!

Meine Nichte darf zu Abend nicht mal Honig aufs Brot essen. Und hier kann ich mir die süßen Früchte nach Lust und Laune schmecken lassen.

Heute bin ich am Grübeln, wie ich reagiere, wenn ich auf Einheimische treffe ...

In der Behausung finde ich ein paar ausgerissene Seiten verschiedener Wörterbücher. Die werde ich einstecken. Sie sollen mir helfen, mit den Einheimischen zu kommunizieren.

Nun kann ich starten. Halt, noch ein paar Früchte für unterwegs in den Rucksack packen. Mal sehen, ob *Plum* die Banane holt, während ich weg bin.

Von Ferne sehe ich eine zeltartige Behausung. Jetzt wird es spannend. Ich will erst mal in Ruhe in meinen Wörterbuchseiten schauen und mir ein paar Worte zurechtlegen. Hier auf den umgekippten Baumstamm könnte ich mich setzen. Aber da kommt auch schon jemand aus dem Zelt. Der Mann sieht mich und kommt auf mich zu. Hinter ihm eine Frau mit einem Baby auf dem Arm.

Also verschiebe ich meine Rast auf dem Baumstamm. Einigermaßen beruhigt bin ich ja, dass ich hier wahrscheinlich keine Räuberbande, sondern eine Familie treffe.

Am Eingang stehen jetzt noch drei größere Kinder, wie die Orgelpfeifen, der Größe nach. Das größte scheint schon fast erwachsen zu sein, von der Höhe des Wuchses betrachtet. Ob ich meine Früchte als Geschenk anbringe?

Mit einem freudigen *hola* grüße ich. Dann deute ich auf mich, Wenke. Ich schaue die Frau an, in der Hoffnung, dass sie es einfach nachmacht. Und tatsächlich, sie deutet auf sich: Lizy. Ich schaue zu dem Mann, und er nickt und sagt Juan. Dann winken sie mir, ich solle mitkommen.

Die größeren Kinder hatten schon vor der Behausung Teppiche ausgelegt. Darauf setzen wir uns. So ein bisschen mit Händen und Füßen machen wir uns verständlich.

Es herrscht eine angenehme Atmosphäre. Die Kinder freuen sich über die Früchte. So erfahre ich, wie die Kinder heißen: Jorge, der Älteste. Er hat ein Händchen für Landwirtschaft, würde man bei uns sagen.

Das zweite Kind ist ein Mädchen und heißt Amy. Sie macht auf mich einen ganz lieben Eindruck. Ihr jüngerer Bruder wird Lupe genannt. Und zu dem hübschen Baby sagen sie Jamel. Ich erfahre aber auch etwas ganz Entscheidendes: Heute Morgen in der Frühe ist hier eine Boa constrictor gesichtet worden. Ein besonders großes Exemplar. Das macht mir Angst. Der Vater der Familie schlägt vor, dass alle zusammen, ich eingeschlossen, zu einem Platz gehen, wo man Gemüse, Eier und anderes kaufen kann. Das ändert zwar meinen Plan, aber wenn ich an die Schlange denke, gefällt mir die Idee. Ich fühle mich sicherer.

Da gibt es tatsächlich im Dschungel so was wie einen Markt, wo man kauft und verkauft oder tauscht. Ich habe noch ein oder zwei Früchte übrig, die ich in zwei Eier und etwas Brot eintausche. Meine Gastgeber kaufen eine Ziege. Beim Weggehen bemerke ich, wie Händler lauthals streiten.

Schon wieder bekomme ich so ein komisches Gefühl. Keine Angst. Es fühlt sich an wie Stress. Ich habe schon ganz vergessen, dass ich dieses Gefühl früher öfter hatte.

Der große Sohn winkt ab. Ich erfahre, dass das in letzter Zeit schon einige Male vorgekommen ist. Überhaupt haben sich die Einheimischen zum Negativen verändert. Der Ziegenhändler wollte meinen Gastgebern eine hinkende Ziege andrehen. Ich muss hier genauso aufpassen wie dort, wo ich herkomme.

Auf dem Rückweg kommen wir an der Stelle vorbei, wo ich mich auf dem umgekippten Baumstamm ausruhen wollte. Ich suche und suche. Der Baumstamm ist weg! Das ist ja eigenartig. Sollte ich mich so sehr getäuscht haben?

Die Kinder lenken mich ab. Sie wollen auf dem Weg fangen spielen. Dann gehen wir gemeinsam zu meinen neuen Bekannten nach Hause. Dort gibt es noch eine leckere Gemüse-Kartoffelsuppe mit Ziegenfleisch. Irgendwie finde ich diese Familie sympathisch.

Die kleineren Kinder wollen mit mir spielen, was ich mir nicht zweimal sagen lasse.

Bevor ich gehe, füllt mir Lizy noch ein Gefäß mit Ziegenmilch und deckt es sorgfältig ab.

Auf dem Heimweg bin ich sehr umsichtig und gar nicht mehr so unbefangen wie sonst. Über die Schlange und den Baumstamm denke ich solange nach, bis ich an meiner Behausung ankomme. Der Stamm sah so glatt aus. Ich dachte mir nichts dabei. Hier ist es ja feucht, und die Bäume sehen hier halt anders aus.

Plötzlich fällt der Groschen. Der umgekippte Baumstamm war die Schlange! Ich bekomme Gänsehaut bei dem Gedanken, dass ich mich beinahe auf die Schlange gesetzt hätte.

Heute Abend komme ich nicht zur Ruhe. Nachdem ich mich mit Antimücken- und Moskitofluid eingerieben habe, besprühe ich noch meine Kleidung und das Moskitonetz mit einer ähnlichen Flüssigkeit und lege mich auf meine Lagerstätte. Irgendwann schlafe ich ein, ohne nach *Plum* geschaut zu haben.

Am nächsten Morgen wecken mich die Tiere. Ich bin so schlaftrunken, dass ich gar nicht merke, wo ich bin. Mit geschlossenen Augen setze ich mich auf und überlege, welcher Tag heute ist. Mittwoch muss ich den AK* austragen. Als ich zur Tür gehen will, merke ich den weichen Boden unter meinen Füßen. Da kommt es mir: Ich bin zum Glück im Dschungel!

Mit ein paar feuchten Blättern wische ich mir über das Gesicht. Als ich nach draußen gehe, begrüßt mich *Plum*.

Heute gibt es zum Frühstück Banane mit Ziegenmilch und Maisfladenbrot. Dann begebe ich mich auf meine Wanderung.

Ich beobachte schon eine Weile einen Gorilla, der scheinbar verletzt ist. Plötzlich höre ich einen Schuss, und der Gorilla sinkt langsam zusammen. Dann höre ich auch Schritte. Und da kommt doch ein Rucksacktouri, wie ich meine, daher. Er geht geradewegs auf den Gorilla zu. Mit Spannung beobachte ich, was nun geschieht.

Als er ein technisches Gerät auspackt, traue ich meinen Augen kaum. Was er da wohl vor hat? Da taucht noch eine Frau auf. Eine ganze Weile beobachte ich das

Geschehen. Ich werde entdeckt. Der Herr mit dem Rucksack und dem technischen Gerät deutet mir, ich solle fernbleiben.

Also verstecke ich mich so, dass ich trotzdem noch das Vorgehen beobachten kann. Was da geschieht, verstehe ich nicht. Als die beiden mit der Prozedur an dem Gorilla fertig sind, komme ich aus meinem Versteck hervor. Ich gehe auf die beiden zu, immer den Gorilla im Auge, der noch wie tot dort liegt. Meine Neugierde ist schon lange geweckt.

Endlich kann ich mit den beiden Kontakt aufnehmen. Anscheinend haben die vermeintlichen Rucksacktouristen den Gorilla erst betäubt und dann geröntgt. Da erinnere ich mich an einen kleinen Artikel in der Zeitung. »Röntgen im tiefsten Dschungel«. Darin wurde ausgeführt, dass Fachleute ein neues Gerät für ihre beschwerliche Arbeit entwickelt haben: ein Röntgen-Gerät, das man per Rucksack transportieren kann. Also doch nicht so unglaublich.

Ich versuche, mich mit den Wissenschaftlern zu unterhalten. Meine Wörterbuchseiten habe ich heute nicht dabei. Fast so nebenbei berichten sie auch, dass ein toter Ureinwohner gefunden wurde, mit einem Speer zwischen den Rippen. Das haben sie auf dem Markt erfahren.

Jetzt bekomme ich leichte Bauchkrämpfe. Das ist mir zu viel. Sofort kommt der Gedanke, wieder nach Hause zu fahren, zu fliegen, wie auch immer. Aber dort ist es ähnlich und noch schlimmer. Mir kommt es vielleicht so krass vor, weil ich mir von meiner Flucht in eine andere Welt etwas Besseres erhofft habe.

Da kommt ein alter Mann auf uns zu. Er sieht eigentümlich aus, mit einem Umhang aus Ziegenfell, um den Kopf ein Tuch oder Band gebunden und einen Wanderstab in seiner Hand. Uns verkündet er, dass es ein großes Unwetter geben wird, weil die Bewohner des Dschungels so schlecht geworden sind. Derjenige, der den Ureinwohner umgebracht hat, wird erkannt werden, weil er als Einziger umkommen wird. Von jetzt ab in drei Tagen nach Sonnenuntergang soll das Unwetter beginnen.

Auf meinem Rückweg lese ich noch Baumaterialien auf, um meine Behausung zu stabilisieren, Holz zum Stützen und festes Blattmaterial als Bindfadenersatz. Ich habe immer noch Gänsehaut, wenn ich an die Worte des alten Mannes denke.

Nun vertiefe ich mich in das Bauen an meiner Behausung. Dabei bemerke ich, wie gut mir es tut, mit Naturmaterialien zu hantieren. Ich beruhige mich etwas.

Heute will ich noch mal zu Juan und seiner Familie. Ich brauche noch etwas Wasserdichtes für mein Dach. Vielleicht können sie mir helfen oder einen Tipp geben, was ich mir besorgen sollte.

Auf dem Weg dorthin bemerke ich, dass die Tiere sehr unruhig sind. Die Mücken sind lästiger als sonst. Als ich die Behausung von Juan und Lizy schon sehen kann, bemerke ich ein hektisches Treiben.

Vorsichtig nähere ich mich ihrer Hütte und behalte die Familie im Auge. Hoffentlich störe ich nicht. Aber ich werde herzlich willkommen geheißen.

Als Erstes erfahre ich, wer der Ermordete ist. Es ist Andres, der Tapfere. Das regt mein Kopfkino an. Er wird gekämpft haben, so gut er konnte, dennoch unterlag er und wurde ermordet. Wie schaurig!

Ich darf nicht vergessen, Juan und Lizy zu fragen, wo ich ein wasserdichtes Dach herbekomme. Aber da kommen schon Juan und sein ältester Sohn, Jorge, auf mich zu und bringen ein gewachstes Ziegenfell mit. Jorge soll mir helfen, das Fell kunstgerecht anzubringen und zu befestigen.

Mit einem *adios* machen wir uns auf den Weg. Bei unserer Ankunft an meiner Behausung ist der Affe wieder da. Ohne Vorwarnung springt er Jorge von hinten an, sodass Jorge umfällt. Dann hüpft *Plum*, der Affe, ins Dickicht und auf einen Baum. Jorge und ich waren tüchtig erschrocken. *Plum* ist nicht mehr klein, hat ziemlich viel Wucht gehabt.

Jorge rappelt sich wieder hoch. Zum Glück ist nichts weiter passiert. Ich nehme schon mal das gewachste Ziegenfell und probiere, ob es auf das Dach meiner Behausung passt.

Jorge geht geschickt vor, als er mir das Fell anbringt. Während er bastelt, schaue ich nach der aufgespießten Banane. Wer hätte es gedacht, *Plum* sitzt auf dem Ast neben der Banane und holt sich Stück für Stück, um sie zu verspeisen. Warum war er denn vorhin so hinterlistig?

Jorge ist jetzt auch fertig mit Bauen. Er hat sogar noch meine Konstruktion stabilisiert.

Der weise Mann hatte recht. Kurz vor Sonnenuntergang bricht ein Sturm los. Kein gewöhnlicher. Ich weiß zwar nicht, wie hier die gewöhnlichen Stürme sind, wenn es welche gibt. Dieser hier ist so überwältigend, dass ich zu wissen meine, dass es das Unwetter ist, von dem der weise Mann sprach.

Irgendwie entzündet sich ein Feuer in meiner Nähe. Bei uns würde man sagen »Waldbrandstufe 3« plus Reibung durch den Sturm ergibt Feuer. Aber hier ist es doch tropisch feucht. Also doch die Erfüllung der Weissagung.

Die Tiere werden durch das Feuer aufgescheucht. Ich höre menschliche Schreie und überlege, ob ich flüchten soll. Das Feuer ist schon bedrohlich nahe. Ich renne zum Fluss. Es donnert wiederholt. Dann höre ich es gewaltig poltern. Riesengroße Hagelsteine dringen durch das dichte Blätterdach. Um mich vor dem Hagel zu schützen, binde ich mir mehrere dicke Blätter auf meinen Kopf. Blitze zucken. Oder war es der Feuerschein? Die Eingeborenen holen Wasser vom Fluss, um das Feuer zu löschen.

Zu dem Hagel mischt sich Regen.
Langsam lassen die Flammen in ihrer Stärke und Wucht nach. Das Feuer scheint durch den Regen zu verlöschen. Allmählich tritt eine Stille ein, wie es sie vorher nicht gab. Es ist so friedlich. Langsam bewege ich mich von meiner Stelle am Fluss fort, schaue, was das Unwetter und das Feuer angerichtet haben. Es ist interessant, wieviel Menschen jetzt im Dschungel unterwegs sind. Das Feuer hat einige Teile des Dschungels gefressen.

Mir fällt aber auch die Vegetation auf. Was vom Feuer verschont geblieben ist, scheint noch frischer als vorher zu sein. Der Hagel hat einige Löcher in das Blätterdach geschlagen. Bei meiner Besichtigungstour bemerke ich eine Ansammlung von Menschen, die heftig diskutieren. Als ich näher komme, trägt man einen Toten weg. Da entdecke ich auch Jorge und seinen Vater. Ich dränge mich zu ihnen durch. Gemeinsam verlassen wir den Schauplatz. Juan meint, dass der Tote Diego ist. Er war ein bekannter Betrüger. Irgendwie ist mir komisch zumute.

Es scheint, dass ein neues Leben beginnt. Als ich wieder mal auf den Markt gehe, sind die Dschungelbewohner zuvorkommender als vor der Katastrophe. Während ich noch über den Markt schlendere, setzt wieder Regen ein. Vor meinen Augen verschwimmt alles. Es hört sich an, als würden Regentropfen an mein Fenster klopfen.

Plötzlich erwache ich. Schade, gerade jetzt, da der Traum wieder schöner wird, werde ich wach. Moment mal. Wie spät ist es denn? Ach du Elend, sieben Uhr. Nun gibt es Donnerwetter vom Chef. Ganz zu schweigen von den vielen Reklamationen, weil ich die Zeitung nicht pünktlich ausgetragen habe.

* (Anzeigenkurier, kostenlose Zeitung)

Saskia V. Burmeister

Das Spiel von Licht und Schatten

Als ich noch ein Junges war, zog ich zusammen mit den *Heulern* durch Brachen, sandige Einöden und leere Ebenen. Immer hungrig, immer durstig, immer auf der Suche. Das dominante Paar des Rudels hatte mich unter seine Fittiche genommen und aufgezogen. Sie behandelten mich wie ihresgleichen, und doch merkte ich im Laufe der Zeit, dass ich nicht ihr Fleisch und Blut war.

Während die anderen Jungen rasch heranwuchsen und irgendwann ihre eigenen Wege gingen, wurde ich lange von den *Alphaheulern* versorgt, erst mit Milch und später mit Fleischbrocken.

Gerne kuschelte ich mich an das sandig gelbbraune Fell meiner Mutter, übte mich selbst im Heulen und versuchte, die Gedanken zu verdrängen, die mir in der ungnädigen Mittagshitze durch den Kopf schwirrten.

Ich war nicht so geschickt wie die anderen Jungen, die schnell lernten zu jagen und bald recht selbständig wurden. Aber ich gab mir alle erdenkliche Mühe, grub und scharrte, lauerte und hetzte kriechenden, hüpfenden und laufenden Kleintieren hinterdrein, während der Rest des Rudels es übernahm, größere Beutetiere zu verfolgen.

Mehr als einmal habe ich eine derartige Hatz unbeabsichtigt durch Ungeschicklichkeit und verräterische Laute vereitelt. Daher waren mir andere Aufgaben zugeteilt worden.

Mit karger Beute kehrte ich alsbald zurück zum Stammplatz des Rudels, um meiner eigentlichen Aufgabe nachzukommen und auf die Jüngsten im Clan achtzugeben. Dabei hatte ich noch nie versagt. Ich konnte mich auf den Hinterläufen aufrichten, wie es sonst kein *Heuler* vermochte, und das Land weit überblicken, um mögliche Feinde auszumachen. Ein ums andere Mal hatte ich so schon das Rudel vor drohender Gefahr warnen können.

Eines Tages aber, mitten ins Spiel mit den Welpen vertieft, war ich unaufmerksam und bemerkte die fremden *Heuler* erst, als es schon zu spät war. Sie übernahmen das alt angestammte Revier. Meine Mutter, schwer gezeichnet vom Kampf mit einem der dominanten Tiere, entkam zusammen mit mir. Die anderen waren in alle Himmelsrichtungen verstreut worden oder im Kampf gefallen.

Am äußersten Rand des alten Reviers verbrachten wir die nächste Zeit, doch nun war es an mir, Nahrung zu suchen für die geschwächte *Heulerin*, die mir so lange eine treu sorgende Mutter war. Vielleicht waren ihre Wunden zu tief, oder ich machte meine Sache schlecht. Als sie starb, sah ich mich allein in der kargen Weite.

Ein einsamer *Heuler* kann nicht überleben, das sagte mir der Instinkt. So versuchte ich den Rest des Rudels zu finden, stieß aber nur auf die neuen Herrscher im Revier, die mich nicht als ihresgleichen akzeptierten, sondern davonjagten.

Zurück blieben mehrere Bisswunden an meiner Flanke, die später zu weißen Narben ausheilten und mich für alle Zeit an meinen Verlust erinnern sollten. Denn nun war ich ganz alleine, ohne Mutter, ohne Rudel.

So zog ich ziellos umher, bis ich die Kontaktrufe fremder *Heuler* in weiter Ferne hörte und mich fragte, ob ich noch einen Versuch wagen sollte. Doch ich blieb resigniert am Rande eines Tümpels sitzen, aus dem ich soeben noch soff.

Aus dem Wasser starrte mir etwas Fremdartiges entgegen, das nicht aussah wie einer der sandfarbenen *Heuler*. Nur auf dem Kopf gedieh auch ihm ein dichter Pelz, ansonsten wies es keinerlei Merkmale eines *Heulers* auf, keine lange Schnauze mit prächtigen Zähnen, dreieckige stehende Ohren und auch keine großen Pfoten mit dunklen Krallen. Wie ich es so im Ganzen betrachtete und dann hin zu meinen Vorderpfoten blickte, erkannte ich, dass sie gleich waren. Ganz anders als die Läufe der *Heuler*. Ein großes Rätsel hatte mir diese Kreatur im Wasser aufgegeben, die mir schon in der Vergangenheit ein ums andere Mal beim Trinken erschienen war. Doch erst in jenem Moment hatte ich dieses Merkmal entdeckt und grübelte lange darüber nach, was es wohl bedeuten mochte, während ich weiter durch das Land zog, das sich zunehmend veränderte.

Die karge Grassteppe verlassend, sah ich mich einem üppig wuchernden feucht glänzenden Dschungel gegenüber. Fremdartige Gerüche und Geräusche schlugen mir entgegen. Ich hörte Schreie hoch über meinem Kopf, die mich an Laute erinnerten, die ich bisweilen selbst ausstieß wenn ich mich erschreckte.

Da ich nichts zu verlieren hatte, beschloss ich, mich hineinzuwagen in diese fremde Welt, die aus einem Spiel von Licht und Schatten zu bestehen schien.

Schneller als gedacht konnte ich mich an die neue Umgebung gewöhnen, fand hier reichere Nahrung als in den kargen Grasländern. Auf andere *Heuler* stieß ich hier nicht, dafür auf riesige *Stampfer*, die durch den Dschungel zogen, ihre langen Nasen schwangen und ohrenbetäubend trompeteten. Ich erschreckte mich immer wieder aufs Neue, wenn ich mich unversehens einem von ihnen gegenüber sah. Schutz fand ich nur auf den Bäumen, und es erwies sich als nützlich, dass ich irgendwann versuchte, mehr über die kreischenden *Schreihälse* herauszufinden, die oben in den Wipfeln lebten.

So stellte ich fest, dass ich nach einiger Übung recht geschickt dabei war, Baumstämme zu erklimmen und mich durch das Geäst zu hangeln. Wenn auch nicht mit einer gleichartigen Eleganz und Geschwindigkeit, wie sie es vermochten.

Immerhin entkam ich so den kolossalen Säulenbeinen der *Stampfer* und konnte sie aus sicherer Entfernung beobachten.

So fand ich heraus, dass sie mich nicht jagten, sondern lediglich übersahen, wenn sie mich fast über den Haufen trampelten. Ich lernte, ihnen aus dem Wege zu gehen, wenn es nötig war, und verbrachte immer mehr Zeit auf den Bäumen. Dort war es sicherer als am Boden, den nicht nur die *Stampfer* bewohnten, sondern auch allerlei andere haarige oder kriechende Wesen. Mitunter auch flinke geschickte Jäger mit einem Maul voller Zähne und Pranken mit langen Krallen.

Abgeschnitten von den *Heulern*, die einst meine Familie waren, faszinierten mich in meiner neuen Heimat von Anbeginn die *Schreihälse*, welche in den Bäumen hausten. Ich schaute mir von ihnen nicht nur ab, wie man sich im Geäst bewegen konnte, sondern ahmte auch bald schon ihre Nahrungssuche nach. Krabbelndes Kleintier nahm ich immer seltener zu mir, sondern kostete stattdessen von den Früchten der Bäume und schlief auch dort oben. Nur zum Wassertrinken kam ich herab und traf dort immer wieder auf die seltsame Kreatur, die unter der Oberfläche des Teiches zu wohnen schien. Ein wenig ähnelte sie den *Schreihälsen*, die sich langsam aber stetig an meine Anwesenheit gewöhnten.

Ich blieb beharrlich bei der Sache, gewann immer mehr Vertrauen der Horde und konnte sie aus nächster Nähe studieren. Tatsächlich hatten sie Vorderläufe, die denen des Wesens im Wasser entfernt ähnelten wie auch den meinen. Doch gab es auch Unterschiede, so waren sie gänzlich von gelblichweißem Fell bedeckt, und ihre Gesichter waren dunkel. Ein langer Schwanz entwuchs ihrem Rücken, den ich weder bei mir noch bei der Kreatur im Teich finden konnte. Zudem war ich wesentlich größer als sie, was ihre anfängliche Reserviertheit mit sich gebracht haben mochte.

So blieben die Fragen, die in meinem Kopf spukten, bestehen. Meist hatte ich jedoch andere Sorgen, denn im Spiel von Licht und Schatten konnte jeder Fehler, jede Unachtsamkeit den Tod bringen. Ich passte mich dem Leben der Horde an, lernte ihr Fell mit meinen Vorderpfoten zu lausen, die weit besser dazu taugten als zum Laufen. Hatte ich noch anfänglich, als ich neu im Dschungel war, des Nachts geheult, um Kontakt zu meinem verlorenen Rudel aufzubauen, begann ich nun zu kreischen, wie es die *Schreihälse* taten, um den Clan zu versammeln oder vor Fressfeinden zu warnen. Denn von denen gab es hier mehr als genug.

Nur mit Glück war ich den Schwarzen, den Gefleckten und den Gestreiften bis dato entkommen. Die Schreihälse zeigten mir nun Wege auf zu flüchten und mich vor den großen Fleischfressern mit den langen Zähnen und Krallen in Sicherheit zu bringen. In der Gemeinschaft fühlte ich mich sogar am Boden sicher, denn es hielt immer jemand Ausschau nach *Stampfern* oder *Gestreiften*. Bisweilen war ein reich gefundenes Fressen aber ablenkend genug, um die Achtsamkeit des Wächters zu untergraben. So auch eines denkwürdigen Tages, als die Bäume süße Früchte in Massen schenkten und der Wächter den *Gestreiften* erst bemerkte, als dieser mitten hinein in die Horde sprang und eines der Jungtiere unter seinen mächtigen Vorderpfoten begrub.

In heller Panik, schreiend und kreischend, stob die Horde auseinander, nur ich blieb wie erstarrt am Ort des Geschehens. Auge in Auge mit dem Raubtier. Es war nicht die große Gestreifte, die ich mit Ehrfurcht und aus sicherer Entfernung schon mehrfach beobachtet hatte, sondern ihr Junges, schon alt genug, um nun auf eigenen Pfoten zu stehen und für sich selbst zu jagen.

Für den Moment fixierten wir einander, ich gedachte der vielen jungen *Schreihälse*, welche die Horde in der Vergangenheit bereits verloren hatte, und war nicht bereit, ein weiteres Mitglied zu verlieren.

Noch hatte der Beutegreifer seine Zähne nicht in das Junge geschlagen, und es bestand Hoffnung. Noch eh ich recht wusste, was ich tat und was über mich gekommen war, richtete ich mich ruckartig zu voller Größe auf. Das alleine reichte schon aus, damit der junge *Gestreifte* sich duckte. Als ich auch noch die Vorderläufe in die Höhe riss, mein Gesicht verzog vor lauter Wut und gleichzeitig heulte, kreischte und fauchte, wie ich es von der alten *Gestreiften* schon gehört hatte, machte mein Gegenüber einen Satz zurück. Es gab das Jungtier frei, das gezeichnet war von den Krallen des Raubtieres, aber lebte und sich sofort auf den nächstbesten Baum flüchtete.

So geschehen, erwachte mein eigener Selbsterhaltungstrieb auch wieder zum Leben. Ich fuhr herum, kreischend und heulend, und trachtete danach, mich aus dem Staub zu machen.

Der junge *Gesteifte* aber, sich duckend und alle Muskeln anspannend, sprang mir mit einem gewaltigen Satz hinterher, landete auf meinem Rücken und schlug mir seine Krallen in die Schultern. Ich schrie auf, vor Angst und Schmerz, riss den Kopf zur Seite, und die zusammenschlagenden Kiefer des Raubtieres bekamen nur mein linkes Ohr zu fassen. In kopfloser Panik, gepeinigt vom Schmerz und mit der großen Last des Feindes auf meinem Rücken, warf ich mich unter Aufbietung all meiner Kraft rücklings gegen den nächstbesten Baum.

Es ertönte ein Aufschrei, ich selbst fiel mit ein, denn ein abgebrochener spitzer Ast bohrte sich in meine rechte Achselhöhle. Keuchend, klagend und erschöpft fiel ich vorneüber, meine rechte Vorderpfote auf die blutende Wunde in der Achsel pressend, und wie ich so kniete, wurde mir bewusst, dass mein letztes Stündlein geschlagen hatte. Noch einer weiteren Attacke des jungen *Gestreiften* würde ich nicht entkommen. Der brennende Schmerz an meinem Ohr, unter der Achsel und an meinen Schultern hinderte mich daran, ins schützende Geäst zu flüchten. Wo der Rest der Horde saß und mit aufgerissenen Augen und Mündern zu mir hinabstarrte.

Mit einem Mal aber verfielen sie in heftiges Kreischen, und ich wandte den Kopf nach hinten.

Aufgerichtet auf den Hinterbeinen stand der junge *Gestreifte* mit dem Rücken zum Baumstamm, die Augen weit aufgerissen, ebenso die Zähne zeigend, doch ging keinerlei Regung von ihm aus. Der Ast, der mich selbst an der Achsel verwundet hatte, ragte aus dem Leib des jungen und doch so imposanten Raubtieres. Es dauerte, bis ich verstand, dass von ihm keinerlei Gefahr mehr ausging.

Auch die Horde mochte dies bemerkt haben, stellte das Kreischen ein und wandte sich dann dem Tagesgeschäft wieder zu, während ich nur langsam wieder zu mir fand. Es mochte ewig gedauert haben, bis ich einen Ast in halbwegs sicherer Höhe erklomm. Wie gelähmt hockte ich dort oben, so lange, bis der Abend nahte. Die ganze Zeit war mein Blick fixiert auf den Jäger, dessen letzte Hatz ich vereitelt hatte. Ein unbekanntes Gefühl von Reue kam in mir hoch. Ich hatte nur mein Leben und das der Horde verteidigt, und dennoch war ich nicht stolz auf meine Tat.

Als die letzten Strahlen der untergehenden Sonne durch das Blattwerk fielen, schälte sich die Mutter des *Gestreiften* lautlos aus dem Spiel von Licht und Schatten zwischen den Dschungelbäumen heraus. Lange betrachtete sie ihr totes Junges. Ebenso, wie es die *Heulerin* getan hatte, als sie einst eines ihrer Jungen verlor. Damals hatte ich getrauert um das verlorene Geschwisterchen. Heute war es die *Gestreifte*, die größte Jägerin des Dschungels, die einen Verlust zu beklagen hatte. Mehrfach stieß sie mit der Nase gegen den erschlafften Körper. Dann aber wandte sie ihre Aufmerksamkeit hinauf zu dem Ast, auf dem ich hockte.

Unsere Blicke trafen sich, und mir war, als wüsste sie genau, dass ich es war, der ihr das Junge nahm.

Ihre Schnurrhaare vibrierten leicht, als sie den Nasenrücken krauszog, sich dann huldvoll abwandte und geschmeidig und lautlos im Gestrüpp verschwand.

In der Folgezeit habe ich täglich nach ihr Ausschau gehalten, war mir sicher, sie würde Jagd auf mich machen. Doch sie hielt sich verborgen im Spiel aus Licht und Schatten, als wartete sie auf eine spätere Gelegenheit, während meine Wunden heilten und meine Kräfte zurückkamen und sich gar noch mehrten. Denn die Bäume schenkten süße Früchte in großer Fülle in dieser Zeit.

Als ich der großen *Gestreiften* das nächste Mal begegnete, sah ich sie am anderen Ufer des Sees, in dessen Flachwasser ich gedankenverloren hockte, um das Wesen zu betrachten, das mir wieder einmal aus dem Nass entgegenstarrte. Neuerdings hatte es ebenso wie ich eines seiner Ohren verloren, was mir stark zu denken gab. Fast hätte ich verpasst, wie die *Gestreifte* zu mir herüberschaute, soff, sich dann wieder abwandte und im Gestrüpp verschwand. Mir entging nicht, dass sie nicht länger allein war. Ein neues, sehr viel kleineres Jungtier war an ihrer Seite. Insgeheim hoffte ich, dass es eines Tages zu einem großen und stattlichen *Gestreiften* heranwachsen mochte, um die Lücke zu füllen, die der Tod seines großen Bruders hinterlassen hatte.

Hernach wandte ich mich wieder meinen eigentlichen Gedanken zu. Es war, als spürten die Tiere des Dschungels, was ich getan hatte. Von *Gefleckten* oder *Schwarzen* war ich nicht mehr behelligt worden. Sie machten gar einen Bogen um meine Horde. Als ob sie genau wüssten, welche Gefahr von mir ausging.

Das neugierig freche junge *Stampferchen* hingegen ahnte von alledem herzlich wenig, als es mitten ins Wasser hineinsprang, mit seiner langen Nase trompetete und das Wesen, das ich so intensiv studierte, vertrieb.

Ich hob den Blick zu dem tollenden Jungtier, das unbedarft keine Handbreit neben mir im Wasser planschte, mit allen vier baumstammartigen Füßen nach dem Nass tretend, es gar in seine lange Nase saugend und damit herumspritzend. Eine ganze Herde von ausgewachsenen *Stampfern* stand am Ufer und beobachtete sehr misstrauisch das wilde Treiben. Sie griffen aber nicht ein, als hielten sie mich für ebenso ungefährlich wie einen der anderen *Schreihälse*.

Ich war erstaunt, wie unbedarft der junge *Stampfer* um mich herum tollte, und gleichzeitig ein wenig verärgert, weil er meine Grübelei unterbrach. Lange Zeit hatte es gebraucht, bis ich heute nun just zu der Erkenntnis gekommen war, dass ich kein *Heuler* war und auch kein *Kreischer*. Es gab Ähnlichkeiten zu letzteren, aber auch viele Unterschiede. Sie waren deutlich behaarter, kleiner und, wie gesagt, sie hatten einen langen Schwanz an ihrem Steiß.

Während mir diese Einsicht nur langsam ins Bewusstsein durchsickerte, tastete mich der freche junge *Stampfer* mit seiner langen Nase ab, zog an dem Fell, das meinem Kopf entwuchs, taste an der Höhlung, die von meinem Ohr übriggeblieben war, und zeigte sich wenig beeindruckt, als ich leicht verstimmt die Zähne bleckte. Dass ich auch kein *Stampfer* war, wurde mir nun auch klar. Es fehlten mir definitiv nicht nur die Säulenbeine, sondern auch die großen Ohren und die lange Nase.

Immerhin verband uns nackte Haut. Damit waren die Gemeinsamkeiten jedoch schon erschöpft. Das alles interessierte den jungen *Stampfer* offenkundig herzlich wenig. Ob ich wollte oder nicht, wurde ich sein neuer Spielkamerad, wurde herumgeschubst und mit Wasser vollgespritzt.

Ich ließ ihn gewähren, fügte mich in mein Schicksal, und da sich unsere Wege in der nächsten Zeit häufiger kreuzten, als es mir lieb gewesen wäre, kam ich nicht umhin, ihn in mein Herz zu schließen.

Jedes Mal aufs Neue tauchte er genau dann auf, wenn ich im Wasser hockte, und spritzte Wasser in einer Fontäne aus seiner langen Nase. Dazu trompetete er ausgelassen, und ich gewöhnte mich daran. Wenn ich nicht gerade mit meiner Horde durch den Dschungel streifte, genoss ich die Gesellschaft der *Stampfer*, die mich nach und nach in ihrer Mitte duldeten. Meinem jungen Freund wiederum konnte ich regelrecht beim Wachsen zusehen. Genau wie dem *Gestreiften*, der bisweilen mit seiner Mutter am anderen Ufer des Sees erschien, um seinen Durst zu stillen.

So vergingen die Tage im Dschungel, ich beobachtete die Lebewesen um mich herum, und wenn ich auch keines unter ihnen fand, das mir gleich war, so lernte ich doch allerhand von ihnen: ihre Bewegungen oder Laute nachzuahmen. So war es mir bald möglich, die *Gefleckten* und die *Schwarzen* durch Imitieren ihrer eigenen Rufe zu verunsichern und in die Flucht zu schlagen. Sie wähnten wohl einen verborgenen Konkurrenten auf dem Baum. Meiner Horde bereitete das ein weitgehend sorgenfreies Leben und mir den Status eines Anführers.

Fühlte ich mich dieser Bürde einmal nicht gewachsen, verbrachte ich die Stunden am See. Doch statt dort wie gebannt auf das Wesen im Wasser zu starren und mir Gedanken zu machen, was es damit auf sich hatte und wer ich war, wie ich es früher so oft getan hatte, vertrieb mir mein stampfender neuer Freund die Zeit.

Bisweilen dösten wir auch einfach nur vor uns hin. Er halb im Wasser oder im Morast ruhend, ich wiederum auf seinem breiten Rücken liegend, mit dem Gesicht nach oben und in den Himmel starrend. Dabei die *Gefiederten* beobachtend, wie sie ihre Kreise zogen. Solche unbeschwerten Tage hätten ewig währen können.

Doch eines Tages war es mit aller Ruhe und Frieden abrupt vorbei. Meine Horde suchte gerade nach neuen Futterbäumen, ich hielt Ausschau nach Fressfeinden, als mit einem Mal die normalen Geräusche des Dschungels verstummten: das Kreischen anderer *Schreihälse*, das Rufen der *Gefiederten* und gar das Rascheln der Bäume.

Dafür wurden andere Laute hörbar, die sich schnell näherten. Ein lautes Schreien, wie ich es noch nie vernommen hatte, zwischendurch dann ein derart heftiger Knall, dass die ganze Horde in Panik auseinanderstob und ihr Heil auf den Bäumen suchte, während ich mich flach an den Boden drückte und versuchte, die Gefahr zu orten.

Ähnliche Geräusche hatte ich bisher nur vernommen, wenn der Himmel sich dunkel färbte, Regen fiel und seltsame Lichter das Dunkel durchbrachen, gefolgt von wahnsinnigem Krach.

Abermals ertönte der schaurige Laut, und während sich meine Horde sammelte und in Sicherheit brachte, näherte ich mich langsam dem unwirtlichen Krach. Ich stieß dabei auf die Herde von Stampfern, die in heller Aufregung war. Ich bemerkte auch schnell den Grund dafür. Mein treuer junger Freund war nicht unter ihnen. Im selben Moment meinte ich, ihn in der Ferne trompeten zu hören, und mein Entschluss war nunmehr gefestigt.

Ich näherte mich weiter dem unbekannten Getöse, verbarg mich zwischen Farnen und Kraut, und dann konnte ich sie sehen.

Eine riesige Bande bahnte sich ihren Weg durch den Dschungel. Viele seltsame Kreaturen waren darunter, aufrecht gehend, lediglich mit etwas Fell am Kopf und mit seltsamen langen Stöcken in den Vorderpfoten. Sie erinnerten mich an das Wesen aus dem Teich, doch konnte ich diesen Gedanken nicht zu Ende denken. Denn diese Fremden waren nicht allein gekommen. Sie hatten einen ausgewachsenen *Stampfer* dabei, einen riesenhaften Bullen, der mehrere der Kreaturen auf seinem Rücken trug, bei ihm waren auch noch andere Tiere, wie sie mir nie zuvor begegnet waren. Sie waren recht groß, geschmückt mit einer Mähne, wieherten, und ihre Füße donnerten, wenn sie auf festen Grund trafen.

Auch sie trugen einige der Zweibeiner auf ihrem Rücken mit sich herum. Anderen ihrer Art war ein toter *Schwarzer* über den Rücken gelegt, und zwei tote *Gefleckte* konnte ich auch erspähen, nebst anderen gefallenen Dschungelbewohnern.

Große Aufregung herrschte unter den *Zweibeinern*. Einige von ihnen schleiften gerade einen riesigen toten Körper herbei, wuchteten ihn auf etwas aus Holz, das mehrere *Donnerfüße* hinter sich herzogen.

Mir versagte für einen Augenblick der Atem, als ich Gewahr wurde, dass es die große *Gestreifte* war, die sie verluden. In meiner Brust krampfte sich etwas zusammen, ich spürte einen Schmerz, etwas wie die Reue, die ich empfunden hatte, als ich ihr älteres Junges tötete.

Gemischt war dieses Gefühl jedoch mit Wut, die umso stärker loderte, als ich ein wohlbekanntes Trompeten hörte. Die *Zweibeiner* hatten meinen Freund gefangen genommen, ihm eine Art Liane um den Hals gebunden. Nun versuchten sie, ihn zu bändigen und den wüsten Schlägen seiner langen Nase zu entgehen.

Sie waren damit derart abgelenkt und beschäftigt, dass ich die Gunst der Stunde nutzte. Ich erklomm einen

Baum, hangelte mich zu einem Ast, und eh sie sich versahen, sprang ich hinunter, landete auf dem Rücken meines Freundes und zerrte an seinen Fesseln.

Die *Zweibeiner* gaben ein Kreischen von sich, das mich an die *Schreihälse* erinnerte, mehrere wichen zurück, ließen die Liane los, an der sie herumgezerrt hatten. Viele deuteten mit ausgestreckten Vorderläufen auf mich, schrien und hoben die Stöcke. Aus einem donnerte es ohrenbetäubend.

Ruckartig fuhr ich herum, überblickte die Lage und fand mich sehr nahe dem großen *Stampfer*, der die Zweibeiner trug.

Nun wusste ich, was zu tun war, bäumte mich auf und kreischte, heulte und schrie lauter, als ich es je getan hatte. Zum Abschluss brüllte ich noch derart, als wäre die *Gestreifte* persönlich von den Toten zurückgekehrt.

Das war zu viel für den ausgewachsenen *Stampfer*. Der Bulle bäumte sich auf, trompetend und mit Angst erfüllten, aufgerissenen Augen. Er warf mehrere der Zweibeiner ab, andere flohen zur Seite. Die letzten Feinde, die meinen Freund noch hielten, ließen die Liane los und rannten davon. Denn der in Panik verfallene Bulle trampelte blindlings voran, über alles und jeden hinüber, der sich in seinem Weg befand.

In helle Aufregung versetzt stoben auch die *Donnerfüße* beiseite, warfen die Zweibeiner von ihrem Rücken ab, die schrien und mit ihren Stöcken donnerten.

Doch all das machte die ganze Situation nur noch schlimmer. Jeder *Donnerfuß* der sich losreißen konnte, suchte sein Heil in der Flucht, mein Freund und ich sahen nun unsere Gelegenheit, auch zu fliehen. Wir verschwanden im dichten Dschungel, wurden regelrecht verschluckt vom Spiel aus Licht und Schatten und hörten noch eine Weile die verbliebenen *Zweibeiner* rumoren.

Sie folgten uns jedoch nicht. Ganz außer Atem kam

mein junger Freund bei seiner Herde an, in deren Schutz ich ihn zurückließ. Denn ich selbst hatte etwas Wichtiges zu tun. Die große *Gestreifte* war tot, doch sie hatte etwas hinterlassen. So suchte ich ihr gut verstecktes Lager auf und fand das Junge, das nichts Böses ahnte. Es war prächtig gewachsen, war alt genug, um Fleisch zu fressen, aber noch lange nicht erwachsen genug, um für sich selbst zu sorgen.

Das, so beschloss ich in diesem Moment, würde ich in der Zukunft tun. Für es jagen und es füttern, bis es alt genug war. Als eine Art Wiedergutmachung für das, was ich ihrem anderen Jungen angetan hatte.

Die *Zweibeiner* hatten seine Mutter gestohlen, diesem Jungtier sollte nicht das gleiche Schicksal blühen. Daher wollte ich es beschützen, gegen alle Widrigkeiten. Auch gegen die *Zweibeiner*, deren Rumoren langsam in der Ferne immer leiser wurde. Offenbar zogen sie ab, samt der verbliebenen *Donnerfüße* und ihrer Beute. Doch auch wenn sie zurückkommen sollten, so war ich bereit, erneut gegen sie zu kämpfen, um mich und die Tiere des Dschungels vor ihnen zu schützen.

Doch erst einmal brachte ich den jungen *Gestreiften* hinunter zum See, damit er seinen Durst stillen konnte.

Dort begegnete ich auch wieder meinem guten Freund, der im Wasser tollte und die Strapazen, die hinter ihm lagen, schon wieder vergessen hatte. Seine Herde war ganz in der Nähe, und meine eigene Horde hockte oben in den Bäumen.

Ich war sehr zufrieden an diesem Abend am See, betrachtete noch einmal das Wesen, das mir stets aus dem Wasser entgegenstarrte. Es hatte große Ähnlichkeit mit den *Zweibeinern*. Dann schaute ich auf meine Vorderpfoten und Füße. Auch ich hatte wohl gewisse Ähnlichkeit mit ihnen. Doch ich war keiner von ihnen. Das wurde mir nun klar. Denn ich war kein *Zweibeiner*, kein *Schreihals*, kein *Stampfer*, kein *Heuler* oder *Gestreifter* – ich war einfach nur *ich*. Ich gehörte nicht zu ihnen, wo auch immer sie hergekommen waren, sondern nur an diesen einen Ort, in den Dschungel. In das Spiel aus Licht und Schatten. Hier hatte ich eine Aufgabe, und hier würde ich bleiben, bis zu meinem letzten Atemzug.

Karen Wright

Viel Glück im Urwald

Blauer Himmel und Wolkenfetzen sausten an den Fenstern vorbei. Die Maschine schaukelte wie im Sturm hin und her.

Selbst die Stewardessen saßen angeschnallt auf ihren Sitzen und hatten die »Brace-Brace-Haltung« eingenommen.

Wie Pistolenschüsse schlugen bald darauf Blätter und Zweige gegen die Scheiben und an den Flugzeugrumpf.

Benjamin wünschte, er hätte nicht drei Schinkenbaguettes und zwei Tüten Kartoffelchips hintereinander gegessen.

Doch der Pilot schien trotz allem noch nicht die Kontrolle über den Steuerknüppel verloren zu haben.

»Papa?« Zaghaft griff Benjamin nach der Hand seines Vaters.

»Keine Angst, Ben«, flüsterte der ihm zu.

Dabei spürte Benjamin, dass er seine Panik kaum verbergen konnte. Gustav Mannsfeld, einer der Experten auf dem Gebiet der Klimaveränderungen, der gerade auf einer interkontinentalen Konferenz in Buenos Aires einen kritischen Vortrag gehalten hatte, saß mit Schweißperlen auf der Stirn neben seinem Sohn und klammerte sich an den Armlehnen fest.

Da wurden nacheinander beide Flügel mit lautem Krachen abgerissen. Links und rechts klafften große Löcher, an denen die Zweige nun vorbeipeitschten.

Benjamin und sein Vater lächelten sich an, um sich Mut zu machen. Manche Passagiere murmelten leise vor sich hin. Beteten sie?

Jetzt war mit einem dumpfen Aufprall die Reise zu Ende. Sie waren alle am Leben geblieben.

Sein Vater drückte Benjamin an sich und stieß vor lauter Erleichterung ein begeistertes Gejohle aus wie ein Fußballfan. Die Tür zum Cockpit ging auf. Und das Gejohle vervielfachte sich. Pilot, Kopilot und Crew wurden mit allgemeinem Applaus in Empfang genommen.

»Mein Name ist Marius Marten«, verschaffte sich der Flugkapitän im Abklingen des Beifalls Gehör. »Wir haben alle großes Glück gehabt, dass nicht mehr passiert ist. Da wir uns in Äquatornähe befinden, wird demnächst die Dunkelheit hereinbrechen. Wir werden die Nacht im Flugzeug verbringen, Verletzungen verbinden, alles Brauchbare zusammenpacken und morgen aufbrechen.«

»Ausgeschlossen«, brauste ein älterer Mann auf. »Wie stellen Sie sich das vor? Meine Frau wird nächste Woche zweiundachtzig. Tagesmärsche durch diesen Urwald sind unmöglich!«

»Ich fürchte, es muss sein«, bedauerte Marius Marten, an dessen Stirn sich ein Blutstropfen in Richtung Augenbraue bewegte. Er zog ein Taschentuch heraus und wischte ihn ab. »Wir können nicht hier auf Rettung warten«, erklärte er. »Das wäre zu riskant. Also, an die Arbeit!« Er klatschte in die Hände. »Wer irgendwelche Kratzer abgekriegt hat, wendet sich bitte an Kim, die hier neben mir steht. Selbst die kleinste Verletzung kann sich in diesem Klima sehr schnell infizieren.« Bei diesen Worten fasste er sich an die Stirn. »Ich werde mich als erster verarzten lassen.«

Benjamin sah deutlich, dass unter dem Haaransatz des Piloten eine Schnittwunde blutete, die wahrscheinlich durch einen Glassplitter verursacht worden war.

»Holen Sie alle scharfen und spitzen Gegenstände aus Ihrem Gepäck. Wir brauchen etwas, um unseren Weg zu kennzeichnen, damit uns ein Suchtrupp finden kann.« Erwartungsvoll sah er seine Schutzbefohlenen an.

Benjamin beneidete ihn nicht um die Aufgabe, eine

Gruppe von schätzungsweise einhundertzwanzig zusammengewürfelten Menschen durch ein nicht ungefährliches Abenteuer zu führen.

»Ach, und noch ein paar Kleinigkeiten: Nehmen Sie langärmlige Kleidungsstücke mit, Socken, die Sie über lange Hosen ziehen, und ein Kleidungsstück oder sogar Moskitonetz, wenn Sie eines dabei haben, um sich gegen Insekten schützen zu können, die bei Sonnenauf- und auch -untergang sonst über uns herfallen werden. Feste Schuhe wären zu empfehlen. Und lassen Sie grundsätzlich nichts auf der Erde liegen, da Skorpione oder Schlangen es sich darin gemütlich machen könnten.«

Der Pilot wandte sich seiner Stewardess zu, die ein Desinfektionsspray aus dem Erste-Hilfe-Koffer nahm.

»Schon fertig?«, sagte ein Mann mit Bürstenschnitt und hochrotem Kopf in mokantem Tonfall. »Und dann traben wir ab morgen wie die Kindergartenkinder hinter Ihnen her, der uns mit einem Buschmesser einen Pfad quer durch den tropischen Regenwald bahnt?« Er stellte sich breitbeinig hin und verschränkte die Arme. »Ohne mich!«

Es war bestimmt nicht nur das Desinfektionsmittel, das Marius Marten zusammenzucken ließ.

Doch da legte sich dem ungehaltenen Passagier von hinten eine Hand auf die Schulter.

Benjamin wollte sich gerade darüber freuen, dass es sein Vater war, der in spannungsreichen Situationen gut reagierte und hier versuchte, den Mann zu beruhigen, als er sah, dass die Hand viel zu behaart war für die seines Vaters.

Im selben Augenblick erhob sich auch schon das ohrenbetäubende Gezeter einer Affenschar, die zu den Löchern von den Flügeln hereingeklettert war.

Benjamin war sich später nicht mehr sicher, ob das Affenspektakel oder der Revolverschuss in die Luft sein Gehör so betäubte. Aber die darauf eingetretene Stille war angenehm. Wenigstens machte kein Besserwisser unter den Erwachsenen mehr seinem Frust Luft.

Ein paar Mitreisende kamen auf die Idee, die Löcher im Flugzeug mit Fallschirmen und Schwimmwesten zu verbarrikadieren, andere suchten nach Karten und Kompass.

Dann war es so dunkel, als ob jemand das Licht ausgeknipst hätte.

»Bitte, bleiben Sie ruhig!«, meldete sich die Stimme des Piloten. »Machen Sie es sich auf den Sitzen bequem und ruhen Sie sich aus! Gute Nacht.«

Im Dunkeln spürte Benjamin, wie jemand mit einem leisen Seufzen den Kopf an seine Schulter legte. Sein Vater konnte es nicht sein. Denn beim Tasten nach dem Gesicht der Person stellte er fest, dass dieser Mensch Locken hatte. Die Haare seines Vaters aber waren glatt.

Doch während Benjamin noch darüber nachdachte, ob er den Passagier, der sich an ihn kuschelte, schon gesehen hatte, fielen ihm wider Erwarten die Augen zu, und er verbrachte seine erste Nacht im Dschungel in einem tiefen, traumlosen Schlaf.

Als er aufwachte, war der Sitz neben ihm leer. Sein Vater kam strahlend auf ihn zu und brachte ihm einen Orangensaft. »Hier, Ben«, hielt er mit der anderen Hand sein Bündel aus Anziehsachen hoch. »Gut geschlafen?«

Ben nickte und rieb sich die Augen.

»Dann kann's ja losgehen. Wir haben alle auf dich gewartet. Unser Pilot meinte, es wäre gut, wenn wir alle richtig ausgeruht wären vor unserer Expedition.«

Benjamin wunderte sich. Merkwürdig! Er hatte seinen Vater selten so gut gelaunt gesehen. Vielleicht betrachtete er die bevorstehende Urwaldwanderung als eine Art Urlaub und ein großes Abenteuer.

Der Trupp setzte sich in Bewegung, geleitet von dem Piloten. Karl, der männliche Steward, bildete die Nachhut.

»Marius hat mir unsere Route auf der Karte gezeigt«, informierte Gustav Mannsfeld seinen Sohn, während sie sich zwischen riesigen Bäumen durch den Urwald bewegten. »Er hat die ersten zwei Etappen etwas kürzer geplant, damit wir uns nicht gleich am Anfang überanstrengen.«
Über ihnen erhob sich eine Papageienschar.
Benjamin konnte sich vor lauter ungewohnten Eindrücken kaum auf die Erklärungen seines Vaters konzentrieren. Außerdem suchte er nach dem Menschen, der ihn in der vergangenen Nacht als Kopfkissen gebraucht hatte. Er war sich fast sicher, dass es das Mädchen war, das am Flughafen in Buenos Aires in der Schlange vor ihm gestanden hatte.
Aber der Zug, der sich durch den Dschungel zog, war zu lang. Benjamin konnte sie jedenfalls nicht vor sich sehen.
»Das Gebiet aus Mangroven und Sümpfen werden wir hoffentlich an einem Tag durchqueren können«, sagte sein Vater gerade, als der Tross zum Stehen kam.
»Wir müssen umkehren«, gab eine Frau Mitte dreißig, die vor Benjamin lief, sachlich weiter. »Herr Marten ist auf undurchdringliches Dickicht gestoßen.«
»Was soll denn der Quatsch!« Der Mann hinter Benjamins Vater, kein anderer, als der Passagier mit dem Bürstenschnitt, bekam sofort wieder einen hochroten Kopf. Schade, dass sich nicht noch mal die Affen einfanden, die den Querulanten zum Schweigen bringen konnten, bedauerte Benjamin.
Doch den Bruchteil einer Sekunde später nahm ein Tapir ihnen allen die Sorge ab: Durch die vielen Men-

schen aufgestört, brach er durch die Büsche, rannte dem Nörgler zwischen den Beinen durch, sodass der rittlings auf dem Tapir zu sitzen kam und auf seinem Rücken davongetragen wurde. Sein lautes Geschrei verhallte, bis in einiger Entfernung das Geräusch eines Aufpralls und Stöhnens den anhaltenden Schrei ablöste.

Die Zeugen der Szene konnten sich ein Grinsen kaum verkneifen.

Da kamen Karl mit dem Erste-Hilfe-Koffer und Simone an ihnen vorbeigelaufen. Beide folgten dem Pfad, den der wildgewordene Tapir sich mit seinem unfreiwilligen Reiter gebahnt hatte. Sie blieben lange weg.

»Lassen Sie uns diese Zwangspause nutzen!«, schlug Marius Marten bei seinem Eintreffen vor. Denjenigen, die mit ihm an der Spitze gegangen waren und die ganze Strecke hatten zurücklaufen müssen, machte die feuchte Hitze schon merklich zu schaffen.

»Wie stellen Sie …«, setzte der ältere Herr zu einer Beschwerde an und nahm denen, die unzufrieden zu murren anfingen, das Wort aus dem Mund.

Doch seine Frau, die mit ihren einundachtzig Jahren die älteste Passagierin sein mußte, drückte leicht seine Hand. »Rudolf«, sagte sie sanft. »Herr Marten hat es doch schon schwer genug. Wir müssen zu ihm halten und ihn unterstützen.«

Das Murren erstarb. Allen war plötzlich klar, dass sie tatsächlich nur eine Chance hatten: Sie mussten auf den Piloten hören.

»Ich habe Angst, dass die Strapaze zu groß für dich wird, Irene«, flüsterte der Mann namens Rudolf.

»Mach dir keine Sorgen um mich«, erwiderte seine Frau. »Du weißt genau, dass ich nur eins nicht vertragen kann, und das ist Selbstmitleid.« An den Piloten gewandt, fragte sie mit fester Stimme: »Bitte, was können wir als nächstes tun?«

In sechs Gruppen mit jeweils zwanzig Personen eingeteilt, übernahmen alle unterschiedliche Aufgaben. Irene und Rudolf, der Mann, der von dem Tapir davongetragen worden war und sich dabei ernsthaft den Knöchel verstaucht hatte, eine Mutter mit einem fünf Monate alten Baby und noch ein paar, denen das Klima nicht bekam, machten es sich auf einem Lager bequem, das aus Zweigen und Palmblättern schnell errichtet werden konnte.

Andere sammelten Beeren, Kokosnüsse und Ananas im Umkreis. Keiner durfte sich zu weit vom Lager entfernen.

Nur Karl und Simone begaben sich mit Genehmigung des Piloten auf die Suche nach Wasser.

»Am besten wäre es, wenn ihr einen Wasserlauf finden würdet«, überlegte Marius Marten. »So toll, wie jetzt alle arbeiten, könnten wir im Nu ein paar Flöße zusammenbasteln. Dann müssten wir nicht mehr laufen.« Er warf einen Blick in die Baumwipfel. »Aber bleibt nicht länger als eine Stunde weg. Für heute Nacht haben wir auf alle Fälle noch genug Getränke und Proviant.«

»Wir werden doch nicht etwa bis morgen hier festgenagelt sein?!«

Benjamin und sein Vater rollten die Augen. Dieser Dauernörgler mit dem Bürstenschnitt ließ wohl nie locker.

Der Pilot jedoch fing ungerührt an, mit Fallschirmseide ein Dach über dem Lager zu konstruieren. Einen Fuß schon in der Astgabel des Baumes, der das Zeltdach hochhalten sollte, warf er einen Blick auf das dick angeschwollene Fußgelenk des Stänkers.

»Und warum nicht?«, gab er gelassen zurück. »Gerade bei ungeduldigen und unerträglichen Menschen sollen ein paar Tage Leben im Dschungel schon Wunder gewirkt haben.« Damit kletterte er los und ließ den unleidigen Mann sprachlos sitzen.

Benjamin war mit fünfzehn der Älteste von den Kindern. Obwohl er eigentlich das Gefühl hatte, dass er fast erwachsen war, konnte er sich gut in die Jüngeren hineinversetzen. Bei den Großen herumzusitzen war einfach doof und langweilig. Dabei waren sie umgeben von einer abenteuerlichen Welt.

Mit Erlaubnis der Eltern und des Piloten durften sie unter Benjamins Führung und strikten Anweisungen den Urwald der Umgebung erforschen.

»Wenn ich ein Chamäleon finde, darf ich es dann mit nach Hause nehmen?«, fragte Benjamin, bevor sie aufbrachen.

»Wenn du zwei findest, bring mir eins mit!« Gustav Mannsfeld war seit ihrer Notlandung wirklich kaum wiederzuerkennen vor guter Laune. »Aber ich hab mir sagen lassen, dass sie perfekt in der Tarnung sind.«

An einer Stelle, an der ein Baum umgefallen war, hatte sich eine kleine Lichtung gebildet. Die Kinder staunten über bunte Schmetterlinge und farbenprächtige Blüten. Sie kamen aber zu Benjamins großer Erleichterung alle zurück, sobald er sie rief, ohne Schlangenbisse oder Skorpionsstachel an den Beinen.

Ein kleiner Junge entdeckte ein verlassenes Bienennest und brachte Waben voller Honig mit. Ein Mädchen kam mit einem Faultier in den Armen auf Benjamin zu. »Kannst du meine Mami überreden, dass ich es behalten darf?« Sie hatte rote Locken. »Dann zeig ich dir auch, wo ich ein Chamäleon gesehen habe.«

»Abgemacht.«

Benjamins Schwester war älter als er, aber das unaufdringliche Selbstbewusstsein dieser ungefähr Achtjährigen erinnerte ihn an Conny, und sie fehlte ihm plötzlich ganz furchtbar.

Ob er sie und ihre Mutter jemals wiedersehen würde? Diese Frage musste er ganz schnell wegschieben.

Gerade noch, bevor die Mücken sie attackieren konnten, trafen die Kinder mit Karl und Simone gleichzeitig im Lager ein. Der Steward und seine Kollegin waren tatsächlich auf einen kleinen Fluss gestoßen und hatten sogar Fische für das Abendessen mitgebracht.

Ein Feuer brannte bereits, um lästige Insekten fernzuhalten. Alle genossen die darüber gebratenen Fische – ein echtes Festmahl.

»Diese Tiere gehören in den tropischen Regenwald, Bonny«, ließ die Mutter des Mädchens sich nicht umstimmen. »Sie würden sich in Deutschland nicht wohlfühlen. Das wäre Tierquälerei.«

Benjamin zuckte die Achseln. »Ich fürchte, deine Mutter hat recht.«

Vor Enttäuschung fing Bonny an zu weinen. Dann drehte sie sich um und lief blitzschnell, bevor Benjamin reagieren konnte, davon.

»Bonny!«, schrie ihre Mutter und sprang auf. »Verflixt!«, entfuhr es ihr. »Meine Schuld. Warum habe ich sie nur so verwöhnt.« Sie wollte hinter ihrer Tochter herlaufen, als jemand sie am Arm festhielt.

»Das hat keinen Zweck«, erklärte Marius Marten. »Es wird in ein paar Minuten stockdunkel sein. Machen Sie sich keine Sorgen. Wir werden mit Taschenlampen suchen. Sie kann ja noch nicht weit sein.«

»Bonny!«, schrie die Mutter noch einmal in den Dschungel.

Nach Benjamins Gefühl hörte sie sich eher wütend als besorgt an.

Zwanzig Männer gingen, Tücher um den Kopf gewickelt, mit Stöcken und Lampen los. Zum Entsetzen der Zurückgebliebenen waren sie nach zwei Stunden ohne Bonny wieder da.

»Wir müssen davon ausgehen, dass Bonny sich ganz in unserer Nähe versteckt hat«, versuchte der Pilot, ihre Mutter zu beruhigen, und ließ ihr von Stewardess Kim eine Spritze geben.

»Bitte versuchen Sie, sich auszuruhen. Wir müssen morgen bei Kräften sein, um zu dem Fluss zu kommen. Von da ab wird die Reise schnell und leicht sein. Das verspreche ich Ihnen«, richtete er sich dann an alle, um anschließend die Wache bis Mitternacht zu übernehmen.

»Na, deine erste Nacht unter offenem Himmel auf Zweigen und Palmblättern, Kumpel?«, hörte Benjamin die Stimme seines Vaters an seinem Ohr.

»Was machen wir, wenn Bonny morgen früh nicht wieder da ist?« Benjamin sah in die Glut des Feuers, aus dem schwacher Rauch aufstieg. Brannten ihm davon die Augen und fingen an zu tränen?

»Wart's ab, Sohn«, tröstete ihn Gustav Mannsfeld. »Mit deiner Schwester war's manchmal auch nicht einfach.«

Schon nach ein paar Minuten wurden seine Atemzüge hörbar gleichmäßig. Dieser unfreiwillige Aufenthalt im grünen Nirgendwo, diese gestohlenen Minuten, Stunden und Tage ohne Verantwortung taten ihm offensichtlich gut. Seine Schlaflosigkeit war wie weggeblasen.

Für Benjamin dagegen war an Schlaf nicht zu denken, und der Bauch krampfte sich ihm zusammen. Wie einsam musste Bonny in diesem Augenblick sein. Wut und Hass gaben einem zwar viel Energie, aber sobald sie verflogen, fühlte man sich oft nur noch leer und allein.

Irgendwo in diesem unermesslichen Urwald irrte sie herum, völlig von der Welt verlassen.

Benjamin kam sich blöd vor, als er einen unwillkürlichen Schluchzer gerade noch unterdrücken konnte. Bonny hatte ihn gerührt und an seine Familie und sein Zuhause erinnert.

Da spürte er eine Hand an seiner Wange.
»Hast du mich vermisst?«, flüsterte jemand.
»Bonny!«, entfuhr es Benjamin. »Wo warst du?«
»Pssst«, machte sie. »Ich wollte nur das Faultier dahin zurückbringen, wo ich es weggeholt habe.« Ihre Augen glitzerten. »Meinst du, ich krieg morgen großen Ärger?« Dann seufzte sie und legte ihren Kopf an Benjamins Schulter.

Durch sein Hemd spürte er ihre heiße Stirn. Sie musste sehr schnell gelaufen sein. Benjamin fragte sich noch lange, wieso sie nicht von den Männern des Suchtrupps gefunden worden war. Erst, als es über den Baumwipfeln schon hell wurde, nickte er ein.

Nur um ein paar Stunden später durch Bonnys Zittern aufgeschreckt zu werden.

»Der Skorpion muß beim Stechen gestört worden sein.« Simone hatte die Wunde bereits ausgesaugt und verbunden. »Gerade noch mal Glück gehabt. Das hätte übel ausgehen können.«

»Wäre ich doch bloß nie in dieses verwünschte Flugzeug gestiegen!« Bonnys Mutter ließ sich niedergeschlagen neben ihrer Tochter fallen. Langsam strich sie Bonny über den Rücken und hielt sich die andere Hand vor das Gesicht.

Die Umstehenden unterbrachen ihre Vorbereitungen zum Aufbruch. Es herrschte betretenes Schweigen.

»Glauben Sie mir, das wünschte ich mir auch«, durchbrach Marius Marten die lähmende Stille.

Dann hob er Bonny hoch, legte sie sich über die Schulter und nahm die nächste Tagesstrecke in Angriff.

Es war klar, dass die Opfer der Katastrophe nur die Wahl hatten, sich ihrem Flugkapitän anzuschließen oder im Dschungel zu bleiben.

Einer nach dem anderen reihten sie sich ein. Schließlich stand auch Bonnys Mutter auf und ging hinter dem Mann mit dem Bürstenschnitt her, der auf zwei von Karl gebastelten Krücken nur langsam vorwärts kam.

Gesprochen wurde nicht viel. Die meisten hingen ihren Gedanken nach. Benjamin hörte nur Karl und Simone, die wieder das Schlusslicht bildeten, leise miteinander sprechen.

An der Stelle, an der sie nach einem Tagesmarsch auf den Fluss trafen, war dieser nicht befahrbar.

Einen Tagesmarsch später erst fanden sie einen Platz am Ufer, der ihnen genug Material bot, um Flöße für alle zu bauen, und Lianen, mit denen sie sie vertäuen konnten, um sich nicht aus den Augen zu verlieren. Und hier floss der Fluss endlich breit und tief genug.

Irene, die alte Dame, Bonny und der Mann mit dem Bürstenschnitt waren am Ende ihrer Kräfte. Völlig erschöpft ließen sie sich auf dem Lager nieder, das alle inzwischen routinemäßig errichten konnten.

Benjamin war mit seinem Vater und zehn anderen eingeteilt, Nahrung zu sammeln.

»Ist es nicht fantastisch hier?«, freute sich Gustav Mannsfeld.

Und Benjamin musste ihm zustimmen. Wenn er sich nicht sicher wäre, dass seine Mutter und seine Schwester vor Sorge um sie beide fast starben, wäre diese Zeit wie ein Traum, ein Besuch im Paradies. Fantastische Tiere, Farben, Klänge und Düfte, Essen, das er noch nie zuvor geschmeckt hatte – all diese unbeschreiblichen Eindrücke wollte er für immer festhalten, und trotzdem gaben sie ihm gleichzeitig einen Stich.

»Wenn Mama und Conny bei uns wären, würdest du dann am liebsten im Dschungel bleiben?«

Das erste Mal seit ihrem Aufbruch von dem Flugzeugwrack machte sein Vater ein ernstes Gesicht.

»Du kannst Fragen stellen, Junge!« Für einen Moment legte er die Stirn in Falten und dachte nach. »Nein, ausgeschlossen«, stellte er dann fest. »Für dich und mich wäre es ein Abenteuer, mal eine Zeitlang in den Tag hineinzuleben, ohne Zukunftssorgen, von der Hand in den Mund. Es wäre eine gesunde Herausforderung, wenn es eines Tages zu Ende ginge.« Er sah Benjamin an. »Aber Mama und Conny? Für die kann ich es mir beim besten Willen nicht vorstellen.«

Einen Arm um die Schulter seines Sohnes gelegt, wollte Gustav Mannsfeld mit den gesammelten Früchten und Nüssen zum Lager zurückgehen, als beide ganz deutlich Trommeln hinter sich hörten.

Im nächsten Augenblick waren sie auch schon von einem Stamm Eingeborener umringt. Benjamin blieb vor Schreck wie angewurzelt stehen.

Wie würden diese Menschen sie als Eindringlinge behandeln? Aus Büchern wusste er, dass die verschiedenen Stämme sehr unterschiedlich mit Fremden umgingen.

Auch sein Vater rührte keinen Muskel, während einer nach dem anderen an ihnen vorbeizog und sie weder freundlich noch böse betrachtete.

Auf so eine Begegnung war eigenartigerweise keiner von ihnen vorbereitet gewesen. Würden sie angreifen, sobald sie weitergingen? Hierzubleiben war doch auch nicht möglich.

Blickkontakt vermeidend, setzten sie beide ganz langsam einen Fuß vor den anderen. Dabei wagten sie es kaum zu atmen. Wenn diese Schritte als aggressiv empfunden wurden, hätten sie in der nächsten Sekunde einen Pfeil im Nacken sitzen.

Ihre Gastgeber brauchten nicht lange, um festzustellen, dass ihnen von Benjamin und seinem Vater keine Gefahr drohte. Nur gingen die beiden ihnen viel zu langsam. Der Stamm zog links und rechts an ihnen vorbei und war so schnell auf dem Pfad vor ihnen verschwunden, dass sie nicht überrascht waren, als die friedfertigen Ureinwohner nur wenig später in der Ferne mit einem gellenden Schrei aus ihrem Lager empfangen wurden.

Das musste Bonnys Mutter gewesen sein.

Die Schallwellen breiteten sich meilenweit durch den Urwald aus und riefen eine Lawine an Affengebrüll und Vogelgezwitscher hervor.

Benjamin und sein Vater hielten sich die Ohren zu und rannten, so schnell sie konnten.

Außer Puste erreichten sie ihren Lagerplatz, wo Flugzeuginsassen und -besatzung gebannt dasaßen, die Indianer ihnen gegenüberstanden und sie über die Flammen des Feuers fixierten. Über ihnen allen wiederholten Papageien den Schrei wie ein endloses Echo, das erst abbrach, als wie aus dem Nichts ein Pistolenschuss fiel.

Keiner begriff, was passiert war, bis Marius Marten von seinem Platz aufstand, seinen Revolver wegsteckte und auf den Jaguar zuging, den er im Sprung auf eine Eingeborene mit Baby erlegt hatte.

Nachdem er sich davon überzeugt hatte, dass der Jaguar tot war, stellte er sich vor den Mann, der wie der Häuptling des Stammes aussah. Was in den Köpfen der beiden vorging, war nicht auszumachen. Keiner unternahm auch nur den Versuch, Gesten auszutauschen.

Schließlich hoben Angehörige des Stammes das Tier hoch und folgten ihrem Anführer, der ohne Eile an dem Lagerplatz vorbeiging und im Urwald verschwand.

Die Frau mit dem Baby warf einen Blick auf Bonny, Irene und den Mann mit dem verstauchten Knöchel. Aus einer Falte ihrer Bekleidung zog sie einige Blätter, gab sie Marius Marten und deutete auf ihren Mund.

»Danke«, sagte der Pilot.

Ohne eine weitere Reaktion ging die Frau hinter ihrem Stamm her.

Sonderbar.

Benjamin hatte das Gefühl, dass die Zeit stillstand. Lag es an ihrem Leben im Dschungel? Hatte die ununterbrochene Anspannung all ihrer Sinne und Nerven bis zum Äußersten dazu geführt, dass sie ihre Grenze erreicht und überschritten hatten?
Fühlten sie sich alle so komisch? Wusste noch irgendjemand, was er als nächstes tun sollte?

Dabei waren die Flöße vorbereitet. Am nächsten Tag konnten sie ihre Flussfahrt antreten, die sie ganz bald in die Zivilisation und ihr gewohntes Leben zurückbefördern würde.
Benjamin fühlte sich wie berauscht, wie in einer anderen Welt.
Irgendjemand legte Holz auf das Feuer. Hände, die zu keiner bestimmten Person zu gehören schienen, gaben ihm Essen und Wasser.
Ohne es zu merken, hatte er sich in Bonnys Nähe gesetzt, die von Marius Marten die Medizin der Indianerin eingeflößt bekam.
»Bravo!« Der Mann mit dem Bürstenschnitt klatschte spöttisch in die Hände. »Hoffentlich sind Sie im Wunderheilen besser als im Fliegen.«
Ohne seinen Widersacher zu beachten, verabreichte der Pilot danach Irene eine Dosis der mit Wasser und Salz vermischten, zerstampften Blätter.
Sowohl dem Mädchen als auch der alten Dame schien es innerhalb von Minuten besser zu gehen.
Den Rest der Mischung hielt der Flugkapitän dem Mann mit dem Bürstenschnitt hin. »Herr Worm, stimmt's?« Er sah dem anderen ins Gesicht. »Sooft ich darüber nachdenke, ich komme einfach nicht dahinter, was Menschen dazu bewegt, sich anderen gegenüber aggressiv zu verhalten.«
Der Mann winkte ab und weigerte sich, die Blätter zu

sich zu nehmen. »Vielleicht kann ich's nur einfach nicht leiden, wenn jemand sich zum Helden aufspielt und alles am besten weiß.«

In Marius Martens Zügen war zu sehen, wie ärgerlich er wurde.

Benjamin hielt die Luft an und fürchtete, dass es zu einem Kampf kommen konnte. Da sah er den Piloten nicken. »Möglich«, räumte der ein. »Aber ich halte es eher für wahrscheinlich, dass solche Menschen mit sich selbst nicht im Reinen sind. Sie haben jetzt die Möglichkeit, Ihre Unausgeglichenheit durch einen verlängerten Aufenthalt im Dschungel zu kurieren. Oder Sie schlucken die Medizin, mit deren Hilfe Sie den letzten Teil der Reise schmerzfrei überstehen würden, um Ihren Knöchel zu Hause behandeln lassen zu können.«

»Wollen Sie mich etwa erpressen?« Ungeduldig riss Herr Worm dem anderen den Behälter aus der Hand und schluckte die Blättermischung. »Das Erste, was ich tun werde, wenn ich zurückkomme, wird es sein, mich über Sie zu beschweren, Sie verhinderter Menschenkenner und Psychiater!«

»Wollen Sie mir etwa drohen?« Marius Marten ließ sich nicht einschüchtern. »Aber mit einer Beschwerde werden Sie übrigens nichts erreichen. Meine Fluglinie kann nicht auf mich verzichten, weil ich die meiste Dschungelerfahrung habe.« Er lächelte Herrn Worm an.

»Das hier ist schon das dritte Mal in diesem Jahr. Und Sie brauchen sich auch nichts auf Ihre Unausstehlichkeit einzubilden. Auf den letzten zwei Flügen hatte ich Typen, die haben Sie glatt übertroffen.« Damit ging Marius Marten zum Ufer des Flusses, um noch einmal die Flöße zu überprüfen.

Benjamin dachte über das Gehörte nach. Auch wenn ihre Tage im Dschungel manchen nicht unbedingt etwas Positives gebracht hatten, spürte er, dass sich für ihn alles verändert hatte: Er hatte seinen Vater ganz neu kennengelernt.

Irene, die alte Dame, hatte mit ihrer Haltung und Selbstdisziplin einen großen Eindruck auf ihn gemacht und ihm sehr gut gefallen.

Marius Marten war für ihn ein echter Held, den er sich zum Vorbild nahm.

Und neben ihm lag Bonny, die zum ersten Mal wieder ruhig schlief. Für ihn verband sie Kindsein, das er gerade hinter sich ließ, mit der Fantasie und Unbefangenheit, die er auf seinem Weg zum Erwachsensein nicht verlieren wollte.

Saß da in den Ästen über ihm nicht ein Chamäleonpaar, das die eigenartige Gruppe von Zweibeinern mit seinen ganz eigenen Augen betrachtete?

Karin Pelka

Eine Trommel-Symphonie

»Omama, es tut mir so leid«, flüsterte Xenita.

Vor ihr auf dem grauen, dünnen Kissen lag das eingefallene Gesicht, plötzlich von tiefen, nicht mehr zu zählenden Furchen und Falten durchzogen. Am Mund die Lippen über den zahnlosen Kiefern nach innen gefallen.

Im wenigen Licht, das durch das winzige Fenster ganz oben an der Wand hereinfiel, konnte Xenita nicht sehen, ob sich ihre Brust noch hob und senkte, aber sie spürte, dass das Leben noch da war. Es war noch nicht aus der körperlichen Hülle geströmt und durch das Fenster hinaus in den endlos grauen Himmel der Stadt geflogen.

Xenita kauerte sich auf dem wackeligen Stuhl zusammen, die Beine vor die Brust gezogen. Wenn die Omama starb, dann war sie alleine.

Seit sie alt genug war, arbeitete Xenita in der Wäscherei im Viertel. Das war schwere Arbeit, und oft glaubte sie, sie würde die Hitze, den Dampf und die schweren Wäschekörbe nicht mehr ertragen. Aber dann dachte sie immer an die Omama, die zu Hause unermüdlich mit ihren knorrigen Fingern webte, Schuss um Schuss die Fäden führte, Tag für Tag, Jahr um Jahr, auch als ihre Augen immer milchiger wurden. Sie arbeitete einfach weiter, Tag für Tag, und klagte nicht ein einziges Mal.

So klagte auch Xenita nicht, sie arbeitete, und wenn sie am Monatsende ihren Lohn nach Hause trug, dann nie, ohne für sich und die Omama vorher süße Bonbons oder Pralinen zu kaufen, die sie sich dann zusammen schmecken ließen.

»Du bist ein gutes Mädchen«, sagte die Omama dann, ein tiefglückliches Lächeln auf dem immer zahnloseren Mund. »Du wirst deinen Weg finden.«

So verstrichen die Jahre, und Xenita vergaß allmählich, dass sie Mutter, Vater und eine große Schwester gehabt hatte. Sich zu grämen bringt auch nichts, hatte die Omama immer wieder gesagt, und irgendwann glaubte Xenita es tatsächlich.

Die Omama schnaubte im Schlaf, drehte sich vom Rücken auf die Seite.

Wie klein ihr Gesicht nun aussah, wie fern. Sie webte nicht mehr. Nein, inzwischen schlief die alte Frau mehr, als sie wachte, verließ das Bett nur noch, um ihre Notdurft zu verrichten. Und auch das nur, wenn Xenita nicht zu Hause war.

Xenita hatte den Arzt hergebeten, er war auch gekommen, hatte der Omama eine Tinktur gegeben, die sie morgens trinken sollte. Doch sie half nichts. Überhaupt nicht. Xenita musste dem Arzt seine Zeit und die Medizin trotzdem bezahlen.

Von Arzt zu Arzt war sie gelaufen, hatte bezahlt. Und nun war Anfang des Monats, und es war kaum noch genug Geld da, um das Essen zu bezahlen, das sie bis zum nächsten Lohn brauchen würden.

Sie konnte niemanden mehr um Hilfe für die Omama bitten. Die Leute, die Xenita kannte, lebten allesamt gerade von dem, was sie nach Hause brachten. Keiner hatte viel über, das er ihr würde leihen können.

Wieder schnaubte die Omama. Dann flatterten ihre fast haarlosen Lider, und die trüben Linsen kamen zum Vorschein. »Xenita, mein Kind«, sagte die Alte.

Xenita nahm die verdorrte Hand, die aus der Decke hervorgekrochen war. »Omama, es tut mir leid«, sagte Xenita noch einmal. »Das Geld wird nicht reichen, dass ich noch einmal einen Arzt hole. Zumindest nicht, bevor mir der nächste Lohn ausbezahlt wird. Mein Chef gibt mir keinen Vorschuss.«

»Kind, ich brauche keinen Arzt«, sagte die Omama.

»Aber du bist krank, du hast Schmerzen. Ich weiß es, auch wenn du nichts sagst.«

Einen Augenblick erstarrte das runzelige Gesicht auf dem Kissen. Dann nickte es ein wenig. »Da hast du wohl recht.«

»Wenn du den Ärzten wenigstens sagen würdest, was dir wehtut, dann könnten sie dir vielleicht helfen, weißt du? Es muss doch eine Medizin geben. Gegen fast alles gibt es heute Medizin.«

Die Omama schnaufte, schloss die Augen wieder. Krümmte sich zusammen, das Gesicht verzerrt, die eingefallenen Lippen aufeinandergepresst.

Xenita sprang auf, suchte hilflos nach einer Möglichkeit zu helfen, nahm schließlich den kleinen Kopf auf ihren Schoß und streichelte ihn, so sanft und so weich und so heilsam, wie sie nur konnte. Das Heilen gehört zum Frausein dazu, hatte die Omama einmal gesagt. Überhaupt hatte sie viele geheimnisvolle Dinge gesagt, die Xenita nicht verstand. Dinge, die die Omama noch aus der Zeit im Wald haben musste. Dort hatte sie gelebt, und manchmal erzählte sie davon. Aber immer nur, wenn ihr danach war, nie, wenn Xenita danach fragte.

Allmählich ließ der Krampf nach, die Omama legte ihren Kopf in Xenitas Schloß und atmete tiefer.

»Du hast Schmerzen im Bauch. Zeig mal«, sagte Xenita. Eine leise Stimme sagte ihr, dass es nun an ihr war, sich zu kümmern. Nicht mehr umgekehrt.

»Nein, lass!«

»Zeig!«

Die Omama hielt mit den dünnen Fingern die Decke fest, aber Xenita wollte sich nicht mehr abwimmeln lassen. Jetzt nicht mehr. Vielleicht lieh ihr doch jemand Geld. Oder sie konnte von jedem ein paar Groschen sammeln. Oder sie versuchte doch noch einmal, einen von Omamas letzten Teppichen zu verkaufen, um ein wenig

Geld zu verdienen, machte Extra-Schichten in der Wäscherei. Irgendwas ...

Sie zog an der Decke, und sie glitt fast widerstandslos aus den Händen der alten Frau.

Xenita schreckte zurück, hielt beide Hände vor den Mund. Der Bauch, dieser Bauch! Aufgedunsen, grotesk verformt.

Unter dem Nachthemd der sonst so dünnen Omama wölbte sich eine riesige Geschwulst.

Ein paar Herzschläge lang stand die Zeit still. Kein Gedanke, kein Gefühl, kein Leben.

Langsam zog die Omama die Decke über ihren Bauch, die milchigen Augen an die graue Zimmerdecke gerichtet.

»Du brauchst Hilfe, sofort!«, sagte Xenita. Sie wusste, sie durfte keinen Fehler mehr machen. Sie hatte höchstens noch eine Chance, beim richtigen Arzt das richtige Mittel zu bekommen. »Omama, was ist das? Was hast du? Ich weiß nicht mehr weiter«, sagte Xenita. Eigentlich war sie doch noch lange nicht so weit, sich um die Omama zu kümmern. Wie sollte sie alles wissen, was wichtig war?

»Komm her, Xenita«, sagte die Omama.

Xenita gehorchte.

»Es geht zu Ende.«

»Nein!«

»Es wird nicht zu ändern sein. Mit Doktor oder ohne.«

»Nein, Omama! Du kannst mich nicht alleine lassen. Wo doch alle anderen ...« Xenita schlug die Hände vors Gesicht. Wischte die Tränen fort, trocknete die Hände an ihrem Kleid und stand auf. »Ich hole Hilfe«, sagte sie, langte hinauf auf den hölzernen Schrank, auf dem das Bündel mit dem letzten Geld lag. »Wie viele Teppiche hast du noch?«, fragte sie.

»Nur einen.«

Xenita fand ihn in der Ecke neben dem Webrahmen.

Sie zögerte. Wenn das der letzte Teppich sein mochte, den die Omama gewebt hatte, dann – trotzdem. Sie rollte ihn ein, nahm ihn unter den Arm.

»Xenita, warte.«

»Wir haben zu viel Zeit verloren, Omama.«

»Keinen Arzt, Xenita. Tu etwas anderes. Geh in den Wald!«

»In den Wald?«

»In den Wald. Der Wald kennt die Geheimnisse, er kennt das Leben, die Krankheit und auch die Heilung. Geh in den Wald!«

»Aber ich werde eine Weile unterwegs sein – und ich kenne mich im Wald nicht aus. Kein bisschen. Nie war ich dort.«

»Setz dich und höre gut zu.«

Und dann erzählte die Omama ganz genau, wo Xenita sich hinwenden musste, an welchem alten Baum und welchem Fluss sie abbiegen musste, welchem Pfad sie folgen sollte und von einer alten Ruine auf einer Lichtung, wo sie *Pockpock* finden würde.

So schnell wie möglich versuchte Xenita, sich alles zu merken, und kam ganz durcheinander dabei.

»*Pockpock* musst du finden, hörst du. Nur das, nichts anderes. Frage nach *Pockpock*!«

»Ich weiß nicht, ob ich das schaffe, ob ich hinfinde und dieses Gewächs finde.«

»Geh und versuche es, Xenita! Es wird Zeit.«

Xenita ging zur Nachbarin, gab ihr etwas Geld und bat sie, nach der Omama zu schauen und ihr Essen zu bringen. Sie versprach es.

»Dann gehe ich jetzt«, sagte Xenita zur Omama, die fast wieder eingenickt war.

»Nimm den Teppich mit«, flüsterte sie.

»Den Teppich? Warum?«

»Tu es und lerne!«

Bevor es ihr der letzte Blick zurück unmöglich machte, stob Xenita hinaus. Besser, sie ging früher los und kehrte früher zurück. Rechtzeitig.

Der Bus brachte sie in Sichtweite des Waldes. Den Rest folgte sie der staubigen Piste zwischen den Feldern. Weit entfernt lagen ein paar Hütten zwischen dem Mais, die grasgedeckten Dächer blitzten gerade so darüber hinaus.

Eilig ging Xenita weiter. Es war schon Abend, die Dämmerung kam rasch, und als sie den Waldrand endlich erreichte, herrschte Nacht.

»*Pockpock*«, flüsterte Xenita. Was mochte das sein?

Eigentlich musste sie weiter, jetzt gleich. Aber im Dunkeln würde sie sich nur verirren, den Weg, den sie sich halbwegs gemerkt hatte, ganz sicher verlieren.

Erschöpft suchte sie sich ein Plätzchen zwischen den Wurzeln eines dicken Baumes und breitete den Teppich der Omama über sich aus.

Sie schloss die Augen. Doch die tausend Geräusche, die sie vernahm, waren ihr fremd. Nichts konnte sie zuordnen, nicht unterscheiden, wovon Gefahr drohte und wovon nicht. Mit dem Rücken an den Baumstamm gelehnt, ruhte sie im Sitzen. Die Augen offen, die ganze Nacht.

Mit den ersten matten Strahlen der Sonne raffte Xenita sich auf, schüttelte ihr graues Kleid aus und rollte den gewebten Teppich von Omama sorgsam ein. Jetzt, bei etwas Tageslicht, wirkten die monströsen Bäume und das knorrige Ästegewirr über ihr nicht mehr ganz so furchteinflößend. Trotzdem schaute sie sich nach allen Seiten um, zögerte, bevor sie allen Ernstes die ersten Schritte hinein in den Wald setzte.

Hinter ihr, zwischen den riesigen Maisfeldern, lag die staubige Piste, über die sie am Abend hierhergekommen war. Und irgendwo dahinter, vom dunstigen Horizont verschluckt, wartete Omama auf sie.

Ob sie überhaupt noch wartete oder schon in der Nacht ...?

Xenita wandte sich dem Dickicht zu, den gerollten Teppich unter den linken Arm geklemmt, und marschierte los.

Zuerst kam sie kaum voran. Dichtes Gestrüpp, junge Bäume, verrottetes Totholz überall. Sie kämpfte mit der freien Hand, versuchte, schnalzende Äste von ihrem Gesicht fernzuhalten, riss sich die Arme auf und stolperte Schritt um Schritt voran.

So kam sie nicht weit. Geradeaus, bis sie auf den Fluss traf. Schon klar. Wie sollte das gehen – sie war längst selbst Großmutter, bis sie jemals dort ankam.

Das fahle Gesicht, die tiefen Ringe unter den Augen, der kleine Kopf auf dem grauen, flachen Kissen im Bett.

Knackendes Totholz unter den dünnen Schuhsohlen, patschende Blätter auf der Haut, Ranken, die sich in ihrem Haar verfingen, und der Teppich, der sie behinderte.

In der Nacht war sie froh gewesen um ihn, er hatte sie gewärmt. Doch jetzt, jetzt störte er.

Da, endlich schimmerte etwas silbrig durch die Bäume. Der Fluss. Xenita rannte das letzte Stück dorthin. Sie war durstig, unglaublich durstig. Und hungrig, aber das verbat sie sich. Das konnte sie aushalten.

Besonders klar war das Wasser nicht. Sie zögerte. Es war töricht gewesen hierherzukommen. Wegen einem Gewächs, das die Omama ihr nicht einmal näher beschrieben hatte. Sie solle fragen. Ja, und wen?

Über ihr klatschten Flügel. Erschrocken schaute Xenita hinauf – ein großer, bunter Vogel huschte zwischen den Ästen davon. Den konnte sie jedenfalls nicht fragen.

Xenita überlegte noch eine Weile, dann trank sie das Wasser doch.

Den ganzen Tag ging sie weiter, fand sogar diesen besonders alten und dicken Baum, den die Omama ihr beschrieben hatte. Oder er sah ihm zum Verwechseln ähnlich. Den Teppich tauschte sie regelmäßig von einer Hand in die andere. Trotzdem wurden ihr die Schultern lahm.

Als sie sich eine Pause zugestand, auf einer Wurzel sitzend, den Kopf tief in die Hände gestürzt, hatte sie auf einmal das untrügliche Gefühl, beobachtet zu werden. Sie drehte sich um. Schatten zwischen Bäumen. Dort – war da eine Bewegung? Wahrscheinlich. Nur – was mochte es sein?

Etwas kreischte, es knackte, plätscherte, raschelte. Xenita sprang auf, drehte sich im Kreis. Die Bäume ringsum, die alten Riesen, rückten näher, bewegten sich, griffen nach ihr.

Sie packte den Teppich und rannte weiter, nur weg von hier. Zwischen andere Bäume, die netter waren. Nur wie weit, wo entlang? In ihrem Kopf wirbelte alles durcheinander. Sie hätte nicht herkommen dürfen, die Omama nicht alleine lassen. Nie wieder fand sie hier heraus, war längst zu weit entfernt von jedem Menschen. Und nur die Omama wusste, wohin sie gegangen war. Niemand würde nach ihr suchen.

Jemanden fragen. Nur wen?

Plötzlich stolperte sie, fiel, schlug das Schienbein an eine scharfe Kante. Hastig rappelte sie sich hoch, hielt das Bein und wartete, bis der Schmerz verging. Dann begutachtete sie, worüber sie gefallen war: ein Steinquader.

Langsam ließ sie den Blick von dem Quader vor sich weiter durch die Bäume wandern – tatsächlich! Da waren mehr davon. Die Ruine, das konnte sie sein!

Neue Kraft in den Knochen. Sie ging weiter, das angeschlagene Schienbein ignorierend. Ja, dort vorne, da sah es aus, als schiene mehr Licht durch die Blätter und Äste.

Sie traute sich kaum zu hoffen, dass sie tatsächlich den rechten Weg gefunden hatte. Kaum möglich – aber ... Ja, die Bäume wichen zurück und gaben eine größtenteils von Gras überwucherte Ruine frei.

Nun war sie also hier, brauchte dieses *Pockpock*. »Hallo!«, rief sie.

Der Wald schluckte die Stimme.

Nein, die Ruine sah überhaupt nicht belebt aus. Keine Trampelpfade, nichts. Keine Spur von menschlichem Leben. Das Tageslicht schwand bereits, bald würden die ersten Sterne über ihr funkeln.

Niemand antwortete ihr.

Erschöpft und verlassen setzte sie sich auf ein Mäuerchen. »Ich brauche *Pockpock*, sonst nichts«, murmelte sie.

»Wer ruft nach mir?«, fragte eine alte Frau.

Xenita fuhr herum. Sah niemanden. Schatten huschten. Es raschelte ringsum. Vor Müdigkeit flirrten ihr die Augen. »Mein Name ist Xenita«, sagte sie dann.

»Willkommen.«

Noch immer sah Xenita nichts. »Wo bist du?«

»Du fürchtest dich?«

»Ja!«

»Dann ist es besser, du siehst nicht mehr«, sagte die Stimme und ließ ein raues Lachen hören.

Xenita schüttelte es von den Haarwurzeln bis zu den Zehennägeln. »Zeig dich, bitte«, sagte sie.

Wieder das raue Lachen.

Xenita schaute sich weiter um, nichts – neben ihr! Auf der Mauer hockte etwas. Klein, haarig, entfernt menschlicher Gestalt.

Sie sprang von der Mauer, wich rückwärts, das seltsame Wesen im Blick.

»Du wolltest nicht glauben«, sagte das Wesen und lachte.

»Was bist du?«

»Du wirst es herausfinden.«

Xenita schluckte. Das Gesicht, soweit sie es erkennen konnte, ähnelte mehr einer Wölfin als einer Frau. Die Glieder, der Rumpf, alles mit langem, zottigem Haar bedeckt. Und doch hatte der kleine Körper menschliche Proportionen. Beine hingen über die Mauer herunter, das Wesen saß aufrecht.

»Ich suche *Pockpock*, kannst du mir helfen?«, sagte Xenita.

»Hast du gefunden.«

»Das bist du?«

»Ganz recht.«

Xenita schluckte, überlegte. Dachte noch mal nach und kam zu keinem sinnvollen Ergebnis. »Du musst mit mir kommen, bitte«, sagte sie. »Die Omama braucht deine Hilfe. Sie hat mich gebeten, dich zu holen.«

»Die Omama? Wer mag das sein?«

»Sie kommt von hier, hat mir den Weg beschrieben. Und jetzt ...«

»Von hier?«

»Vom Wald. Jetzt lebt sie in der Stadt, sie und ich. Und sie ist krank. Ganz schlimm.«

»So.«

»Ja. Du musst mit mir kommen, bitte! Ich bezahle es dir, sobald ich wieder Geld habe, Stück für Stück zahle ich alles zurück, wenn du ihr nur hilfst.«

»Geld nützt nichts.«

Xenita bemerkte den Blick des haarigen Wesens auf den Teppich, der ins Gras gefallen war.

»Würdest du einen Teppich nehmen? Als Anzahlung zumindest. Er ist sehr schön.« Sie hob den Teppich auf, breitete ihn aus und hielt ihn vor sich in die Höhe. Er war gerade so groß, dass Xenita noch darüber schauen konnte.

»Zeig ihn mir«, verlangte *Pockpock*.

Xenita überwand sich und ging näher heran.

Eine Menschenhand, deren Rücken mit grauen Haaren bedeckt war, griff nach dem Rand des Teppichs. Gelbe Augen begutachteten das Gewebe genau. Von unten nach oben, wie Schuss um Schuss lasen sie, was dort zu lesen sein mochte.

Dann lächelte *Pockpock* und entblößte Zähne. Scharfe, spitze Zähne.

»Ein Wolf«, flüsterte Xenita. »Du bist ein Wolf.«

»Mag sein. Doch es spielt keine Rolle.«

»Dann …?«

»Ich kenne deine Omama.«

»Ja, dann hilfst du ihr?«

»Ich habe ihr vor langer Zeit geholfen.«

»Auch das gelte ich ab, wenn du nur hilfst. Es ist dringend, ich weiß nicht, ob sie überhaupt noch am Leben ist.«

»Patock lebt«, sagte *Pockpock* und ließ den Teppich los.

»Ich kann ganz gut kochen. Wasche deine Wäsche, ich tue, was immer du wünschst.«

»Dann komm mit, Xenita. Komm!«

Xenita rollte den Teppich rasch wieder ein und trug ihn hinter dem Wesen her, das halb auf zwei, halb auf vier Beinen über Steine und Mauern sprang, viel behänder, als Xenita es zustandebrachte.

Pockpock ließ das Ruinenfeld hinter sich, ging tiefer und tiefer in den Wald jenseits davon. Xenita versuchte, nicht allzu viel zu denken.

»Hier, halt ein!«, sagte *Pockpock*. »Setz dich. Horche!«

Xenita setzte sich einfach auf den Boden, weil es sonst keine Sitzgelegenheit gab. Ihr Atem rasselte. Sie hörte gar nichts sonst.

Pockpock setzte sich ihr gegenüber, so nah, dass ihre Knie sich berührten. Xenita wollte zurückweichen, doch sie blieb. Wollte das Wesen nicht verärgern. Die Haare waren warm und erstaunlich weich, fast wie Menschenhaar. Sie kitzelten Xenitas Knie.

Pockpock kniff die Augen konzentriert zusammen, drehte den Kopf wie ein lauschender Hund. Dann hob sie ihre haarige Hand und wies hinauf auf einen der Bäume.

»Horch«, sagte sie.

Xenita strengte ihre Augen an, doch zuerst sah sie nichts. Dann nahm sie matt etwas Pelziges wahr. Ein Tier, das dort oben schlief.

»Hörst du es nicht?«

Xenita schüttelte den Kopf.

»Du musst erst zur Ruhe kommen, Xenita.«

»Aber ...«

»Du wirst es hören, warte ab.« Dann streckte *Pockpock* ihr die Hände entgegen, zögernd nahm Xenita sie. Die scharfen Zähne, die gelben Augen, das haarige Gesicht. Das sah furchtbar abstoßend aus, auch wenn sie wegen der Dunkelheit nicht viel davon sah.

Auch die Hände überraschend warm, klein, aber fest. Ein merkwürdiges Kribbeln ging von ihnen aus.

»Mach die Augen zu!«

Widerwillig gehorchte Xenita.

»Horche auf das Herz in deiner Brust.«

Xenita probierte es. Aber sie hörte einfach gar nichts. Überhaupt nichts. Was sollte das nützen!

Pockpock führte Xenitas eigene Hand an Xenitas Brust, ließ ihre darauf liegen. »Spüre.«

Xenita spürte. Ja, das spürte sie. Langsam entspannte sie sich ein wenig, konnte wieder tiefer atmen.

Plocktock-plocktock-plocktock.

Dann nahm *Pockpock* Xenitas andere Hand und führte sie auf ihren behaarten Körper. Xenita schauderte, als sie unter dem Haar eine runde, weiche Frauenbrust spürte, aber dann spürte sie hinter Haaren, Haut und Rippen etwas anderes: ein zweites schlagendes Herz.

Pockpock-pockpock-pockpock.
Dazu ihr eigenes.
»Wenn du es spürst, kannst du es auch hören«, flüsterte *Pockpock*.
Xenita nickte, obwohl sie nicht sicher war, dass das funktionierte.
»Horch!«
Plötzlich kam es ihr tatsächlich vor, als würde sie den Herzschlag durch die Ohren wahrnehmen, aber das konnte überhaupt nicht sein! Ein wenig fühlte sie sich, als müsste sie gleich in den Schlaf hinübergleiten, als schwebte ihr Geist ein Stück vom Körper entfernt durch die Nacht im Wald.
Zwei Trommeln, die dort schlugen, dumpf, doch kräftig. Eine schneller, eine langsamer. Nicht im selben Takt, und doch gehörten sie zusammen. Und dann war da plötzlich noch etwas. Ein schnelles, kleines Tackern. Und ein langsameres Tocken, ein rasches Plinkern. Mehr und mehr gesellte sich dazu, füllte alles aus, nahm jeden winzigen Raum gefangen, schlagende Herzen, mehr, als Xenita zu zählen vermochte, eine grandiose, unüberschaubare, herrliche Symphonie lebendigen Lebens.
Xenita spürte, wie ein Lächeln sich auf ihre Lippen stahl.
»Du hörst es«, flüsterte Pockpock. »Jeder hört es, wenn er nur will.«
»Es ist schön.«
»Es ist das Leben. Das ganze Geheimnis.«
»Ja.«
»Hör zu, Xenita. Hör noch genauer zu. Hörst du, wie der eine Klang mit einem Mal verstummt? Ein neuer irgendwo hinzukommt. Immer wieder? Es gibt Zeiten, da ist wenig zu hören, und dann wieder, da ist so viel Leben ringsumher, dass es kaum zu glauben ist. Trommeln verstummen. Neue setzen ein. Ganz zaghaft erst. Manche

kommen nicht weit, andere schon. So ist es immer gewesen.«

Langsam ließ *Pockpock* Xenitas Hände los. Langsam legte Xenita sie in ihrem Schoß ab. Sie hörte das wilde, unbändige Rauschen des Lebens noch immer. Vielleicht nicht mit den Ohren, aber es war da. Ganz sicher.

»Ihre Trommel wird verstummen, Xenita. Noch höre ich sie. Weit entfernt, zwischen Millionen anderen.«

»Ich dachte, du – dann hilfst du ihr nicht?«

»Du willst, dass sie am Leben bleibt?«

»Ja! So sehr.«

»Lass sie sterben!«

Xenita schluckte.

»Lass sie sterben, bevor sie noch länger ringt. Das ist, was ich dir geben kann: Geh zu ihr, lausche ihrem Trommeln. Lass sie gehen ...«

Xenita sprang auf. »Das kannst du nicht machen! Nicht nach all dem. Du warst die letzte Hoffnung!«

»Hoffnung ist, wo immer eine Trommel schlägt. Deine eigene hast du immer dabei.«

Wütend und hilflos stand Xenita im Dunkeln im Wald. Dieses Pocken, Klackern, Pochen, Tackern, Tippeln, es war noch immer überall. Vernebelte ihr die Sinne, den Verstand. Musste klar denken, endlich aufwachen. Zurück zu Omama.

»Nimm ihn wieder mit«, sagte *Pockpock* und drückte Xenita die Teppichrolle in die Hand. »Niemand hat behauptet, dass es schön ist, Abschied zu nehmen, Xenita. Das ist es nie«, sagte *Pockpock*. »Ich habe viele Trommeln gekannt, ihren Klang geliebt wie meinen eigenen und kann sie seit langem nicht mehr hören.« *Pockpock* machte eine Pause.

»Umsomehr freut es mich, dich nun zu kennen. Ich werde auf dich lauschen, immer wissen, wie es dir geht. Und das wird mir genügen.«

Xenita nickte langsam. Eigentlich, eigentlich wusste sie das die ganze Zeit. Jeder wusste es. Vor allem die Omama. »Sie hat mich hergeschickt, damit du mir das erklärst, richtig?«

»Ich glaube schon. Sie hat drei Kinder verloren, bevor ihr ein Sohn blieb. Und nun ist er doch auch lange vor ihr gestorben. Es ist für niemanden leicht. Geh nach Hause.«

»Ich weiß gar nicht, wo ich hingehen soll.«

»Folge Omamas Trommel.«

Und schneller als Xenita blinzeln konnte, war *Pockpock* davongehuscht. Irgendwo im Dickicht verschwunden, auf zwei oder vier Beinen. Wer wusste es schon genau.

»Du beobachtest mich noch. Ich höre dich«, flüsterte Xenita. Ja, sie hörte sie ganz eindeutig. Weit entfernt war sie nicht.

Nun, sie würde ihre Sache gut machen, ganz sicher. Konzentrierte sich auf Omama. Es dauerte lange, sie lauschte und lauschte, bis sie endlich unter tausend Instrumenten das eine fand, das ihr vertrauter war als jedes sonst. Das, das nach Zuhause klang. Patock-patock-patock. Darauf ging sie zu, den Teppich immer abwechselnd unter dem linken und dem rechten Arm, immer die eine Trommel vor sich und diese andere, diese wilde, die Pockpock-pockpock-pockpock sang, ein paar Schritte hinter sich.

Dann endlich, endlich öffnete sich der Wald, und vor ihr lagen im Morgennebel die Felder. Sie hatte herausgefunden. Sie würde den ganzen Weg schaffen.

»Danke«, flüsterte sie in den Wald hinein, war sich sicher, gehört worden zu sein. Und ging davon. Ließ den Wald zurück, seine vielen, schnellen, hohen, tiefen Klänge, seinen ganz eigenen, übervollen, überbordenden, bunt gemischten Takt. Dem dumpfen, lauten, genauso vollen Klang der Stadt entgegen.

»Omama? Ich habe sie gefunden«, rief Xenita atemlos, als sie die kleine, düstere Wohnung betrat.

»Ich weiß«, flüsterte Omama.

»Natürlich weißt du es. Warum hast du mir nie davon erzählt? Von allem, meine ich.«

»Jetzt weißt du es ja.«

Xenita legte die staubige Teppichrolle auf den Boden, näherte sich der alten Frau im Bett. Sie sah aus, als hätte sie sich seit Xenitas Aufbruch kein bisschen bewegt. Nur ihr Herz schlug noch immer.

Patock-patock-patock.

»Hat dir die Nachbarin nichts zu Essen gebracht?«, fragte Xenita, als sie das noch spitzere Gesicht von Omama sah.

»Lass nur ...«

»Wie lange – ich meine, weißt du ...?«

»Niemand weiß es.«

»Aber du hast auf mich gewartet«, sagte Xenita.

Omama wandte die trüben Augen ab. Eine einzelne, winzige Träne schimmerte in ihrem Augenwinkel. Die einzige, die Xenita jemals bei ihr sah. Sie musste an die toten Kinder denken, von denen *Pockpock* erzählt hatte.

»Merke ihn dir gut, den Weg zu *Pockpock*. Und erzähle jedem davon, der ihre Hilfe braucht.«

Xenita versprach es mit einem stummen Nicken.

Außer dem unregelmäßiger werdenden Schlag von Omamas Trommel hörte Xenita nichts mehr von ihr. Sie lauschte, lauschte den Tag, lauschte die Nacht hindurch, und kurz vor dem Morgengrauen verließ Omama das Orchester des Lebens. Sie verstummte. Und so sehr Xenita auch lauschte und horchte, kein Ton kam mehr aus ihrer Brust.

Doch weit entfernt, in schier unendlicher Ferne, da hörte sie leise und kraftvoll das alte *Pockpock* aus dem Wald herüber hallen. Und tausend, ja Millionen laute, leise, schnelle, langsame, kraftvolle, weiche Trommelschläge ringsum. Überall, in jeder Richtung. Die Musik spielte weiter, überall auf der Welt. Sie klang wunderschön.

Und als der erste Sonnenstrahl des neuen Tages einen leuchtenden Fleck auf die graue Decke zauberte, wusste Xenita, dass für jedes Ende auch ein neuer Anfang kam.

Susanne Rübner

Verloren

Obwohl die Sonne sich sehr bemühte, schafften es ihre Strahlen kaum, durch die dichten Blätterdächer der Urwaldriesen zu dringen. Die Luft war nicht so, wie John sie kannte. Es war, als würde er Wasser atmen. John, dreizehn Jahre jung und verloren. Seine Eltern erforschten einen Eingeborenenstamm, ein stolzes Jäger- und Sammlervolk. Auf einer Expedition träumte John vor sich hin. Er war fasziniert von den schillernden Insekten, den duftenden Blumen und dem vielstimmigen Gesang der Vögel.

Durch seine Tagträumereien geschah das Unvermeidliche – John ging verloren.

Ob er Angst hatte?

Nun, am Anfang schon. Er rief nach seinen Eltern und rannte durch den Dschungel, als wäre ihm ein wildes Tier auf den Fersen. Doch er fand seine Eltern nicht; keine Spur von ihnen. Er kletterte auf einen Baum und heulte, wie es ihm seine Eingeborenenfreunde gezeigt hatten. Doch er bekam keine Antwort.

John sah ein, dass es kein Sinn machen würde umherzuwandern. Man würde ihn einfacher finden, wenn er sich nicht vom Fleck rührte. Er blieb auf dem Ast sitzen und lehnte sich mit dem Rücken an den Stamm. Als er nach oben schaute, fiel ihm auf, dass der Himmel hier nicht blau war, sondern grün von den Blättern. Der Waldboden war vereinzelt von Sonnenlicht gesprenkelt. Auch wenn es hier ganz anders war als zu Hause, fühlte er sich wohl. John dämmerte vor sich hin, bis er schließlich einnickte.

Auf einmal schreckte John zusammen – nicht wegen eines Geräuschs, ganz im Gegenteil. Es war totenstill.

Der Junge kauerte sich auf seinem Ast zusammen. Stille war niemals gut. Wachsam schaute John sich um. Doch das Zwielicht machte es schwer, etwas zu erkennen.

Ein Rascheln. Johns Herz schlug wie wild. Er versuchte, sich so klein wie möglich zu machen.

Da! Ein Aufblitzen von Fell zwischen dünnen Zweigen! John erkannte das Muster: Es war ein Jaguar.

Das war auch nicht gut. John hielt den Atem an und hoffte, dass die Raubkatze ihn nicht bemerkte. Er schloss die Augen. Angespannt lauschte er in die Stille. Als er sich sicher glaubte, blinzelte er in das Abendlicht. Und erschrak.

Vor ihm auf dem Ast saß eine Gestalt. Sie sah aus wie ein verwildertes Mädchen, mit nichts als einem Jaguarfell um die Schultern. Doch das nahm John nur am Rande wahr, denn er war wie gebannt von den Augen. Grüne Katzenaugen. Er konnte sich nicht rühren; erstarrt vor Furcht und Faszination.

Das Mädchen wandte sich um und sprang elegant die Äste hinab, bis es auf dem Grund aufkam. Einem Impuls nachgebend, folgte John ihr. Er wusste nicht warum, aber es war ihm, als würde eine Stimme ihm befehlen, ihr zu folgen.

Das Jaguarmädchen schlich geräuschlos durch das Dickicht, sodass es dem Jungen schwerfiel, ihr zu folgen. Mehrmals glaubte er, sie verloren zu haben, doch dann tauchte sie unverhofft wieder auf; schien auf ihn zu warten. Er wollte sie gerne fragen, wer sie war oder besser, was sie war. Doch immer wenn er eine Frage stellen wollte, verschwand sie.

Es wurde schlagartig dunkel, und John stolperte mehr durch den Dschungel, als dass er ging.

Durch die Finsternis wurde es schwieriger, dem Mädchen zu folgen. Ab und zu glaubte John, ihre glühenden Augen zu sehen. Er konnte das nicht viel länger durchhalten. Die Müdigkeit steckte ihm in allen Gliedern, er war schmutzig und durstig. Unachtsamkeit wurde im Dschungel hart bestraft – das lernte auch John: Er strauchelte, als sich sein Fuß in einer Wurzel verhedderte. Er schlug der Länge nach auf den Boden auf, hatte aber Glück im Unglück, der Untergrund war von einer modrigen Schicht Blätter bedeckt, die seinen Sturz dämpfte.

Es gibt einen Zeitpunkt, da wird einem alles zu viel. John blieb auf dem Boden liegen und weinte.

Er spürte etwas an seinem Hals, wie ein zarter Windhauch. Als John aufsah, saß das wilde Mädchen vor ihm. Es strich mit einem krallenartigen Finger über seinen Nacken. Seine grünen Augen leuchteten sanft. Das Mädchen entfernte sich langsam von ihm.

John rappelte sich hektisch auf. Er wollte nicht, dass die Gestalt ihn verließ – er wollte nicht allein in der Dunkelheit zurückbleiben.

Er wischte entschlossen seine Tränen fort und folgte ihr. Sie blieb auf einem großen Baumstumpf sitzen und schenkte ihm ein strahlendweißes Lächeln. Dann hielt sie sich einen Finger an die Lippen – und verschwand.

John blickte auf den Baumstumpf. Weg – einfach weg. Er begann zu schreien, zu heulen und zu weinen. Die ganze Zeit war er ihr durch den Dschungel gefolgt, und dann verschwand sie einfach! Wie von Sinnen begann er zu toben. Als er innehielt, um Atem zu holen, hörte er etwas. Schritte und Rufe. Sein Herz klopfte vor Freude, denn es waren menschliche Schritte, die da auf ihn zukamen – und menschliche Stimmen, die nach ihm riefen.

»Hier bin ich! Ich bin hier!«

Die Schritte kamen näher, mit ihnen der Schein von Fackeln.

»John!«, hörte er die Stimmen seiner Eltern.

Es dauerte nicht lange, bis die kleine Familie glücklich vereint war.

Die Eingeborenen redeten aufgeregt durcheinander. Der Anführer wandte sich an Johns Vater.

»Ka'ar fragt, wie du es bis hierher geschafft hast«, übersetzte sein Vater.

John erzählte ihm von dem wilden Mädchen mit den Katzenaugen und dem Jaguarfell.

Sein Vater war verwirrt, doch er übersetzte es.

Unter den Kriegern herrschte ehrfürchtiges Staunen. Ka'ar wandte sich wieder an Johns Vater und redete lange auf ihn ein.

»Was sagt er?«, fragte John neugierig.

Sein Vater kratzte sich im Gesicht, das machte er oft, wenn ihm unwohl war.

»Er sagte, du bist durch den Teil des Dschungels gewandert, der von allen gefürchtet und Jaguarwald genannt wird. Selbst die mutigsten Krieger wagen sich nicht in dieses Gebiet. Denn um diesen Teil des Dschungels rankt sich eine Legende.«

»Erzähl sie mir bitte!«

»Also gut: Vor vielen Jahren, als Ka'ars Großvater U'kah noch lebte, geschah es, dass in diesem Abschnitt des Waldes eine Frau des Stammes mit ihrer Tochter Früchte sammelte, als sie von einem Jaguar bedroht wurden. Sie schrie um Hilfe, und die Krieger eilten herbei und töteten die Raubkatze.

Sie fanden heraus, dass es ein Muttertier war, das nur seine Jungtiere beschützen wollte. Du musst wissen, dass bei diesem Stamm Mutterschaft als heilig angesehen wird. Als Zeichen der Reue wurden die Frau und ihre Tochter aus dem Stamm verstoßen und in jenen Abschnitt des Waldes verbannt, der von da an den Namen Jaguardschungel trägt.

Der Mann der Verstoßenen suchte noch einige Male diesen Ort auf, doch es war ihm untersagt, seine Frau und Tochter zurückzubringen.

Eines Tages fand er den toten Körper seiner Frau. Er begrub sie an jenem Ort, doch von seiner Tochter war nichts zu sehen.

Das Volk von U'kah fürchtete nun, neben der Rache des Jaguars, auch die Rache der verstoßenen Frau.

Seitdem betrat niemand mehr diesen verfluchten Ort. Doch junge Krieger, die es als Mutprobe ansahen, dorthin zu gehen, berichten von einem wilden Mädchen mit Jaguarfell und Katzenaugen. Die Weisen des Volkes sagen, dass es sich um die Tochter der Verstoßenen handelt – oder aber um ihren Geist.«

John bekam eine Gänsehaut. Ka'ar sagte etwas zu ihm.

Sein Vater übersetzte: »Er fragt, ob du von dem Mädchen berührt worden bist.«

John überlegte kurz, dann fasste er sich an den Nacken.

Ka'ar zo seine Hand weg. Die Krieger zogen scharf die Luft ein.

Auf Johns Nacken prangte der Fleck eines Jaguars.

Sabine Kohlert

Survival

Die Schweißtropfen laufen zwischen meinen Brüsten unter der Bluse hinunter. Die Hose klebt mir am Hintern und reibt unangenehm feucht bei jedem Schritt zwischen meinen Beinen. Was mache ich hier?
Warum habe ich keine anderen Socken eingepackt? Diese sind viel zu warm. Ich habe das Gefühl, meine Füße kochen in den super teuren Klimaschuhen. Ich hatte noch vor dem Urlaub überlegt, zum Friseur zu gehen. Hätte ich es doch nur getan! Was würde ich jetzt für eine Kurzhaarfrisur geben ...
Ich kenne mich hier nicht aus, ein beklemmendes Gefühl.
Du siehst aus, als hättest du Spaß. Dein Gesicht glänzt unter dem Schweißfilm, aber du lachst. Erzählst mir etwas von den Vögeln, weißt die Namen, kannst ihre Rufe nachahmen. Du gehst mir viel zu schnell, ob du merkst, dass ich dein Tempo eigentlich nicht halten kann? Merkst du überhaupt etwas? Dass es mir eigentlich nicht gefällt, hier durch den Urwald zu latschen. Wo sind wir eigentlich?
Mir graust es vor den Krabbeltieren am Boden, und die Spinnen hier sind entschieden zu groß. War das da eben eine Schlange?
Ich wusste nicht, dass du Dschungel meintest, als du Brasilien als Urlaubsziel vorgeschlagen hattest. Was weiß ich überhaupt von dir? Offenbar nur, dass du zwanzig Jahre jünger und zwanzig Jahre dynamischer bist als ich. Du bist nicht nur der fleißige Medizinstudent. Natur, Tiere, Freiheit, fremde Kulturen. Das wusste ich nicht. Obwohl, irgendetwas von »Ärzte ohne Grenzen« hattest du wohl mal erwähnt.

Ich will ins Hotel zurück! Aber das erreichen wir erst in drei Tagen. Was für eine bescheuerte Idee, sich mit dem Heli irgendwo im Nirgendwo absetzen zu lassen. »Survivaltrip« hast du gesagt. Ein Erlebnis, das einen zu sich selbst und uns beide näher zusammenbringen wird.

Davon bin ich nicht überzeugt. Mein Anblick ist bestimmt nicht mehr der schönste. Das sorgfältig aufgelegte Make-up ist wohl schon verlaufen. Ich weiß, wie ich aussehe, wenn die Wimperntusche unter den Augen klebt. Und meine Haare, ohne Lockenstab und Haarspray ein zusammengefallener Haufen blond gefärbtes Stroh.

Du sagst, mein Alter würde man mir nicht anmerken. Spätestens jetzt wirst du es erkennen. Aber du beachtest mich kaum, zeigst auf Pflanzen, gehst zügig voran.

Ich schaffe es nicht mehr, da mitzuhalten. Mein Tempo ist mit der Zeit ein anderes geworden. Du strahlst mich an, sagst etwas von: tolle Frau und dass ich das mitmache, wäre der Wahnsinn!

Ja, Wahnsinn bringt es auf den Punkt. Was, wenn wir uns verlaufen? Würde uns jemand finden? Mein Handy durfte ich ja nicht mitnehmen.

Ich scheine einen ziemlich unglücklichen Eindruck zu machen, denn du nimmst meine Hand und sagst: »Mama, vertrau mir. Du hast eine lange Zeit die Führung gehabt. Jetzt bin ich dran. Lass mich dir beweisen, was ich drauf habe! Lass los, ja?«

Und nach einem langen Seufzer lasse ich los. Aber nicht seine Hand.

Susanne Zetzl

Allein, allein

Hätte ich nur auf den Panther gehört. Dann würde ich jetzt nicht hier sein müssen. Allein. Wartend.
Wir waren sechzehn Leute. Gestern noch. Wir hatten das Paradies. Hier kamen meine beiden Schwestern zur Welt. Niemand ist übrig geblieben.
Nach fünf Jahren im Dschungel wussten wir, wie wir uns verhalten mussten, um zu überleben. Mit jedem Monat, den wir das schafften, wurde es leichter und wir zuversichtlicher.
Wir waren drei Familien. Anfangs nur zu zehnt. Bis gestern sechzehn. Nun bin nur noch ich hier.
Hätte ich nur auf den Panther gehört!
Unsere Unterkünfte waren Baumhäuser. Hoch oben im Blätterdach, ewig grün, geheimnisvoll. Es gab drei große Wohnbereiche, alle mit Baumwipfelstegen oder Hängebrücken verbunden. Nicht nah beieinander, nein: weitläufig, unübersichtlich. Aber immer noch in Rufweite. Ich liebte es, sie entlang zu gehen, nur so. Irgendwann kam man dann bei den anderen an, schaute, was sie machten, setzte sich zusammen und lachte.
Meine Cousine und mein Freund Jonas waren so alt wie ich, siebzehn. Wir lebten im Paradies, im Garten Eden. Über uns der Himmel, unter uns ein grüner See, gespeist von einem Wasserfall.
Und wir dazwischen.
Wir ernährten uns von dem, was die Großen jagten oder anbauten, und wir Kinder sammelten. Nur pingelig durfte man nicht sein, dann war es einfacher, als man sich das für gewöhnlich vorstellt. Wie sonst hätten wir fünf Jahre in der Wildnis überleben können?
»Man muss es nur wollen. Dann fliegen einem die ge-

bratenen Papageien nur so in den Mund«, sagte mein Vater. Er war der Initiator gewesen, damals, vor fünf Jahren. »Was hab ich davon, wenn ich mich mit meinen Kollegen darin messe, wer am besten die Ellenbogen ausfahren kann? Mit seinen Armen kann man weiß Gott Nützlicheres anfangen!«

Mein Vater war Pragmatiker. Und Träumer. Immer, wenn ich mir vorzustellen versuchte, wie er vor dem Dschungel war, verblasst er. Ich kenne ihn nur so wie hier im Busch: tiefgründig, wandelbar, vielseitig. Er hatte immer eine Idee, wusste, wie es weitergehen muss, wenn es mal schwierig wurde. Bis auf den Tag, an dem der Sturm losbrach – da wurden seine Ideen weggeblasen wie Blütensamen.

Wieso habe ich nicht auf den Panther gehört? Warum war ich zu feige, meinen Leuten von ihm zu erzählen? Hätte ich es getan, würden sie noch leben. Hätte ich was gesagt, hätten wir rechtzeitig reagieren können, Maßnahmen ergreifen, die Baumhäuser sichern, uns in Sicherheit bringen. Zeit genug wäre geblieben. Dann wäre ich jetzt nicht allein. Mit meiner Angst, wie ich die Nacht überleben soll, hier am Boden.

Ich wünsche mir, dass wenn mich ein wildes Tier angreift, dass es der Panther ist.

Die Morgensonne ist heiß und schimmert so frech und lustig durch das Blätterdach, als wollte sie sich einen Spaß mit mir machen. Doch mir ist nicht nach Spaß zumute. Ich will meine Augen nicht öffnen. Mein Bein schmerzt, und ich kann mich nur kriechend fortbewegen. Die vergangene Nacht war die erste, seit ich im Dschungel lebe, in der ich mich fürchtete. Die Geräusche, die ich sonst so liebe, sicher oben in den Baumkronen, klingen hier unten am Boden ganz anders. Wenn man sich nicht bewegen kann. Weiß, dass man schon verloren hat, wenn man nur daran denkt, vor dem wegzulaufen, was aus dem Dunkel kommt.

Wie lange wird es noch dauern, bis eines der wilden Tiere meine Schwäche riecht?

Wenn ich nur nicht so allein wäre! Verloren auf dem modrigen Boden, über dem die Luft so feucht und zäh hängt wie ein dickes Spinnennetz. Warum konnte nicht wenigstens einer von den anderen überleben? Jonas, Sophie oder von mir aus auch Pia, die ich nicht ausstehen kann.

Aber da ist keiner mehr. Ich weiß es, weil ich gesehen habe, wie sie starben. Weil ich ihre Schreie gehört habe. Das Krachen und Splittern von Holz. Und weil ich mir die Seele aus dem Leib brüllte, nachdem der Sturm sich schlafen gelegt hatte.

Und es still blieb.

Nur ich bin übrig. Weil ich den Panther sprechen hörte?

»Du lebst hier ein besonderes Leben, Anne«, sagte meine Mutter noch am Tag vor dem Sturm. »Sei dir dessen immer bewusst – es ist ein Geschenk.«

Schönes Geschenk. Sie wurde als Erste weggerissen. Mein Vater wollte sie halten, doch die Holzbrüstung, an der sie sich festkrallte, stürzte mit ihr in die Tiefe. Einfach so. Wie ein unumstößliches Gesetz – Regen fällt vom Himmel, Baumhäuser stürzen ein; kein Spielraum für Verhandlungen.

Mein Vater fiel hinterher. In das, was kein Boden mehr war. Nur schäumende, reißende Wassermassen.

Er lässt mich allein, dachte ich. Doch später wusste ich: Er hätte mich nie allein gelassen. Und auch meine beiden kleinen Schwestern nicht, die mir gegenüber schreiend aus der kleinen Vorratskammer winkten. Sich aneinanderklammerten. Und die genauso verschwanden wie meine Eltern.

Sie hätten uns nie allein gelassen. Der Sturm war es, nur dieser eine, besondere Sturm. Vor dem mich der Panther warnte. Wir hätten alle überleben können.

Wurzeln, Pilze und Moose sammeln war die Aufgabe von uns Kindern. Meine Tante Sarah mochte es nicht, wenn wir alleine loszogen. »Ihr geht immer mindestens zu zweit oder gar nicht«, sagte sie. Sarah war eindeutig die Ängstlichste unter uns. Wie oft hat mein Onkel sie deswegen aufgezogen: »Dass du mit mir in den Dschungel gegangen bist, ist der höchste Liebesbeweis, den man sich nur vorstellen kann, wenn man weiß, was für ein Schisser du bist«, lachte er und drückte sie an sich.

Sie hatte recht: Ich hätte an jenem Nachmittag nicht allein losziehen sollen. Dann wäre mir der Panther bestimmt nicht über den Weg gelaufen. Und ich müsste mir jetzt keine Vorwürfe machen.

Ganz am Anfang, in der ersten Zeit, habe ich meinen Vater mal gefragt, ob es hier auch schwarze Panther gibt.

»Nein, mach dir keine Sorgen, die gibt es hier nicht«, war seine Antwort.

Ich weiß es jetzt besser.

Ich habe ihn nicht kommen hören. Die Wurzel, die ich ausgraben wollte, wehrte sich und brauchte meine ganze Aufmerksamkeit. Erst als ich den Schatten spürte, der sich zwischen die Sonnenflecken auf meine Haut schob, sah ich auf. Seine Augen waren grün wie das herabstürzende Wasser hinter dem Wasserfall, wenn die Sonne mittags hoch steht. Sie stachen hervor aus dem schwarzen Fell wie Glühwürmchen. Sein Maul war halb geöffnet, ich konnte seine Reißzähne sehen. Sie waren riesig. Die ganze schwarze Katze war riesig. Ich weiß nicht mehr, wie lange wir uns anstarrten, er und ich. Irgendwann hörte ich die Stimme, die sagte, dass wir gehen sollten. Verschwinden, so schnell wie möglich. Die Stimme war in meinem Kopf, ganz deutlich hörte ich sie. Ich wusste, es war seine. Aber wer hört schon auf einen Panther?

Seltsam, ich hatte keine Angst. Ich sah jede Einzelheit; die braunen Pünktchen seiner grünen Iris, die Wimpern, die zitternden Barthaare, das glänzende Fell, das sich bei jedem seiner Atemzüge hob und senkte ...

Ich weiß, dass er mich nicht vertreiben wollte. Er wollte mich warnen. Und ich habe nichts gesagt.

Am Abend vor dem Sturm haben wir bei Sigrid, Mamas Freundin, zusammengesessen. Sie trug den neugeborenen Felix in einem Tuch bei sich. Felix bedeutet Glück. Das hielt für ihn gerade mal zweieinhalb Wochen. Die Brüllaffen in den Bäumen tobten wie verrückt, und die Mücken waren stechwütiger als sonst. Als hätten sie eine Ahnung davon gehabt, was sich über Nacht zusammenbraute.

Wir hatten schon viele Regenstürme überlebt. Immer kamen sie am Nachmittag. Auch das Wasser, das manchmal aus dem See platzte, als hätte jemand einen riesigen Felsen hineingeworfen. Die Flüsse, die über die Ufer traten. Immer hatten die Baumhäuser standgehalten, stabil auf ihren langen, biegsamen Stelzen, die fest mit den Bäumen und der Erde verbunden waren. Das Schwanken war nie schlimmer als eine Fahrt mit dem Floß auf trägem Gewässer.

Doch das, was am frühen Morgen losbrach, war noch nie dagewesen. Das kannte ich nicht. Es kam so plötzlich.

Der Himmel platzte auf. Und erbrach alles, was er sich für diesen einen Morgen aufgehoben hatte. Das Wasser schoss auf uns herab, sammelte sich, um dann mit umso größerer Wucht auf dem Boden alles mitzureißen, was sich ihm in den Weg stellte. Der Sturm presste uns die Luft aus den Lungen. Unsere Häuser trieben auf den Kronen der Bäume wie ein leckgeschlagenes Boot in

schwarzer See. Es gab kein oben, kein unten mehr. Nur noch die Elemente Wasser und Sturm, zwei Alphatiere, die sich um die Vorherrschaft stritten.
    Wir hatten das Paradies. Fünf Jahre lang.
    Ob der Panther heute Nacht kommt?

Der Schmerz in meinem Bein macht mich langsam verrückt. Die ganze Nacht hat er getobt wie ein wütender Bär, der auf meine Knochen eindrischt. Und der Hunger. Wenn ich schon nicht mit meinen heiseren Schreien alle wilden Tiere der Welt auf mich aufmerksam mache, dann ist es mein laut knurrender Magen. Die Wurzeln, die in meiner Reichweite sind, langen nicht. Und die fetten Maden haben sich alle verkrochen. Durst muss ich nicht aushalten; die Erde ist vollgesogen wie ein Schwamm, und Wasser sammelt sich noch immer in kleinen Tümpeln.
    Wenigstens ist der Ledersack, in dem alle meine Habseligkeiten sind, noch bei mir. Mit meinen wenigen Büchern, den Schreibheften und den Stiften.
    Wir lebten wirklich gut hier. Vielleicht auch deshalb, weil niemand wusste, wo wir sind; das war Bedingung. So hatten es die Großen haben wollen. »Wenn schon aussteigen, dann richtig. Keine halben Sachen.«
    Einzig wenigen hier lebenden Völkern begegneten wir ab und zu. Anfangs tauschten wir ein paar Dinge mit ihnen. Doch meistens gingen wir uns aus dem Weg. Sie ließen uns in Ruhe und wir sie.
    Wieso habe ich nur überlebt?
    Ich klammerte mich noch an den Planken der Hängebrücke fest, als meine Eltern in das tosende Maul unter uns fielen. Die Brücke war nicht mehr so, wie ich sie kannte. Alles drehte sich, und ich hing an ihr, frei baumelnd über dem Abgrund. Ich weiß noch, wie meine Armmuskeln brannten. Und dass ich dachte, ich darf nicht loslassen. Grüne Augen, wie Glühwürmchen. *Ver-*

schwindet von hier, sofort. Ich sah nichts mehr. Ich fühlte nichts mehr. *Hätte ich nur auf dich gehört!*
Dann stürzte ich.
Am schlimmsten war die Stille. Als ich aufwachte und wusste: Da ist keiner mehr. Ich weiß nicht, warum ich das wusste, aber es war so klar, wie ich die Stimme des Panthers in meinem Kopf gehört hatte.
Allein. Du bist allein.
Dabei war es nicht still; im Dschungel ist es nie still. Aber in meinem Kopf war es still. Ich hab nicht geheult. Das nicht. Ich bin nur dagelegen, hab in den zerfetzten Blättern über mir den Lauf der Sonne beobachtet und gewartet. Dass auf mein Brüllen doch jemand antwortet. Vielleicht von den Eingeborenen. Würden die mich bei sich aufnehmen?

Ob meine Leute mir geglaubt hätten, wenn ich ihnen von dem Panther erzählt hätte? Wahrscheinlich nicht. *Hier gibt es keine schwarzen Panther.* Und wenn ich Jonas an jenem Nachmittag mitgenommen hätte? Wäre der Panther dann auch aufgetaucht? Und ob Jonas ihn dann auch gehört hätte?
Verschwindet von hier, sofort!
Wir hätten unsere Eltern warnen können. Wären wir zu zweit gewesen, hätten sie uns glauben müssen. Mehr als ein ganzer Tag Zeit wäre uns geblieben. Überleben kann so einfach sein, wenn man rechtzeitig weiß, wie man sich vor dem schützen kann, was auf einen zukommt.
Mein Bein ist die Hölle. Ich habe versucht, die Wunde mit Wasser auszuwaschen, aber ich fürchte, das hat alles nur noch schlimmer gemacht.
Ein Knochen steht raus. Obwohl es heiß ist, friere ich. Vorhin habe ich gemeint, hinter mir einen Atem zu spüren. Ganz deutlich.
Doch als ich mich umdrehte, war da nichts. Keine grü-

nen Augen, kein glänzendes schwarzes Fell. Aber auch keine Reißzähne.

Wenn jemals jemand meine Aufzeichnungen finden sollte, dann wünsche ich mir, dass er mir glaubt, dass ich sie gesehen habe, die schwarze Katze mit den grünen Augen, und gehört habe, was sie mir zuflüsterte. Denn nur dann wird er verstehen, wie ich mich fühle, weil ich nicht darauf gehört habe. Wie sehr ich mir wünsche, die Stunden vor dem Sturm noch einmal erleben zu dürfen. Und die anderen zu warnen. Wie oft ich davon träume, auch am Tag. Immer denselben Traum.

Doch nein. Das wird keiner je verstehen können. Und ehrlich gesagt wünsche ich es auch keinem.

Die dritte Nacht steht an. Es wird schon dunkel. Ich fürchte mich vor dem, was sie bringt, vor den langen Stunden. Nur nicht vor ihm.

Ob ich morgen wieder die Sonne durch die Blätter schimmern sehen werde?

Heidemarie Opfinger

Begegnung mit einem Waldmenschen

Schnaufend folge ich in langen, langsamen und doch kraftvollen Schritten dem Pfad, der steil bergauf führt. Ich bin wieder einmal unterwegs, um die Natur in diesem uralten Bergwald zu erkunden. Einem Bannwald, der dem europäischen Urwald alle Ehre macht. Schwer drückt der Rucksack auf meine Schultern. Erst wollte ich nur kleines Gepäck mitnehmen, aber in dieser Gegend weiß man nie, wer oder was einem begegnet. Der Steig ist fast nicht mehr erkennbar im Dämmerlicht der hohen, uralten Fichten und Tannen. Von ihren Ästen hängen lange Flechtenbärte, ein gutes Zeichen. Und das Unterholz ist so dicht, dass kaum ein Reh oder Hirsch durchkommt.

Ich quäle mich weiter. Der steinige Pfad zieht sich jetzt parallel am Hang entlang, fällt plötzlich steil ab. Ich komme hier auf einem feuchten Moospolster ins Gleiten, kann mich nirgends festhalten und rutsche auf dem Hosenboden rasant bergab. Mein schwerer Rucksack zieht eine hässliche Spur in den hier bemoosten Pfad. Dann öffnet sich der Urwald auf eine kleine Lichtung. Mühsam kann ich mich an einem der alten Baumstämme mit den Füßen abbremsen. Der Schreck und auch Angst sitzen mir in den Gliedern.

Mühsam richte ich mich auf. Das Fleckchen Erde ist von Gras überwuchert, und Seltsames nehme ich wahr. Ein vertrockneter Baum. Beinahe rindenlos, ragt er mit nur noch zwei riesigen Ästen als Hörner in den Himmel. Darunter lehnt ein vom Wetter gebleichter Tierschädel, vielleicht von einem Hirsch, und flößt mir Respekt ein. Andere Tierknochen sind zu Speichenrädern gelegt oder bilden seltsame Formen.

Das kann nur ein Mensch gemacht haben, durchfährt

es mich. Sehen kann ich allerdings niemanden. Vorsichtig bewege ich mich auf der Lichtung weiter, während meine Nackenhärchen aufgestellt sind und ich auf schnelle Flucht vorbereitet bin.

Allmählich dämmert mir, dass ich da nicht weit käme. So nehme ich lediglich meinen kräftigen Wanderstab fester in die Hand, um mich bei einem Angriff wehren zu können. Buschwerk aus frischen Fichtenästen versperrt mir plötzlich die Sicht. Vorsichtig suche ich eine Möglichkeit, weiter vorzudringen. Dann sehe ich ihn.

Ein Hüne von Mann, langer, schwarzer Bart, verwitterter Hut auf dem Kopf, hemdärmelig, von Sonne und Wetter gebräunte Arme. Das bunt karierte Holzfällerhemd locker über die speckige Lederhose fallend. Barfuß und mit einem breiten Grinsen im Gesicht empfängt er mich. Mit allem habe ich gerechnet, aber damit nicht. Er hatte mich schon längst kommen hören.

Die Begrüßung fällt freundlich, fast herzlich aus, und er lädt mich sogleich, wie einen alten Freund, an seinen Tisch ein. Eine Felsenplatte, auf zwei klobige Reste von Baumstämmen gelegt, darauf ein Kaffeebecher mit dampfendem Tee. Ich hole aus meinem Rucksack meine Thermoskanne, gieße mir Kaffee ein, und langsam kommen wir ins Gespräch. Mein Woher und Wohin interessiert ihn. Ich erzähle von meinen Studien im Bergwald. Er lauscht andächtig. Natürlich will auch ich von meinem Gegenüber mehr wissen. Als ich schließlich einen Flachmann und zwei Gläschen heraushole und mit dem guten Obstschnaps fülle, beginnt der Mann zu erzählen.

»Ich bin der Bertl von Hinterholzbergen. Den Sommer verbringe ich jedes Jahr hier.«

Wie der Mann hier lebt? Gerne zeigt mir Bertl seine Behausung: ein geräumiges Zelt, mit dem Nötigsten ausgestattet und durch gewaltige Fichtenzweige geschützt. Dann seine Feuerstelle, über der ein Teekessel baumelt.

»In einem Erdofen brate ich gelegentlich einen Hasen, manchmal eine Rehkeule oder anderes«, verrät er mir grinsend.

Jetzt höre ich auch leises Hühnergackern.

»Drei«, meint er lachend, »für das Frühstücksei.«

»Und wovon lebst du sonst?«, will ich als neugieriger Städter wissen.

Bertl winkt mir mitzukommen. Er hebt eine gewaltige Steinplatte hoch, zeigt mir ein großes Erdloch, mühsam in den steinigen Waldboden gegraben. »In dieser Milchkanne hat all das Platz, was ich an Grundnahrungsmitteln brauche.« Sorgfältig wird wieder alles verschlossen. »Daneben siehst du zwei weitere Steinplatten. Auch die bedecken solch urige Naturkeller. Hier ist alles verstaut für mein Leben in der Wildnis auf Zeit«, lacht er.

Stolz verrät mir Bertl, dass er hier sogar Wein herbringt.

»Und wie machst du das alles?«

»Weißt du«, antwortet er, »ich habe ein paar wirklich gute Freunde, die bringen mir alles hierher, sobald die Witterung das zulässt. Und der Jäger, der die hiesige Jagd gepachtet hat, schaut hin und wieder nach dem Rechten.«

»Und was treibst du so den ganzen Tag?«

»Ich kümmere mich um mein Essen, sammle Pilze und Beeren, die es hier reichlich gibt. Kräuter für Tee wollen auch gesucht werden und andere Heilpflanzen, die die Natur weiter oben bereithält, wo der Wald lichter wird. Mein Trinkwasser hole ich an der nahe gelegenen Quelle, und am Bach wird gewaschen. Das Wasser ist überall so sauber, dass man es trinken kann.«

»Und wie steht es mit der Beleuchtung?«

»Wenn das Feuer erlischt, gehe ich schlafen. Und in der Früh wecken mich die Vögel.« Er lacht ein breites, zufriedenes Lachen.

Als es im Wald Nacht wird, lädt mich Bertl ein, bei ihm zu bleiben. Der Heimweg im Dunkeln ist unmöglich. Ich darf mein kleines Biwakzelt aufschlagen. Das ist schnell getan. Dann teilen wir uns meine Vorräte aus dem Rucksack.

Bertl holt zwei Becher und füllt sie mit Wein. Als Bertls Feuer niedergebrannt ist, beginnt das Nachtleben des Waldes. Wir sind stumm geworden vor Ehrfurcht. Ein klarer Sternenhimmel steht über unserer kleinen Lichtung. Nie im Leben habe ich mehr Sterne gesehen als hier! Ein Käuzchen ruft, ein Uhu streicht lautlos über unsere Lichtung. Es raschelt hier und dort, wenn die kleinen Räuber wie Marder und Iltis auf Beutezug gehen. Äste brechen, als ein Reh in langen Fluchten, vermutlich durch unseren Geruch aufgeschreckt, das Weite sucht.

»Manchmal kommen sie sogar auf meine kleine Lichtung«, verrät mir Bertl flüsternd.

Als der Mond seine Strahlen zu uns schickt und die Äste der uralten Bäume wie Geisterfinger in den Himmel ragen, kriechen wir in unsere Schlafsäcke.

Lange kann ich kein Auge zutun, so sehr bewegt mich, was ich heute hier erlebt habe. Endlich schlafe ich trotz der Geräusche der Nacht ein. Die Sonne steht schon hoch, als mich der wilde Mann weckt. Er lädt mich ein zu einem Frühstück mit Haferflockenbrei und frischen Waldbeeren, die er schon gepflückt hat. Ich drücke meine Bewunderung aus für das karge Leben hier in der Wildnis.

Da lacht Bertl verschmitzt, ehe er mit der Wahrheit herausrückt. »Ich bin ein Naturkind. Durch und durch«, sagt er von sich selber. »Im Winter lebe ich in einer kleinen Stadtwohnung, weil ich nicht viel brauche. Ich bin Chef einer großen Firma, mit der ich im Winter so viel verdiene, dass ich es mir leisten kann, im Sommer auszusteigen. Und das schon seit zwanzig Jahren. Es ist immer die glücklichste Zeit für mich!«

Und in diesem Sommer bin ich ihm begegnet, dem Aussteiger auf Zeit. Zum Abschied umarmen wir uns, und dann folge ich dem Weg ins Tal, den er mir gewiesen hat.

Susanne Haug

Sergio

Anton schüttelte den Kopf. »Ich kann es immer noch nicht glauben!«
»Die zweitgrößte Katze Südamerikas ist der Puma, und das eben *war* ein Puma. Du kannst mir also ruhig glauben, dass wir in Südamerika sind«, tadelte Karina ihren älteren Bruder. Sanfter fuhr sie fort: »Hast du gesehen? Er ist total glücklich hier.«
Anton schwieg. Er wusste nicht mehr, was er glauben sollte. Vor ein paar Minuten hatten sie sich noch im Tropenhaus des städtischen Tierparks befunden, und nun stolperte er mit seiner Schwester auf einem wurzelbewachsenen Pfad hinter einer beinahe nackten Alten her durch ein dämmriges, sumpfiges Dickicht. Warum, fragte sich Anton, war er nur jemals auf diesen Flohmarkt gegangen? Er wünschte wirklich, dieser seltsame Anhänger wäre ihm niemals in die Hände gefallen. Aber für Karina, die sich für nichts mehr interessierte als für Raubkatzen, war er nun einmal das perfekte Geburtstagsgeschenk gewesen. Nun ja – diese Urwaldreise vielleicht auch.
Nun baumelte der schwarze Onyxstein in Form eines Jaguars um den Hals seiner Schwester, während diese durch den Dschungel stapfte, als hätte sie ihr ganzes Leben lang nichts anderes getan.
Anton hingegen hatte schlichtweg Angst. Er hatte Angst vor der dicken, feuchten Luft, vor den unbekannten Geräuschen, vor dem morastigen Boden, und, nicht zu vergessen, vor den Tieren. Zum Beispiel vor der mannsgroßen Raubkatze, die Karina, abgesehen von ihrer mädchenhaften Schwärmerei, gerade mal mit wissenschaftlichem Interesse betrachtete.
Und dann war da noch diese alte Frau, die nichts als

einen schmutzigen Lederlappen am Leib trug. Sie ging seelenruhig vor ihnen her, während Anton es krampfhaft vermied, ihre faltige braune Haut anzusehen. Wo war er nur hineingeraten?

Heute, so wie jedes Jahr zu Karinas Geburtstag, war die Familie in den Tierpark gefahren.

Der steinalte schwarze Jaguar Sergio, der im Tropenhaus lebte, war schon immer Karinas Liebling gewesen. Anton kam sich erbärmlich dabei vor, wenn er zusah, wie das arme Tier stets auf demselben Weg hin- und herging. Karina jedoch konnte lange Zeit vor Sergios Scheibe zubringen und betrachtete seine immer gleichen Bewegungen fasziniert. Auch wenn Sergio still lag, blieb sie oft lange bei ihm.

»Keiner versteht ihn. Aber irgendjemand muss ihn doch trösten«, hatte sie Anton schon oft erklärt.

Das sah Anton zwar ein, aber er bezweifelte, dass das Raubtier seine Schwester überhaupt wahrnahm.

Antons und Karinas Eltern fanden den Jaguar weniger interessant. Auch heute waren sie wieder im nahe gelegenen Biergarten eingekehrt, während die Kinder das Tropenhaus betraten.

Anton tauchte hinter Karina in die schwülwarme Luft ein. Inmitten wuchernder Dschungelpflanzen lagen die verschiedenen Tierkäfige, und in der Dachkuppel flogen zwitschernd exotische Vögel umher. Der Rindenmulch auf den Wegen federte angenehm unter seinen Schuhen. Eigentlich war Anton gerne hier – es war ja nicht der wirkliche Dschungel.

Karina eilte sofort vor die Glasscheibe ihres Lieblings. »Hallo, Sergio«, lockte sie den Riesen mit sanfter Stimme, wie sie es schon oft getan hatte.

Doch heute sah Sergio ganz unverhofft auf. Zuerst hielt Anton es für einen Zufall, aber als Karina weiter zu ihm sprach, sprang der Jaguar mit einem einzigen Satz ganz nah an die Scheibe und fixierte das Mädchen mit seinen hellen Augen.

Karina erschrak kein bisschen.

»Sein Blick ist so wach heute«, fand Karina. »Ob er mich wiedererkennt?«

»Immerhin fletscht er nicht die Zähne«, entgegnete Anton. Ehrlich gesagt konnte er keine Veränderung in den Augen der Großkatze erkennen. Nur ihr Verhalten war ungewöhnlich. Schon wollte Anton sich abwenden, da fiel sein Blick auf den Jaguar aus Onyx. Ein Strudel verschwimmender Luft hatte sich um den Anhänger gebildet und breitete sich langsam aus.

»Karina!«, keuchte Anton ungläubig und schlug gegen den Arm seiner Schwester. »Pass auf!«

Doch Karina bemerkte nicht einmal, dass alles um sie herum verschwamm. »Sergio«, flüsterte sie nur verzückt und sah weiterhin in dessen Augen.

Der Luftstrudel wurde zu einer Säule, die Karina bald vollständig einhüllte.

Anton fasste allen Mut, den er aufbringen konnte, packte seine Schwester fest an den Schultern und versuchte, sie aus der Luftsäule zu zerren. Doch sie war wie festgewachsen. Anton sah mit Schrecken, dass nun auch sein eigener Körper verschwamm. Ihn erfasste Schwindel. Einen ungewissen Moment lang wusste er nicht, wer oder wo er war. Dann fiel er.

Der Boden unter Antons Leib fühlte sich feucht und morastig an, überhaupt nicht wie Rindenmulch. Die Geräusche um ihn herum waren lauter und wirrer geworden. Tausend Gerüche auf einmal stiegen in seine Nase. Auch ohne sich nach Sergio umsehen zu müssen, begriff Anton, dass Karina und er sich nicht mehr im Tropenhaus befanden.

Die Geschwister erhoben sich vom feuchten Boden und sahen sich staunend um. Sie standen auf einem dämmrigen Platz zwischen hohen Bäumen und Buschwerk, auf dem ein mannshoher, krummer Fels stand. Anton sah nach oben und konnte anstelle des Himmels nur ein Blätterdach erkennen. Ständig schien sich etwas über ihm zu bewegen. Das bereitete Anton Schwindel, also sah er wieder geradeaus – und fuhr zusammen, denn plötzlich stand eine winzige Frau vor ihnen, nicht viel größer als er selbst, deren faltige braune Haut kaum von dem Lederlappen zu unterscheiden war, den sie um die Hüfte trug. Der Rest ihres Körpers war nackt.

Anton blickte rasch zu Boden. War es der Alten nicht peinlich, so herumzulaufen? Und wer war sie überhaupt?

Mit einem beinahe frechen Grinsen winkte die Frau den Geschwistern zu: »Willkommen im Land der Payana, Kinder! Ich heiße Eliana. Die große Träumerin hat mir gesagt, dass Kinder kommen werden.«

Karina staunte die Frau an. »Hallo, ich heiße Karina, und das ist mein Bruder Anton.«

Eliana trat auf Karina zu. »Du hast den verzauberten Jaguar«, wurde sie gewahr und berührte scheu den Onyxanhänger.

»Ja, er ist ein Geschenk von Anton«, erwiderte Karina stolz.

»Der verzauberte Jaguar hat euch geholfen herzukommen«, sagte die Alte. »Dein Bruder hat ein gutes Geschenk ausgesucht.«

»Anton, schau nur!« Aufgeregt deutete Karina auf einige Sträucher direkt neben Eliana.

Anton erbleichte, denn ein großer, ockergelber Kopf schob sich aus dem Blattwerk. »Oh nein, ein Löwe!«, presste er verhalten hervor.

»Das ist doch kein Löwe, das ist ein Puma, Anton«, korrigierte ihn Karina völlig unbeeindruckt. »Also müs-

sen wir irgendwo in Amerika sein. Wahrscheinlich im Süden. Ach, er ist wunderschön!« Fasziniert beobachtete Karina die Bewegungen der sandfarbenen Raubkatze, die nun ganz aus dem Gebüsch schlich.
»Keine Angst, er tut euch nichts«, lachte Eliana.
Wie eine zu groß geratene Hauskatze rieb der Puma seinen Kopf an der alten Frau und warf sie dabei fast um.
»Husch, husch, geh vor«, machte Eliana.
Beleidigt sah der Puma sie an und schlich graziös auf einem kaum erkennbaren Pfad davon.
»Los, Kinder, lasst uns gehen!«, fuhr Eliana fort, und ohne eine Erklärung huschte sie davon.
Karina war ihr und dem Puma dichtauf gefolgt, und so war auch Anton hinterhergelaufen, der auf keinen Fall zurückbleiben wollte.

Nun waren sie also hier, irgendwo in Amerika, falls Karina richtig lag. Anton hatte immer geglaubt, so etwas sei unmöglich. Man konnte sich nicht plötzlich an einem anderen Punkt des Erdballs befinden – oder etwa doch?
Im Gegensatz zu Karina, die scheinbar hinter jedem Baum ein neues Wunder entdeckte, blickte Anton so wenig wie möglich um sich. Es war genau wie in dem Märchen vom Rotkäppchen – auf dem Pfad fühlte er sich am sichersten.
Nach einiger Zeit wurde der dämmrige Pfad breiter. Weiter vorne nahm Anton strahlendes Sonnenlicht und ein sanftes Plätschern wahr. Die ungleiche Gruppe hatte eine Lichtung erreicht. Von einer mächtigen Felswand ergoss sich ein kleiner Wasserfall in einen blaugrünen, runden Teich. Hier, am Ufer, fühlte Anton sich schon wohler. Endlich konnte er wieder weiter als einige Meter sehen.
Er genoss die Sonnenstrahlen.
Eliana hielt vor der Felswand an. Der Puma streckte

sich auf einem sonnenwarmen Felsen aus und leckte sich das Fell.

»Wir sind da«, eröffnete Eliana den Geschwistern lächelnd.

»Wo sind wir hier?«, fragte Karina.

»Dies ist das Land der Payana«, antwortete die Alte. »Die Payana sind meine Familie. Und hier ist ein ganz besonderer Ort.«

»Wie sind wir eigentlich von zu Hause hierhergekommen?«, überwand sich Anton zu fragen.

»Der schwarze Jaguar hat euch hergeschickt. Deine Schwester hat ihn darum gebeten«, schmunzelte die Alte. »Die große Träumerin hat das schon lange gewusst.«

Anton sah Karina erstaunt an. »Wirklich? Du hast ihn darum gebeten?«

»Wahrscheinlich stimmt das sogar«, bejahte Karina. »Ich habe ganz fest an Sergios schönes Zuhause gedacht. Aber warum«, wandte sie sich an Eliana, »sind wir eigentlich hier?«

»Die große Träumerin sagt, dass Kinder aus einem fernen Land zu unserer Rettung kommen werden«, erzählte Eliana, und auf einmal sah sie besorgt aus. »Wir warten schon lange auf euch. Die Pforte zur Höhle der Götter muss wieder geöffnet werden, damit die Payana überleben, aber keiner von uns kann es vollbringen. Schlimme Männer sind im Land, vergiften die Natur, verbreiten Krankheiten, jagen unsere Tiere und jagen auch die Menschen davon. Nur die Götter können helfen. Wenn die Pforte zur Höhle der Götter geöffnet wäre, könnten wir sie darum bitten, die schlimmen Männer zu verjagen. Oh, seht!« Eliana deutete hinter die Geschwister. »Der Wächter ist gekommen. Wir haben ihn schon lange Zeit nicht mehr gesehen. Das ist ein gutes Zeichen.«

Anton drehte sich um – und erstarrte vor Schreck. Ein

schwarzer Jaguar, deutlich massiger als der Puma, hatte sich von der anderen Seite des Teiches angeschlichen. Er saß mit peitschendem Schwanz auf den Hinterbeinen und starrte zu ihnen herüber. Der Puma fletschte die Zähne und wich ins Gebüsch zurück.

»Bewacht dieser Jaguar die Pforte zur Höhle der Götter?«, staunte Karina.

»Nur, wenn die Pforte geöffnet ist.« Eliana schob ein paar Pflanzen zur Seite, die wie ein Vorhang über einem Teil der Felswand hingen, und eine erdig-feuchte Grotte erschien, in die kaum ein Kind passte. Auf Kniehöhe klaffte ein fußballgroßes Loch im Fels.

»Dies ist die Pforte zur Höhle der Götter«, erklärte Eliana. »Die große Träumerin sagt, nur die richtige Hand kann sie öffnen.«

Anton trat zögernd näher und sah in dem Loch etwas schimmern. War es Wasser oder eine Art glänzendes Gestein? Wie auch immer, er konnte einfach nicht glauben, dass diese Felswand bewegt werden konnte. Er jedenfalls würde nicht in das glibbrige Loch greifen.

»Ich versuche es«, sprach Karina entschlossen.

Plötzlich musste Anton an giftige Spinnen, tropische Ameisen und Blutegel denken. »Fass da nicht rein!«, warnte er seine Schwester.

Doch sie kümmerte sich gar nicht darum und kniete sich vor das Loch. Anton warf sich nach vorne und wollte Karina zur Seite stoßen, dabei stolperte er, fiel über sie, und sein linker Arm landete genau in dem glitschigen Loch. Ein widerlich warmer Brei legte sich um seine Haut, und Anton zog den Arm, so schnell er konnte, zurück. Fast bis zum Ellbogen war er von grünbraunem Modder bedeckt.

»Oh«, sagte Karina. »So tief sah das Loch gar nicht aus.«

Anton wollte etwas erwidern, doch die Worte blieben

ihm im Hals stecken. Der Wächter war auf einmal neben ihm und sah ihn mit seinen geschlitzten Raubtieraugen bedrohlich an. War er mit einem einzigen Satz über den Teich gesprungen?

Selbst Karina wich zurück. Anton kauerte unbeweglich auf dem Boden und sah ganz aus der Nähe scharfe Zähne, eine feuchte Nase und helle Augen.

Anton konnte den Blick nicht von dem Jaguar wenden. Da veränderte sich etwas. Gerade hatte Anton noch in Angstschweiß gebadet, doch auf einmal entspannte er sich. Der schwarze Jaguar schnurrte, rieb seinen Kopf an Antons Kopf – und löste sich in schwarzen Rauch auf, der in eine mannsgroße Felsspalte hinter dem Wasserfall zog.

Anton musste eine ganze Weile hinsehen, bis er es glaubte: Direkt hinter dem Wasserfall hatte sich der Eingang zu einer Höhle geöffnet.

»Die Höhle der Götter!«, rief Eliana mit Tränen in den Augen.

»Sie sieht aus, als ob sie schon immer dagewesen wäre«, sagte Anton fasziniert.

»Das war sie auch«, hauchte Eliana. »Und du hast sie geöffnet!«

»Wahnsinn, Anton!«, meinte Karina.

In diesem Moment überkam Anton ein heftiger Schwindel, und er musste sich setzen.

»Mir wird ja ganz komisch«, stammelte auch Karina.

Anton bekam noch mit, dass Eliana sagte: »Keine Angst, die große Träumerin will zu uns sprechen.«

Dann verlor er das Bewusstsein für die Realität und fand sich am Wasserfall wieder. Ja, eigentlich waren Karina, Eliana und er genau dort, wo sie eben noch gewesen waren. Aber es war trotzdem nicht die Realität, sondern fühlte sich an wie ein Traum.

»Ich bin die große Träumerin«, hörte er eine sehr tiefe, sanfte Stimme. »Heute erscheine ich in der Gestalt des

Wächters.« Langsam und anmutiger denn je trat der schwarze Jaguar vor die drei Menschen.

»Die Höhle der Götter war hundert Jahre verschlossen«, erklärte er, ohne dabei sein Maul zu bewegen. »Nur derjenige konnte sie öffnen, der sie nicht öffnen wollte, und dabei fest an jemand anderen dachte.«

Anton empfand stille Freude. Lächelnd drehte er sich zu Karina um. Sie lächelte zurück und griff nach dem Onyxanhänger um ihren Hals – doch sie fand ihn nicht. Sie trug nur eine leere Kette.

Der Wächter wandte sich an Karina. »Der Jaguar, Karina, ist heimgekehrt. Behalte ihn immer in deinem Herzen. Wenn du es schaffst, dann kehre eines Tages zu uns zurück.«

Zuletzt drehte der Jaguar sich zu Eliana. »Ich habe dich ausgewählt, als Erste der Payana die Höhle zu betreten. Später werde ich dich dort erwarten.«

Der Jaguar löste sich, wie schon einmal, in schwarzen Rauch auf. Langsam verschwamm die Traumwelt und wich der Realität, die genauso aussah, sich aber ganz anders anfühlte.

»Ist das gerade wirklich passiert?«, fragte Anton staunend.

»Die Welt der großen Träumerin ist immer wirklich«, lachte Eliana auf. »Aber nun, Kinder, lasst uns baden!«

Und wirklich, Antons Arm stank noch immer entsetzlich nach der grünbraunen Brühe. Warum eigentlich nicht? Eliana würde sie bestimmt nicht in einen Piranhateich locken.

Fröhlich stimmte Anton zu.

»Oh ja, das ist eine tolle Idee!«, rief auch Karina.

Eliana watete in das flache Wasser des Teichs, und die Geschwister plantschten ihr mit all ihren Kleidern am Leib fröhlich hinterher.

Auch der Puma ließ sich in das Wasser gleiten und

schwamm Eliana hinterher. Da bemerkte Anton im umliegenden Dickicht mehrere braunhäutige Gesichter. »Sieh nur«, sagte er zu Karina. Seit wann waren sie dort?

Eliana folgte den Blicken der Kinder und erklärte: »Das sind die Payana, meine Familie.«

Sie winkte ihnen fröhlich zu, und die Kinder taten es ihr gleich.

Nachdem sie sich erfrischt hatten und Antons Arm wieder sauber war, verließen die Badenden das Wasser. Vor der Felswand flimmerte bereits eine Luftsäule, die Anton und Karina wieder nach Hause bringen würde.

»Mein Volk ist euch sehr dankbar«, lächelte Eliana und ging ein paar Schritte rückwärts. »Kommt einmal wieder!«

»Das werden wir!«, versprachen die Geschwister.

Eliana tauchte zu den anderen Payana ins Gebüsch. Auch der Puma schlich davon und war nicht mehr zu erkennen.

»Bist du bereit?«, fragte Karina.

»Ja, lass uns gehen!«, erwiderte Anton. Er legte einen Arm um die Schultern seiner Schwester, und gemeinsam betraten sie die flimmernde Luftsäule.

Ihn erfasste der altbekannte Schwindel, und wieder vergaß Anton für einen Moment, wer und wo er war. Einen Augenblick später fand er sich neben Karina auf dem weichen Rindenmulch des Tropenhauses wieder.

»Hey, unsere Kleider sind wieder ganz trocken«, bemerkte Karina.

Bevor Anton etwas erwidern oder vom Boden aufstehen konnte, vernahm er ganz in der Nähe die Stimme seiner Mutter. »Da sind die beiden ja!«

»Komisch, da haben wir vorhin schon nachgesehen«, meinte der Vater achselzuckend. »Hey, Anton, Karina, wo wart ihr denn?«

»Wir haben nach meinem schwarzen Jaguar gesucht«, erklärte Karina und zeigte ihnen die leere Halskette.
»Oh je«, meinte die Mutter. »Der schöne Anhänger!«
»Ja«, stimmte Anton ihr zu. »Wirklich schade, dass wir ihn nicht finden können.«
Da wurde die Familie von einem nahen Tumult abgelenkt.
»Mama, schläft der?«
»Hey, was ist denn mit Sergio los?« und
»Holt einen Tierpfleger!«, riefen die Leute durcheinander.
Anton und Karina sprangen auf und stoppten vor Sergios Glasscheibe. Der mächtige Körper des schwarzen Jaguars lag reglos auf der Seite.
»Sergio ist heimgekehrt«, flüsterte Karina Anton zu.

Eine Woche später, als Anton von der Schule nach Hause kam, lief Karina ihm aufgeregt entgegen.
»Komm, schnell, vor den Fernseher!«, rief sie.
Eine Nachrichtensendung berichtete von dem größten Erdrutsch, den Südamerika je gesehen hatte. Nach starken Regenfällen war ein beinahe siebzig Kilometer breiter Hang bis zu hundert Meter weit in die Tiefe gerutscht und hatte ein riesiges Gebiet unzugänglich gemacht.
»Bedauerlicherweise können wir nun nicht fortfahren, die Payana-Indianer zu erforschen«, näselte ein bebrillter Weißkittel in ein Mikrofon. »Auch die vielen Goldschürfer können ihre Arbeit nicht mehr verrichten. Eine schlimme Sache – keiner von uns kann sich das Unglück erklären. Das Gebiet galt nicht als erdrutschgefährdet.«
Das Fernsehen zeigte einen breiten Erd- und Felshang, von dem immer noch dicke Stränge braunen Wassers liefen.
»Menschliche Siedlungen kamen bei der Katastrophe nicht zu Schaden«, erklärte eine Nachrichtensprecherin.

»Kurz vor einer Militärbasis machte der Erdrutsch Halt. Bisher wurden nur fünf Personen als vermisst gemeldet.«
»Das ist der Wahnsinn, oder?«, meinte Karina.
»Ja«, erwiderte Anton verblüfft. »Ich freue mich für die Payana!«
»Weißt du was?« Karina sah ihn ernst an. »Ich werde nach Südamerika zurückkehren. Am besten gleich nach meinem Schulabschluss. Ich möchte so gern in einer Wildtierstation arbeiten!«
Anton wusste, wenn Karina sich etwas vorgenommen hatte, dann würde sie es auch tun.
»Ich werde dich bestimmt besuchen«, versprach er.

Sophie Jauch

Urwaldexpedition

Vanessa war auf dem Heimweg von der Schule und schlecht gelaunt. Die Sonne verschwand hinter der Wolke, die träge aus dem Schornstein des großen Kraftwerkes am Fluss kroch, und passte zu Vanessas düsterer Stimmung. Sie hatte keine Lust mehr auf dieses Leben. Immer ging es nur darum, mehr und mehr zu leisten und in allem immer gut zu sein. Ihre Mutter war streng, was ihre Tochter anging. Sie selbst war eine erfolgreiche Geschäftsfrau und betonte bei jeder Gelegenheit, wie wichtig eine ausgezeichnete Ausbildung war. Vanessa hasste es, das ewige Gerede über Erfolg, Selbstmanagement und Work-Life-Balance.

Ihre Mutter verlangte schulische Bestnoten in jedem Fach, zusätzlich musste sie in ihrer Freizeit noch Schachkurse, den Tennisverein, Geigenunterricht, eine chinesische Konversationsgruppe, Klavierstunden und Nachhilfeunterricht und einige andere Aktivitäten besuchen, die ihre Mutter für absolut unersetzlich hielt.

Vanessa hatte das Gefühl, unter der Last ihrer Termine und Verpflichtungen zu zerbrechen. Wenn Vanessa in ihren Terminkalender sah, kam er ihr vor wie ein dschungelartiges, undurchdringliches Geflecht, das sie einwickelte mit seinen langen Lianen und ihr langsam die Luft abschnürte. Wütend auf ihre Mutter und auf sich selbst, weil sie nichts gegen ihre furchtbare Eingeklemmtheit tun konnte, stapfte sie weiter und kickte eine Coladose vom Gehweg. Sie verfehlte das Gebüsch, rollte weiter und landete mit einem metallischen *Klonk* an der Metallstange eines Schildes.

Vanessa blickte auf und stellte verwundert fest, dass sie sich am Eingang des Stadtparkes befand. Sie war so in ihrem Selbstmitleid versunken gewesen, dass sie nicht bemerkt hatte, wie sie in die falsche Straße abgebogen war. Sie zögerte kurz, dann öffnete sie das Metalltor. Der kleine Stadtpark mit seinen Wiesen und dem Ententeich war der extreme Kontrast zu den modernen, verglasten Hochhäusern des Business- und Finanzviertels zwei Straßen weiter, das letzte Stück Natur zwischen den Großstadtschluchten.

Vanessa ging den kleinen, von Blumenwiesen gesäumten Weg entlang. Eigentlich hatte sie keine Zeit, hier herumzuspazieren, meldete sich ihr schlechtes Gewissen. Mama würde ausrasten, wenn sie zu spät nach Hause käme. Aber das war Vanessa egal. Sie hatte genug von dem starren Leben, das ihr aufgedrückt wurde, ohne dass sie gefragt wurde. Sie wollte die Regeln brechen und über sich selbst bestimmen. Es schien ihr, als hätte sie die Zwänge in den Mülleimer am Parkeingang gekippt, direkt neben das »Bitte halten Sie unseren Park sauber«-Schild.

Sie spazierte durch den Park, genoss ihre plötzliche Freiheit und Unbekümmertheit und fand eine versteckte kleine Ecke, ganz hinten am Zaun. Ein paar dichte Büsche waren so gewachsen, dass ihr Blätterdach eine kleine Höhle bildete.

Vanessa nahm ihren Ranzen ab und legte sich auf das weiche Gras, auf das die Sonne durch die Blätter ein Schachbrettmuster aus Licht und Schatten gezeichnet hatte. Unter dem dichten grünen Schirm fühlte sie sich gleichzeitig geborgen und frei, als wäre sie aus ihrem Leben verschwunden und trotzdem endlich angekommen. Aus dem kleinen, unscheinbaren Stadtpark wurde ihr Dschungel. Der Wind rauschte durch die Blätter, eine Spinne kletterte über ihr Bein, und eine Amsel bediente sich an den prallen Beeren des Busches. Sie kam sich vor wie eine Abenteurerin, eine mutige Forscherin auf einer

Mission durch den Urwald. Sie erkundete die Umgebung, roch an den gelben Blüten des Strauches und träumte von Abenteuern, vom Auswandern und von der wildesten Wildnis.

Ihr Handy klingelte, sie ignorierte es. Als es noch einmal klingelte, schaltete sie es aus. Vanessa legte sich zurück auf den weichen grünen Teppich und blieb einfach regungslos liegen, bis die Sonne hinter den Wolkenkratzern verschwunden war.

Als sie ihr Handy nahm, um die Uhrzeit abzulesen, sah sie, dass ihre Mutter sie siebzehn Mal angerufen hatte.

Auweia, das würde Ärger geben.

Stöhnend packte sie ihren Ranzen und warf einen letzten Blick auf ihr kleines Paradies.

Natürlich war Mama stinksauer. Warum sie nicht an ihr Telefon gegangen sei, wo sie überhaupt gesteckt habe, warum sie die Klavierstunde geschwänzt hätte – die üblichen Fragen einer überbesorgten Mutter.

Vanessa schaltete auf Durchzug.

Abends in ihrem Zimmer holte sie ihren Kalender aus der Tasche und suchte den nächsten freien Tag. Sie nahm einen dicken grünen Filzstift und notierte »Urwaldexpedition«. Vanessa legte den Stift zur Seite und sah aus dem Fenster, auf die verstopften Straßen und die grauen Häuser und den winzigen Zipfel des Stadtparkes, den man von hier aus sehen konnte. Großstadtdschungel, dachte sie und lächelte.

Heike Großmann

Wildes Uganda

Weites Gras- und Steppenland,
wie gemalt von Gottes Hand,
liegst in deiner schönsten Pracht,
zeigst die ungezähmte Macht.

Unbezwingbar, wild und rau,
sanft umrahmt vom Himmelsblau
lädst du ein, dich zu entdecken –
selt'ne Pfade, selt'ne Strecken.

Wenn auch schön, doch schwer zu zähmen.
Lässt nicht vieles von dir nehmen.
Leben ist ein hartes Brot,
ist ein Kampf – gar bis zum Tod.

Doch die Kraft ist schier unendlich.
Und das Land zeigt sich erkenntlich,
gibt Bananen, Maniok, Mais,
trotzt es ab – zum hohen Preis.

Erst im Dschungel ist es anders.
Hier zeigt sich das Herz Ugandas.
Pflanzen-Dickicht mit Schimpansen.
Bunte Vögel sind am Tanzen.

Große Blüten – schillernd schön.
Riesenbäume, die dort steh'n.
Es ist eine eig'ne Welt,
die aus Grün ist nur bestellt.

Draußen ist das Land sehr weit.
Hier schlägt eine and're Zeit.
Fressen und gefressen werden –
Löwen gegen Büffelherden.

Antilopen westwärts ziehen.
Oribis dem Kampf entfliehen.
Warzenschweine sich verstecken.
Nilpferde die Köpfe recken.

Elefanten und Giraffen
leben hier mit Bock und Affen,
ziehen ihre Jungen auf,
folgen so dem Jahreslauf.

Nach der langen Trockenheit
folgt die fruchtbar' Regenzeit.
Wassermassen sich ergießen,
lassen selt'ne Arten sprießen.

Selbst das trock'ne Steppenland
wandelt sich durch Zauberhand.
Nur das Wilde bleibt besteh'n,
zeigt Uganda hart und schön.

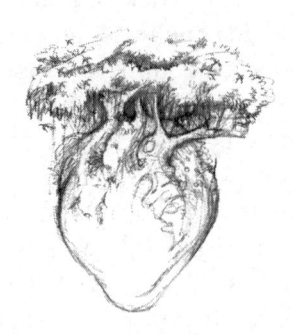

Michaela Weiß

Gefangen

»Nicht von der Gruppe entfernen!«
Das ist das Letzte, was ich von ihnen höre.
Aber ihre Worte erreichen mich nicht mehr.
Denn es ist bereits um mich geschehen.
Fasziniert wandern meine Augen durch das Meer. *Das Meer an Leben.*
Alles ist hier. Alles ist vereint. Alles ist unendlich. Ich laufe weiter, immer nur weiter. Sauge alles auf, was ich wahrnehme. Der Wald um mich herum ist gigantisch. Es ist so ... anders. Ganz anders als all das, was einen Tag für Tag umgibt.
Diese Reise habe ich mir mehr gewünscht als alles andere. Ich wollte den tropischen Regenwald schon immer sehen. Unbedingt.
All die Pflanzen, all die Farben, all diese Dynamik. Als junger Biologe habe ich gefunden, was ich immer gesucht habe: einen Ort voll von so viel unbändiger Kraft. Voll von purem Leben.
Die schwüle Hitze lässt mich schwerer atmen. Die Geräusche um mich herum – das Rascheln, das Knacken – raten mir zur Vorsicht. Aber dennoch. Dennoch muss ich weitergehen. Will ich mehr sehen. Tiefer diesen Urwald erkunden. Auf seine Geheimnisse stoßen.

Wir wohnen in einem Hotel. Kilometerweit weg von hier. Wir sind mit Jeeps unterwegs und haben für einen Moment Halt gemacht. Ich konnte nicht anders, als meine Füße selbst hier hindurchzubewegen. Es macht wirklich einen Unterschied, ob du diesen Wald mit lauten Motorengeräuschen durchdringst – oder ob du ihn in aller Stille in dich aufnimmst.

Die Bäume um mich herum werden dichter. Ihre Äste ragen weit ineinander, wie starke Gitter, die sich immer und immer mehr verweben – um alles Äußere fernzuhalten.

Doch ich gehe weiter. Immer und immer weiter. Suche mir einen Weg durch dieses Labyrinth. Ich kann nicht anders. Ich bin gefangen. In der Schönheit dieser Naturgewalt. In der Einzigartigkeit dieses faszinierenden Lebensraumes.

Ja, für einen Träumer wie mich – ist dies hier wohl das Paradies. Andere würden den Urwald wohl als Hölle bezeichnen. Wie leicht verläuft man sich? Wie vielen Gefahren ist man ausgesetzt? Was lauert hinter der nächsten Ecke?

Ich verstehe schon, dass nur die wenigsten meine Leidenschaft teilen. Doch, ja, das verstehe ich durchaus.

Aber – wie ist das noch mal in der Liebe? Alles andere wird dir egal. Die Faszination siegt. Über alle Gefahren, über jegliche Vernunft, über sämtliche Widersprüche. Ich sehe nur noch diese Einzigartigkeit. Diese Perfektion. All diese Tausenden und Abertausenden Zusammenspiele, die ein Ganzes erschaffen: diese tropische Welt voll von ihrem eigenen, ganz speziellen Leben.

Und dann spüre ich es. Diese Augen, die sich durch mich hindurch brennen.

Erschrocken halte ich inne. Und es wird still um mich herum. Dann starre ich ihnen entgegen. Den Augen dieses Menschen. Dieses Wildlings.

Neben dem Eingeboren taucht ein Wesen auf. Still, dunkel, unheimlich. Seine hellen Augen flackern mir gefährlich entgegen. Drohend, lauernd, eindringlich. Mein Körper spannt sich an, doch ich weiche nicht zurück. Ich beobachte die beiden. Genauso, wie sie mich beobachten.

Die Frau steht dort, aufrecht, ohne Angst. Neben ihr dieses dunkle Tier, dieser Panther. Er wirkt wie ihr Be-

gleiter, wie ihr Beschützer. Ist das möglich? Lassen sich solch wilde Tiere zähmen? Von Menschen, die ebenso wild aufwachsen wie sie selbst?
Noch immer starren sie mich an.
Als wäre ich ein unerwünschter Eindringling.
Ihre Blicke sind schneidend. Voller Argwohn.
Ich höre die junge Frau etwas sagen. Doch ich verstehe ihre Sprache nicht. Ich bin nicht sicher, ob es überhaupt eine Sprache ist, die außerhalb dieses Gebietes existiert.
Vielleicht ... hat das Volk, von dem sie stammt, eine ganz eigene Verständigung entwickelt.
Vielleicht sind sie Wächter dieses Waldes?
Vielleicht sind sie hier, weil *ich* hier nicht sein sollte?
Ihre Augen halten mich gefangen. Zwecklos, es gibt kein Entkommen. Ich versuche nicht einmal umzudrehen und zu verschwinden. Denn dafür bin ich zu fasziniert.
Ich will nicht gehen, flüstern meine Augen ihnen entgegen. Ich will etwas sagen, doch ich bringe kein Wort über die Lippen. Es wäre ohnehin nutzlos. Das Einzige, das wir miteinander sprechen lassen können – sind unsere Augen.

Das Tier beobachtet mich jetzt noch intensiver. Seine gelben Augen funkeln regelrecht im Schatten des grünen Dickichts. Ich entgegne den Blicken, ohne mit der Wimper zu zucken. Fest. Entschlossen. Und ohne Angst.
Und dann sehe ich ein Lächeln auf dem Gesicht der jungen Frau. Ganz leicht. Nur ganz kurz. Fast, als wäre es gar nicht dagewesen.
Der Blick in ihren Augen verändert sich.
Und plötzlich weiß ich, was sie verlangt: dass ich ihr folge.
Ich zögere. Einen ganzen Moment. Aber dann tue ich es doch. Ich laufe auf sie zu. Unsicher, vorsichtig. Doch

sie lassen mich gewähren. Und dann zeigen sie mir den Weg.

Lange Zeit streifen wir durch die Dichte des Waldes. Immer verwobener, immer verworrener, immer tiefer. Ich habe Mühe, Schritt zu halten. Die Eingeborene ist schnell zu Fuß. Geschickt, flink, wendig. Doch was erwarte ich auch anderes? Dies ist ihr Zuhause. Natürlich findet sie sich blind zurecht. Ich hingegen muss auf jeden Schritt achten, den ich setze.

Das Areal ist tückisch. Uneben, unübersichtlich, verwirrend. Doch sie kennt die Routen, die wir einschlagen können. Ihr Begleiter ist immer in der Nähe. Ich sehe ihn stets im Verborgenen, dicht an ihrer Seite huschend. Er wird einfach eins mit der Undurchdringlichkeit der Umgebung.

Irgendwann erreichen wir unser Ziel. Es ist ein Dorf. Ganz im Verborgenen, geschützt in den Wäldern, mit bloßem Auge schwer zu finden. Ich sehe ihre Behausungen und ihre Stützpunkte in den mächtigen Bäumen. Ich entdecke viele Augenpaare, die neugierig über die meinen huschen.

Dann kommen einige Männer auf uns zu. Es scheinen Krieger zu sein. Starke, unerschrockene Hünen. Sie tragen Waffen an ihrer Kleidung, und Entschlossenheit in ihren Gesichtern.

Ich wehre mich nicht, als sie mich überwältigen. Wehre mich nicht, als sie mir die Hände aneinanderbinden. Wehre mich nicht, als sie mich wie ein Vieh mit sich zerren.

Leise lächle ich. Es ist meine eigene Schuld. Ich hatte die Chance umzukehren – vorhin noch, als ich diese Frau und ihren Begleiter das erste Mal sah.

Aber ich wollte nicht gehen, wollte nicht wieder weg

von diesem Ort. Ich wollte meinen Traum nicht wieder gegen den Alltag eintauschen. Nein, nicht um alles in der Welt!

Nun haben sie mich hierhergeführt.
Und nun kann ich nicht mehr gehen.
Ich bin ein Gefangener.
Aber ist man gefangen, wenn man sich eigentlich nie woanders hin wünschte?

Gina Grimpo

Verschollen

Klatsch! Und schon wieder hatte eines dieser blutsaugenden Ungeheuer den schnellen Tod unter meiner noch schnelleren Hand gefunden.

Im Grunde war es keine große Leistung, einen Moskito zu erschlagen, aber irgendwie muss ich diese Erzählung ja gefahrenvoll und spannend machen.

Dschungelsafari! Vier Wochen mit einer Expedition durch einen Urwald Südamerikas reisen und nach möglicherweise noch unerforschten Tierarten suchen. Ein Traum, der sich vor einigen Monaten für mich erfüllte.

Mein Vater hat mir die Reise zu meinem achtzehnten Geburtstag geschenkt. Er ist ein wichtiger Sponsor der Expedition. Das ist auch der Grund, warum ich als Nichtforscher überhaupt daran teilnehmen durfte.

Und nun war es so weit. Ein ganzer Monat voller Spannung, Abenteuer und gefährlicher Tiere – so hatte ich jedenfalls gedacht. Aber weit gefehlt. Ich war jetzt gerade Mal zwei Tage hier, und schon begann der Dschungel, mir gehörig auf die Nerven zu gehen. Die schwüle Hitze war unerträglich, unzählige Moskitos attackierten uns, und das gefährlichste Tier, das ich bisher entdeckt hatte, war eine Riesenschlange gewesen, die sich bei näherem Hinsehen als grüner Ast entpuppte.

Mit der »hochinteressanten Vegetation«, von der alle Expeditionsmitglieder so begeistert waren, konnte ich nichts anfangen. Mich interessierten Orchideen und anderes Gewächs nun mal nicht.

Professor Andrews, Leiter der Expedition, versuchte eifrig, mich vom Gegenteil zu überzeugen. Minutenlang schwadronierte er nun schon über irgendein Grünzeug.

Ich sah mich gelangweilt um. Von den eigentlich fünfzehn Expeditionsmitgliedern war im Moment nicht viel zu sehen. Fast alle waren mit Lupen und Messgeräten zwischen den Bäumen verschwunden.

Hinter mir hörte ich ein Geräusch. Ich drehte mich um. Patricia Andrews, die Nichte des Professors, marschierte geradewegs auf mich zu.

»Jerome Parker! Wir bauen jetzt das Lager auf, und es wäre äußerst hilfreich, wenn du mitmachen und nicht nur Löcher in die Luft starren würdest.«

Ich öffnete den Mund, um etwas zu sagen, überlegte es mir dann aber doch anders. Pat widersprach man einfach nicht, und wenn ich sie ansah, brachte ich ohnehin keinen vernünftigen Satz zustande. Pat hatte eine Wahnsinnsfigur, und ihre braune Haarmähne und ihre intensiven Augen brachten mich jedes Mal um den Verstand, wenn ich sie sah.

Genau wie jetzt. Ich wurde knallrot und stotterte vor mich hin.

Pat sah mich auffordernd an. »Also, Jerome, kommst du jetzt?«

»Ich ... äh ... also ... okay«, stotterte ich, und mein Gesicht nahm immer mehr die Farbe einer reifen Tomate an.

Pat lächelte mich hochmütig an und lief betont langsam an mir vorbei zu dem allmählich Gestalt annehmenden Lager.

Ich trottete hinterher und ärgerte mich über mich selbst. Ich war verrückt nach ihr, und das wusste sie. Genauso wie sie wusste, dass ich den Namen Jerome hasste. Für alle anderen war ich einfach nur Jerry. Jerry und nicht Jerome Parker, der Typ, der nur mitdurfte, weil sein Daddy viel Geld hatte.

Ich begann, mein Zelt aufzubauen. Plötzlich hörte ich lautes Geschrei, das von einer Lichtung ganz in der Nähe des Lagers kam. Ich ließ alles stehen und liegen, um nachzusehen, was dort los war. Als ich auf die Lichtung trat, bot sich mir ein erstaunlicher Anblick. Fünf Männer standen dort im Halbkreis und zielten mit ihren Gewehren auf etwas, das neben einem Baum stand, dessen Namen ich vergessen hatte.

Ich trat näher und hob erstaunt die Augenbrauen. Das »Etwas«, auf das die Männer zielten, war ein etwa sechzehnjähriges Mädchen.

Ich hatte noch nie einen so seltsam aussehenden Menschen gesehen. In den schwarzen, verfilzten Haaren hingen Blätter, und die knapp bemessene Kleidung schien aus einer Art grünem Leder zu bestehen. Über ihren linken Oberarm zog sich eine große Narbe, und auch der Rest ihres Körpers war von Kratzern und Schnitten nicht gerade verschont geblieben.

Die Lichtung wurde langsam voller, und die dunklen Augen des Mädchens schwirrten feindselig umher. Ich erkannte, dass sie einen kleinen Dolch vor sich hielt und hätte fast aufgelacht. Sie hatte offenbar noch nie in ihrem Leben ein Gewehr gesehen, denn sonst wüsste sie, dass sie mit ihrer Waffe nichts dagegen ausrichten konnte.

Wie aus dem Nichts tauchte plötzlich Pat neben mir auf. Sie stellte sich zu einem der bewaffneten Männer. »Was ist hier los?«

Ich verstand nicht, was der Mann antwortete, aber es schien ihr zu gefallen. Mit einem zufriedenen Lächeln wandte sie sich zu mir um. »Jerry«, begann sie, »du gehst doch bald aufs College, nicht wahr?«

Ich nickte irritiert, und Pats Lächeln wurde noch breiter. »Und du hast Verhaltenspsychologie belegt, oder?«

Wieder nickte ich. Was wollte sie nur von mir?

»Weißt du, die Kleine da ist eine Tierschützerin. Sie will verhindern, dass wir hier lagern.« Sie drehte ihren Finger neben der Schläfe. »Sie ist nicht mehr ganz dicht. Aber ich dachte, dass du ihr als angehender Verhaltens-

Student doch zureden könntest. Überzeug sie davon, uns in Ruhe zu lassen.«

Ich weiß nicht, woran es lag. Daran, dass Pat es war, die mich um diesen Gefallen bat, oder daran, dass ich ihr endlich beweisen wollte, dass ich kein kompletter Vollidiot war. Jedenfalls setzte ich mich langsam in Bewegung und ging vorsichtig auf das Mädchen zu.

Warum hatte Pat nur so einen großen Einfluss auf mich?

Das Mädchen war unter Garantie keine Tierschützerin. Ich vermutete, dass sie tatsächlich hier im Dschungel lebte.

Etwa anderthalb Meter vor ihr blieb ich stehen. Ich hätte es nie zugegeben, aber der Dolch flößte mir doch einen gehörigen Respekt ein. Doch wenn ich jetzt klein beigab, wäre ich bei Pat endgültig unten durch.

Ich hob beschwichtigend die Hände, und das Mädchen beobachtete jede meiner Bewegungen. Dadurch wirkte sie wie eine menschliche Raubkatze, und das beunruhigte mich noch mehr.

»Ganz ruhig«, murmelte ich, »ich tu dir nichts.« Ich kam mir dabei total bescheuert vor. Sie sprach wahrscheinlich noch nicht einmal meine Sprache. Vielleicht konnte sie auch gar nicht sprechen.

Ich zeigte auf mich und sagte »Jerry«, dann wies ich auf sie.

Das Mädchen starrte mich nur verständnislos an. Ich zeigte erneut auf mich, wiederholte meinen Namen und wies dann wieder auf sie.

Ich hätte nicht damit gerechnet, doch nach einigem Zögern antwortete sie: »Tari.«

Ich redete weiter auf sie ein, obwohl ich immer noch nicht wusste, ob sie mich verstand. Nach einer Ewigkeit, wie es mir vorkam, konnte ich sie davon überzeugen, dass von mir keine Gefahr ausging.

Unendlich langsam ließ sie den Dolch sinken, und im selben Moment sprangen zwei Männer auf sie zu und packten sie an den Armen. Sie zerrten Tari an mir vorbei zum Lager, und sie sah mich dabei hasserfüllt an.

Ich sah mich verwirrt um. Was war hier los?

Pat kam lächelnd auf mich zu und legte ihre Arme um meinen Hals.

»Ich danke dir«, säuselte sie, »diese Expedition wird in die Geschichte eingehen.«

Ich starrte sie nur verwirrt an.

Pat deutete mit ihrem Kopf in Richtung Lager. »Verstehst du nicht? Ein Mädchen, das seit Jahren abgeschieden von jeglicher Zivilisation im Dschungel überlebt hat. Das ist eine Sensation!«

Ich schüttelte den Kopf. »Unsinn«, sagte ich, »jetzt übertreib mal nicht. Wir sind schließlich nicht die erste Expedition, die einen Urwaldbewohner entdeckt.«

»Aber wir werden die erste sein, die einen Urwaldbewohner mit nach New York bringt.«

»New York?«, entfuhr es mir. »Ihr könnt sie doch nicht nach New York bringen! Sie ist schließlich keine Pflanze, die man eintütet und mitnimmt.«

Pats Gesicht nahm wieder ihren hochmütigen, mich verachtenden Ausdruck an. »Das ist nicht mein Problem«, sagte sie kalt, »die Kleine wird uns allen viel Geld und auf die Titelseiten der angesagtesten Magazine bringen. Ruhm und Reichtum – was braucht der Mensch mehr?«

Wütend lief ich zum Lager zurück. Niemand war zu sehen. Wahrscheinlich waren gerade alle damit beschäftigt, Tari zu untersuchen, als wäre sie irgendein Zootier.

Es wurde allmählich dunkel, und ich hielt es für besser, mein Zelt aufzubauen und darin zu verschwinden. Ich war unglaublich müde und konnte keinen vernünftigen Gedanken mehr fassen. Morgen würde ich mit Prof.

Andrews reden. Er konnte Tari nicht allen Ernstes mit nach New York nehmen wollen!

Aus dem erhofften Schlaf wurde nichts. Ich wälzte mich unruhig hin und her und zog mich schließlich entnervt wieder an. Dann würde ich eben schon jetzt mit dem Professor reden.

Als ich sein Zelt betrat, wandte er mir den Rücken zu. In einer Ecke entdeckte ich Tari.

»Professor«, begann ich.

Er drehte sich um. Er sah ziemlich erschöpft aus und tupfte sich mit einem Taschentuch über die Stirn. Er lächelte. »Sie ist stärker, als ich dachte. Ich musste ihr ein Beruhigungsmittel geben.« Er hielt eine Spritze hoch.

Ich sah zu Tari. Sie warf mir einen bösen Blick zu und begann dann, in einer fremden Sprache auf mich einzuschimpfen.

Das Beruhigungsmittel hatte kaum gewirkt. Jeder Muskel von Taris Körper war angespannt, und sie zitterte. Ob vor Wut oder Angst, ließ sich nicht sagen.

Prof. Andrews betrachtete sie glücklich. »Wir werden ihr Englisch beibringen, dann wird sie uns alles über sich und ihr Leben erzählen können.«

Ich seufzte. Professor Andrews meinte es bestimmt nicht böse, aber ich musste ihm trotzdem ins Gewissen reden. Ich öffnete den Mund, und im selben Moment brach draußen die Hölle los. Ich hörte lautes Gebrüll, einen Schuss und schließlich einen Schrei. Die Stille der Nacht wurde von einem unerträglichen Lärm erfüllt.

Professor Andrews trat zum Zelteingang. »Was zum …« Weiter kam er nicht, denn eine riesige Hand packte ihn an der Schulter und zerrte ihn nach draußen.

Ich wollte hinterher, doch etwas Großes, Muskulöses versperrte mir den Weg. Ich blickte auf und sah in das Gesicht eines grimmig dreinblickenden Mannes, dessen schwarzer Bart beinahe sein ganzes Gesicht bedeckte. Die

Kleidung, die er trug, sah der Taris sehr ähnlich. Die beiden schienen sich zu kennen, denn der Mann redete in der fremden Sprache auf sie ein, und sie antwortete, wobei sie auf mich zeigte.

Ich sah sie unsicher an. Was ging hier vor?

Aus dem Augenwinkel bemerkte ich auf einmal, wie der Mann hinter mir zum Schlag ausholte. Ich duckte mich, doch es war zu spät. Ein harter Gegenstand krachte auf meinen Hinterkopf, und ich verlor das Bewusstsein.

Wach wurde ich durch meine rasenden Kopfschmerzen. Ich stöhnte und öffnete blinzelnd die Augen. Verwirrt sah ich mich um. Wo war ich hier?

Ich untersuchte den winzigen Raum, in dem ich mich befand. Viele Möbel hatte er nicht. Ich selbst lag in einem schmalen Holzbett, neben dem ein kleiner Holztisch stand. An der gegenüberliegenden Wand stand ein vollgestopftes Regal, das ebenfalls, wie der komplette Raum, aus Holz bestand. Der Raum hatte einen Eingang, aber keine Tür. Draußen war es taghell, und der gleißend blaue Himmel blendete mich.

Ich kniff die Augen zusammen, als eine Gestalt den Raum betrat. Es war Tari. Sie stellte eine mit Obst gefüllte Schale auf den Tisch neben meinem Bett und wandte sich dann wieder zum Gehen.

Ich richtete mich auf und ignorierte das Pochen in meinem Hinterkopf. »Tari, warte! Wo bin ich hier?«

Tari reagierte nicht.

Ich schwang mich aus dem Bett und folgte ihr nach draußen. »Warte«, rief ich – und blieb abrupt stehen. Ich stand auf einem schmalen, umzäunten Holzweg, der um das Haus, das ich gerade verlassen hatte, führte. Dahinter befand sich nichts. Nichts, bis auf einen Hunderte von Metern tiefen Abgrund.

Mit pochendem Herzen sah ich mich um und entdeckte, dass das Haus an einer Felssteilwand gebaut war. Die ganze Felswand war übersät mit diesen Holzbauten, und die einzelnen Häuser waren durch wackelige Hängebrücken und Strickleitern miteinander verbunden.

Auf einer dieser Hängebrücken stand Tari, die sich gar nicht daran zu stören schien, dass sie Hunderte von Metern über dem sicheren Boden stand.

Ich trat auf die Brücke und bemühte mich, nicht nach unten zu sehen und das leise Knacken zu überhören.

»Tari, warte! Du kannst mich doch nicht einfach hierlassen!«

Sie ging weiter, den Blick stur geradeaus gerichtet.

»Tari, bitte ...«, flehte ich.

Die Brücke schwankte bedrohlich.

»Ich habe Angst.«

Tari blieb stehen.

Sie drehte sich um. »Dann weißt du ja, wie ich mich gefühlt habe.«

Ich glaubte, meinen Ohren nicht zu trauen. »Du kannst mich verstehen?« Eine mehr als überflüssige Frage.

Sie nickte und blickte dann über ihre Schulter nach hinten. »Geh zurück in die Hütte. Keran würde es nicht erlauben, dass du hier herumläufst.«

»Wer ist Keran?«

»Der Krieger, der dich niedergeschlagen hat«, sagte Tari, als wäre es das Normalste der Welt. Dann bugsierte sie mich zurück in die Hütte und steckte mich ins Bett. »Da bleibst du jetzt!«, befahl sie und wandte sich wieder zum Gehen.

Ich griff nach ihrer Hand, um sie zurückzuhalten, und sie zuckte zusammen, als hätte ich ihr einen Elektroschock verpasst. Sie wirkte jetzt wieder wie ein Raubtier, das sich jeden Moment auf mich stürzen würde. Leiser als beabsichtigt fragte ich: »Was ist mit Professor Andrews und den anderen passiert?«

Tari zuckte gleichgültig mit den Schultern. »Vielleicht irren sie irgendwo im Dschungel herum. Ein paar sind, glaube ich, tot.«

Tot!

Diese Expedition entwickelte sich immer mehr zu einem Albtraum.

»Sie haben es verdient«, sagte Tari grimmig. »Sie wollten mich hier wegbringen, und sie haben unsere Krieger angegriffen.« Als sie mein schockiertes Gesicht sah, fügte sie hinzu: »Merk dir eins: Entweder du tötest – oder du wirst getötet. Halte dich daran, oder du wirst die Sonne nicht mehr oft aufgehen sehen.« Sie drehte sich um und ging.

Dieses Mal versuchte ich nicht, sie zurückzuhalten. Ich starrte aus dem Fenster und überlegte mir, wie ich aus dieser Lage wieder herauskommen konnte. Diese Verrückten waren gefährlich und schreckten selbst vor Mord nicht zurück.

Die Stunden vergingen, und ich wurde immer hungriger. Die Früchte sahen von Stunde zu Stunde verlockender aus, aber ich rührte sie nicht an. Tari war wütend auf mich, vielleicht sogar wütend genug, um mich zu vergiften.

Draußen war es schon lange dunkel, als ich es endlich schaffte, mit knurrendem Magen einzuschlafen.

Mein Hunger war es auch, der mich wenige Stunden später wieder weckte. Ich stieg aus dem Bett und warf dem Obst einen sehnsüchtigen Blick zu. Dann wandte ich mich dem Eingang zu. Ich musste hier weg, doch ich kam nicht weit. Tari versperrte mir den Weg.

»Hast du keinen Hunger?«, fragte sie mit einem Blick auf die Früchte.

»Nein«, log ich und sprach dabei möglichst laut, um meinen knurrenden Magen zu übertönen.

Tari zuckte mit den Schultern. »Dann eben nicht«,

sagte sie, ging auf die Schale zu, nahm eine Frucht heraus und biss hinein.

»Sie sind nicht vergiftet?«

Tari hob erstaunt die Augenbrauen. »Würde ich sie sonst essen?«

Ich biss mir auf die Lippe. Offenbar hatte ich laut gedacht.

Tari zog ihren Dolch aus einem Gürtel, den sie um die Hüfte trug, und setzte ihn mir auf die Brust. »Glaub mir, wenn ich dich hätte umbringen wollen, dann hätte ich es längst getan.«

Ich glaubte ihr aufs Wort. Der Dolch stach unangenehm in meine Haut, und ich wollte ihre Hand packen und sie von mir wegschieben, doch als ich nach ihrem Handgelenk griff, zuckte sie zurück und verließ eilig den Raum.

Ich starrte ihr verwundert hinterher. Was sollte ich jetzt davon halten? Einerseits bedrohte sie mich, andererseits schien sie Angst vor mir zu haben.

Ich grübelte nicht lange über Taris seltsames Verhalten und machte mich über das Obst her. Nachdem ich mich endlich gesättigt hatte, beschloss ich, mich draußen umzusehen. Höhenangst hin oder her, ich musste einen Weg hier heraus finden.

Als ich das Dorf erkundete, stellte ich fest, dass es keinen Weg nach oben über die Felswand gab. Ich saß in der Falle.

Resigniert machte ich mich auf den Weg zurück zu der Hütte. Unterwegs begegneten mir einige Krieger des Dorfes, die mich nicht gerade freundlich ansahen. Allerdings versuchten sie nicht, mich festzuhalten. Warum auch? Ich konnte hier nicht weg, und das wussten sie.

Tari kam mich bald wieder besuchen und brachte mir eine neue Schale Obst. Sie schien mit einem Mal bester Laune zu sein, und ich nutzte die Situation, um etwas aus hier herauszubekommen, das mir vielleicht weiterhelfen könnte. »Woher kannst du eigentlich so gut Englisch?«, fragte ich sie.

»Als ich noch klein war, kam durch Zufall ein Mann namens Smith in dieses Dorf. Wir konnten ihn nicht mehr gehen lassen, weil er sonst unsere Existenz verraten hätte.« Sie warf mir einen strafenden Blick zu. »Ihr Forscher habt einfach keinen Respekt vor dem Fremden. Alles müsst ihr untersuchen und der Öffentlichkeit preisgeben. Ich hatte Smith oft besucht, er interessierte mich, und er brachte mir seine Sprache bei.«

»Wo ist dieser Smith?«, wollte ich wissen.

»Er ist nicht mehr hier.«

Ich schöpfte Hoffnung. Vielleicht gab es ja doch noch eine Möglichkeit zu entkommen.

Doch dann sagte Tari: »Er ist letzten Winter gestorben.«

Mein Herz sank mir in die Hose. Das waren ja schöne Aussichten. Ich würde also den Rest meines Lebens hierbleiben müssen. Auf ewig im Dschungel verschollen. Warum wollte ich auch unbedingt an dieser Expedition teilnehmen?

Tari kam mich jeden Tag besuchen. Sie brachte mir Essen und Trinken und erzählte mir alles, was ich wissen wollte. Ich freute mich jedes Mal, wenn sie vorbeikam. Sie war die Einzige, mit der ich reden konnte.

Tage vergingen, und ich verlor jegliches Zeitgefühl. Ich wusste nicht, wie lange ich nun schon im Dorf lebte, aber ich begann es zu hassen! Es machte mich wahnsinnig zu wissen, dass ich nie wieder hier herauskommen würde. Es hinderte mich niemand daran, im Dorf herumzulaufen und trotzdem war ich ein Gefangener.

Als ich eines Tages wieder die Zeit damit totschlug, auf meinem Bett zu liegen und die Decke anzustarren, kam Tari zu mir.

»Komm mit«, sagte sie knapp und ging voraus.

Ich folgte ihr neugierig, und sie führte mich quer durch das Dorf zu einer Stelle, an der die Felswand mit Kletterpflanzen überwuchert war.

Tari sah mich eindringlich an. »Keran darf nicht erfahren, dass ich dir das zeige. Versprich mir, dass du es niemandem erzählst!«

»Verspochen«, sagte ich und wurde immer neugieriger.

Tari griff nach den Pflanzen und zog sie zur Seite. Dahinter befand sich nicht, wie erwartet, eine Felswand, sondern ich sah einen schmalen, dunklen Gang, der ins Felsinnere führte.

Tari stieg in den Gang, und ich folgte ihr mit einem leicht mulmigen Gefühl.

Je weiter wir in den Fels eindrangen, desto dunkler wurde es. Es ging bergauf, und ich orientierte mich an Taris Schritten. Nach einigen Minuten konnte ich meine Umgebung wieder einigermaßen erkennen. Es wurde heller, und Sekunden später standen Tari und ich wieder im Tageslicht.

Ich sah mich um. »Wo sind wir?«, fragte ich, doch meine Frage beantwortete sich von selber. Ich blickte hinter mich und sprang erschrocken zurück, weg von dem Abgrund. Wir standen auf der Felsklippe, unter uns lag das Dorf.

»Ich darf dir diesen Geheimgang eigentlich nicht zeigen. Die anderen befürchten, dass du flüchten würdest.«

»Woher weißt du, dass ich es jetzt nicht versuche?«

Sie lächelte mich traurig an. »Du würdest im Dschungel keine zwei Tage überleben.«

Womit sie recht hatte. Es war wieder dasselbe Prinzip. Ich konnte gehen, wohin ich wollte, und war trotzdem noch ein Gefangener.

Es war zum Verzweifeln! Und trotzdem dankte ich ihr

dafür, dass sie mir den Gang gezeigt hatte. Es war eine willkommene Abwechslung.

Tari und ich schlichen uns von nun an fast täglich aus dem Dorf und durchstreiften das Unterholz. Ich erzählte Tari dabei mehr, als ich meinem eigenen Tagebuch anvertraut hätte, wenn ich eins geführt hätte.

Die Tage vergingen, und ich hatte es eigentlich nicht schlecht im Dorf. Ich wurde gut behandelt, hatte keine Verpflichtungen, und die Erkundungen im Urwald brachten Abwechslung in meinen Alltag. Dennoch spielte ich jeden Tag mit dem Gedanken zu flüchten.

Warum ich es nicht tat? Aus zwei Gründen: Selbst wenn mir die Flucht gelang, ich hatte keine Ahnung, wohin ich gehen sollte. Alleine war ich im Dschungel aufgeschmissen.

Der zweite Grund war, dass Tari erhebliche Schwierigkeiten bekommen würde, und das wollte ich ihr nicht antun. Also blieb ich.

An einem dieser Tage, wo Tari und ich wieder den ganzen Tag außerhalb des Dorfes verbracht hatten, dämmerte es schon, als wir uns wieder durch den Geheimgang zurückschlichen.

Es erstaunte mich immer wieder, dass die anderen Dorfbewohner wegen unserer ständigen Abwesenheit nicht misstrauisch wurden. Keiner schien es zu merken, dass wir oft Stunden nicht im Dorf waren, und das wunderte mich. Doch solange keiner misstrauisch wurde, konnte ich wenigstens gehen, wohin ich wollte.

Wir betraten den Tunnel. Es war wie immer stockdunkel, doch dieses Mal übernahm Tari nicht die Führung. Ich kannte den Tunnel mittlerweile so gut, dass ich allen Stolperfallen mühelos ausweichen konnte.

Mit einem Mal prallte ich gegen etwas Großes, Schweres. Hinter mit stieß Tari einen erstickten Laut aus. Ich tastete den Felsen verwundert ab.

Der war doch vorher noch nicht dagewesen?!

War er auch nicht, denn plötzlich packte mich der Felsen und zog mich ins Licht. Es war Keran!

Habe ich mich gewundert, dass die Dorfbewohner nicht misstrauisch wären? Tja, ich wünschte, sie wären es wirklich nicht. Seitdem Keran mich erwischt hatte, war das Leben im Dorf nicht gerade das, was man ein Leben nennen konnte. Seit drei Tagen saß ich schon in der Hütte fest und wurde bewacht. Von Tari hatte ich in der Zeit nichts gehört. Ich hoffte, dass sie wegen mir keine Schwierigkeiten bekam, doch wahrscheinlich hoffte ich umsonst. Wieder einmal verfluchte ich mich dafür, dass ich überhaupt auf diese dämliche Expedition mitgekommen war.

Während ich vor mich hingrübelte, legte sich plötzlich eine Hand auf meinen Mund. Ich wirbelte herum. Tari stand hinter mir und legte ihren Finger auf die Lippen.

»Sei still«, flüsterte sie, »ich darf eigentlich gar nicht hier sein.«

Ich war so überglücklich, sie zu sehen, dass ich sie spontan umarmte, und dieses Mal zuckte sie vor der Berührung nicht zurück. Dennoch merkte ich, dass sie sehr angespannt war.

Ich ließ sie los und sah sie an. »Ich habe mir solche Sorgen gemacht. Hat Keran dir was getan?«

Sie schüttelte energisch den Kopf, doch der blaue Fleck auf ihrer Wange erzählte eine andere Geschichte. Ich streckte meine Hand danach aus, doch sie wich mir aus.

»Was willst du hier?«, fragte ich sie.

Tari lief zur Tür. »Dich hier wegbringen. Komm mit!«

Ich zögerte. »Was ist mit den Wachen?«

»Die schlafen. Als ich ihnen Essen brachte, ist mir aus Versehen einen Pflanze mit betäubender Wirkung hineingefallen.«

Ich folgte ihr und stellte fest, dass die Wachen tatsächlich schnarchend auf dem Boden zusammengesunken waren.

Es war Nacht, und wir kamen unbemerkt durch den Geheimgang aus dem Dorf heraus. Tari drängte mich immer mehr zur Eile, und ich verstand erst nicht warum, bis ich Stimmen hörte. »Die Expedition«, stieß ich hervor.

Tari schüttelte den Kopf. »Ein Suchtrupp.« Sie sah mich an. Ihre Augen glänzten mehr als sonst, und sie blinzelte verdächtig oft.

»Und jetzt verschwinde, bevor ich es mir anders überlege!«, sagte sie mit brüchiger Stimme.

»Aber was ist mit Keran?«

Sie zuckte mit den Schultern. »Was soll schon mit ihm sein? Dir ist eben durch Zufall die Flucht gelungen. Was habe ich damit zu tun? Die Wachen werden nie zugeben, dass sie geschlafen haben.«

Plötzlich stand sie nicht mehr neben mir, sondern verschwand zwischen den Bäumen. Der Grund dafür kam mit wehenden Haaren auf mich zumarschiert.

»Jerry, Gott sei Dank, da bist du ja! Ich bin fast krank geworden vor lauter Sorge um dich.«

Unglaublich, aber wahr, das kam von Pat, die offenbar alle Hebel in Bewegung gesetzt hatte, um mich zu finden. Wie es aussah, war ich jetzt kein Loser mehr für sie. Es ist echt erstaunlich, wie schnell Menschen ihre Meinung ändern. Lass dich von ein paar Dschungelbewohnern entführen – und schon liegen dir die Frauen zu Füßen.

Ich sah zögernd zu Tari hinüber. Sie hatte sich hinter einem Baum versteckt und legte beschwörend den Finger auf die Lippen.

Pat scharwenzelte immer noch um mich herum. »Jerry, ist alles in Ordnung? Du bist so komisch.«

Ich schüttelte nur den Kopf und ging dem Suchtrupp

entgegen. Nicht, um endlich nach Hause zu kommen, das war mir jetzt nicht mehr wichtig. Ich wollte nur nicht, dass Tari entdeckt wurde.

Nach der Rettungsaktion aus dem Dschungel dauerte es nur noch wenige Tage, bis meine Familie mich am Flughafen in New York überglücklich in Empfang nahm. Ihnen, und auch allen anderen, erzählte ich, dass ich nach dem Angriff aus dem Lager gelaufen wäre und mich im Dschungel verlaufen hätte. Alle kauften mir diese Geschichte ab, alle, bis auf Pat, doch das war mir egal. Sogar Pat selber war mir mittlerweile egal.

Ich traf sie einige Wochen später, als sie mit ihren Freundinnen einkaufen ging. Lächelnd kam sie auf mich zu, und die Mädchen, die bei ihr waren, kicherten. Wer weiß, was Pat ihnen über mich erzählt hatte.

»Hi, Jerry«, säuselte sie zuckersüß, »wie fühlst du dich nach diesem schrecklichen Erlebnis?«

Normalerweise wäre ich in den siebten Himmel abgehoben und hätte angefangen zu stottern. Stattdessen antwortete ich: »Viel zu gut für dich.« Und ließ sie mit ihrem dummen Gesicht und den noch dümmeren Freundinnen stehen.

Zufrieden machte ich mich auf den Weg nach Hause. Verhaltenspsychologie würde ich auf jeden Fall abwählen.

Volker Liebelt

Das dritte Auge

»Steve?«

»Ja, Mr. Watson?«

Der alte Mann stand neben einem der eisernen, mehrlagigen Regale, die sich durch den verwinkelten Raum zogen und fast bis zur Decke reichten. Sie waren mit vielen tausend Büchern gefüllt, die die Buchhandlung zum Verkauf anbot. Kleine, abziehbare Papierschilder, auf denen jemand mit schwarzen Druckbuchstaben die Namen der Autoren geschrieben hatte, klebten an den Regalfächern und erleichterten kauffreudigen Menschen die Orientierung.

»Wir machen alles so wie besprochen«, sagte er und wartete, bis Steve einen Stapel Bücher auf den Tisch gelegt hatte und zu ihm kam. »Ich schätze, dass ich zurück sein werde, ehe wir den Laden öffnen. Sonst bist du in der Pflicht. Aber du hast ja schon öfter kassiert, und die meisten Kunden stöbern sowieso nur ein wenig.«

»Kein Problem. Sie können sich auf mich verlassen.«

Mr. Watson blickte den sechzehnjährigen Jungen einige Sekunden an, und Steve verzog das Gesicht zu einem gequälten Grinsen, während er mit dem Kopf nickte. Ob der alte Mann etwas ahnte?

Der nahm die braune Jacke vom Garderobenhaken, setzte eine dunkelgraue Baskenmütze auf und klopfte sich mit der Hand auf die Hosentasche, sodass die einzelnen Schlüssel gegeneinander schlugen und metallisch klirrten. Er öffnete die verglaste Eingangstür und trat auf die Straße. Eine silberne Glocke stieß einen hellen Klingelton aus, der sich mit den Geräuschen der vorbeifahrenden Autos mischte und leise verklang, als Steve die Tür zudrückte, von innen abschloss und durch das Fenster beobachtete, wie Mr. Watson auf dem Bürgersteig entlanglief. In wenigen Minuten würde er das Chinarestaurant am Ende der Straße, Ecke Bridgestreet, erreichen, an der lebensgroßen Buddha-Figur aus Porzellan vorbeigehen und über einen weinroten Teppich, der einige, kaum wahrnehmbare Schmutzflecken besaß, den Innenraum betreten, so wie er das jeden Dienstagmittag tat. Er würde ein Glas Rotwein, eine große Portion Bratnudeln mit Hühnerfleisch und eine Schale Reis bestellen und frühestens in einer dreiviertel Stunde zurückkehren.

Steve überlegte. Die Zeit müsste reichen. Er hastete zu dem braunen Eichenschreibtisch, der in der Ecke stand, hinten links, wenn man den Laden betrat, zog die oberste Schublade auf, griff unter den blauen Aktenordner, in dem Mr. Watson die Rechnungen abheftete, nachdem er sie bezahlt hatte, und holte ein schwarzes Mäppchen heraus. Er zerrte an dem silbernen Reißverschluss, entnahm einen Schlüssel und steckte ihn in die Tasche, während er das Mäppchen zurück in die Schublade legte. Dann eilte er zu der braunen Holztür, an der ein goldenes Schild mit der Aufschrift *Privat* befestigt war und öffnete sie.

In dem Raum dahinter stand ein rechteckiger Tisch mit drei Stühlen, ein Kühlschrank, in den Steve regelmäßig seine Sprudelflasche legte, ein Waschbecken mit einem Spültisch und ein Besenschrank, in dem es nach Putzmitteln roch, wenn Steve ihn morgens öffnete und seinen Rucksack hineinstellte. Neben dem Besenschrank gab es eine weitere Tür, die immer verschlossen war.

»Eine Abstellkammer, nichts weiter«, hatte Mr. Watson gesagt, als Steve an einem Montagmorgen seinen Ferienjob antrat und die Räume besichtigte. Er merkte sofort, dass der alte Mann log, und als er in seine Augen schaute, wirkten sie kalt und leer, und der Junge blickte schnell zur Seite.

Mr. Watson schien in diesem Moment seltsam entrückt, als befänden sich seine Gedanken in einer fremden Welt, weit weg von hier, und die sterbliche Hülle seines verfallenden Körpers schwankte hin und her. Der Zustand dauerte nur wenige Sekunden, dann lächelte Mr. Watson, sprach ein paar Worte zu ihm und wandte sich ab.

Steve folgte damals einem plötzlichen Impuls, presste seinen Kopf gegen die Tür und lauschte. Die Holzplatte zitterte leicht, und er spürte, dass sich dahinter etwas Unheilvolles verbarg, etwas unvorstellbar Mächtiges, das sich nicht mit Worten beschreiben ließ und das freudig erregt dem Klang seiner jugendlichen Stimme lauschte, die sich deutlich von der des alten Mannes unterschied. Sein Herz raste, als jemand hinter der Tür seinen Namen rief; kraftvoll, befehlend, die Silben auf sonderbare Weise auseinanderziehend, und seine Hand fasste die Türklinke, verkrampfte sich und ...

»Was ist denn, mein Junge? Geht's dir nicht gut?«

Steve fuhr herum. »Doch, alles in Ordnung, Mr. Watson.« Er taumelte ein wenig, als er hinter dem alten Mann zurück in den Laden ging.

Jetzt war Steve allein. Er schloss die Tür auf und horchte. Nichts. Er tastete mit den Fingern nach dem Lichtschalter und wartete, bis die beiden Deckenlampen nach kurzem Flackern gleichmäßig brannten. Zehn oder elf in den Stein gehauene Treppenstufen führten auf den Zementboden, und etwa zwanzig Schritte dahinter versperrte ein Gitter die Sicht. Steve hatte sich immer wieder überlegt, was sich hinter dieser Tür befände, und war nie zu einem abschließenden Ergebnis gekommen. Aber das sah nach einem Abstellkeller aus.

Er ging die Stufen hinab und geradeaus, bis ihm die Eisenstäbe den Weg versperrten. Dahinter erkannte er Bücherregale, die aussahen wie die, die oben im Laden standen. Steve ahnte, dass es seine Aufgabe werden könnte, die Werke mit kleinen abziehbaren Schildern zu versehen. Es roch ein wenig muffig, und die Bücher waren alt, sodass sie eher auf einen Flohmarkt und weniger in einen Buchladen passten.

Eines von ihnen stand ein bisschen über, und Steve überlegte, ob er es erreichen könnte, wenn er seine Hand durch das Gitter zwängte.

Plötzlich spürte er einen Luftzug, der den Geruch des staubigen Papiers aus seiner Nase drängte, und er dachte an einen Film, dessen Titel er vergessen hatte und in dem ein alter Mann von Afrika und den Löwen träumt.

Steve atmete tief ein. Afrika bedeutete für ihn, durch abgelegene Mangrovenwälder zu pirschen, Elefanten und Giraffen in freier Wildbahn zu erleben oder mit einem Heißluftballon zu fliegen und Büffel zu beobachten, die über den staubigen Boden der Savanne stampfen. Er dachte auch an den schneebedeckten Gipfel des Kilimandscharo, die endlosen Kaffee- und Teeplantagen, die undurchdringlichen Urwälder, den merkwürdigen Affenbrotbaum, der aussah, als wüchse er mit den Wurzeln in den Himmel, und an das orangefarbene Fruchtfleisch einer Papaya.

Steve hatte den Eindruck, dass diese Gerüche direkt aus dem Buch kamen, als ob jemand Pflanzen und Früchte in einen riesigen Kessel geworfen hatte, sie mit landestypischen Gewürzen vermischte und kochte, sodass sich das Aroma entfaltete und der Duft geradewegs in seine Nase stieg. Er musste dieses Buch haben!

Steve krempelte den Ärmel seines karierten Hemdes hoch, steckte die Finger zwischen den Eisenstäben hindurch und schob die Hand hinterher. Die Abstände waren eng, und er ahnte, dass sich die Haut an den kalten Stangen abschürfen würde, wenn er weitermachte.

Er blickte nach oben und beobachtete eine mehrere

Zentimeter große Spinne, die ihren aufgedunsenen schwarzen Leib zeitlupenhaft über die weiß getünchte Kellerdecke schob, bis sie das Gitter erreichte und in den Schatten einer dunklen Nische tauchte.

Steve überlegte, was geschähe, wenn seine Hand steckenbliebe und Mr. Watson ihn hier fände. Aber dann rutschte der Handballen durch, und der Schmerz an der geröteten Haut ließ nach.

Verboten! Verboten!, hämmerte eine Stimme in seinem Kopf. *Mr. Watson reißt dir den Kopf ab, wenn er erfährt, dass du sein Vertrauen missbrauchst.*

Steve benutzte den Zeige- und den Mittelfinger wie eine Pinzette und versuchte, den schmalen Buchrücken festzuhalten und herauszuziehen, ohne den Einband zu beschädigen, und es sah aus, als würde er den flachen Körper einer Zecke fassen, die in ein Stück Menschenhaut drang. Millimeter um Millimeter rutschte das Buch aus der Reihe, und die zusammengepressten Bände links und rechts daneben drückten den papiernen Genossen hinaus und seufzten erleichtert, geradeso wie die Männer und Frauen, deren Leiber in einer überfüllten Stadtbahn aneinander klebten, wenn sich die Tür öffnete.

Das Buch erreichte die Kante der Stellfläche, entglitt seinen steifen Fingern und fiel auf den Boden. Dabei klappte es auseinander, und einige lose Blätter rutschten in den schmalen Spalt unterhalb des Regals, während die anderen knapp hinter dem Gitter liegen blieben, sodass Steve sie leicht mit den Fingern greifen konnte.

Das Papier war brüchig und vergilbt. Hellbraune Flecken bedeckten Teile der handbeschriebenen Seiten, und Steve vermutete, dass der Besitzer die Aufzeichnungen nur unzureichend gegen Nässe geschützt hatte.

Er trat unter die Neonröhren an der Decke, um besser lesen zu können. Es handelte sich um ein Tagebuch, bei dem die Anfänge der chronologischen Einträge fehlten.

… gebe ich das Zeichen. Er umklammert das Gewehr so fest, dass ich glaube, die Muskelstränge seiner Arme unter dem khakifarbenen Hemd zu erkennen. Der breitkrempige Hut ist in den Nacken gerutscht, und die Sonne, die durch die Blätter der Mahagonibäume blinzelt, beleuchtet sein Gesicht. Da hören wir wieder das laute Brüllen aus einer rauen Kehle. Es kommt von der Seite, aber die Büsche stehen so dicht, dass wir nichts erkennen können.

»Er ist nach links gewandert, um uns auszuweichen«, flüstert Pepper.

Ich nicke und gehe einen Schritt vorwärts.

Pepper bleibt stehen. »Bist du sicher?«

Ich zögere einen Moment, bevor ich ihn angrinse und den Kopf schüttele. Natürlich hat er recht. Wenn Amaniel und ein paar der Boys dabeigewesen wären, hätten wir ihn beeindrucken können, aber wir sind nur zu zweit, und der Löwe weiß, dass er eine Chance hat. Ich überlege, was geschähe, wenn eine Kampfmaschine mit zweihundert Kilo Lebendgewicht aus den Büschen springen würde, und die Waffe in meiner Hand sieht plötzlich klein aus.

Wir gehen langsam rückwärts, während die Mündungen unserer Gewehre auf die Stelle zeigen, an der wir den Löwen vermuten. Ich nehme an, dass er bereits gejagt und gefressen hat und lediglich ein gemütliches Plätzchen zum Verdauen sucht, doch sicher bin ich mir nicht.

10. September 1933:

Es regnet ununterbrochen. Amaniel hat die Segeltuchplane hoch über die Feuerstelle gezogen und an zwei Ästen befestigt. Wir sitzen um das Feuer und essen das Fleisch der Antilope, die Madu gestern geschossen hatte, während Pepper und ich mehr zufällig dem Löwen begegneten.

»Morgen scheint wieder die Sonne«, prophezeit Amaniel und deutet mit dem Zeigefinger in Richtung Zeltplane, unter der sich der Rauch fängt, ehe er abzieht.

»Ja, das wäre gut«, entgegne ich. »Bei diesem Wetter können wir nicht viel tun. Ich möchte mir diese Erhebung anschauen, die aussieht, als ständen darunter die Überreste einer Mauer.«

»Hoffentlich irrst du dich nicht«, sagt Pepper. »Die Boys werden kaum begeistert sein, wenn du ihnen die Schaufeln in die Hand drückst.«

Ich zucke mit den Schultern und ziehe den Stock vom Feuer weg, damit mein Fleisch nicht anbrennt. »Sie werden für ihre Aufgabe gut bezahlt, und es ist egal, ob sie uns durch den Dschungel führen oder ein bisschen buddeln. Außerdem ist es eine interessante Abwechslung.«

Pepper lacht und spuckt ein Knochenstück ins Gras. »Eigentlich sind wir zum Jagen hier. Archäologie ist nicht mein Spezialgebiet.«

»Du wirst deinen Löwen noch schießen, keine Sorge. Außerdem brauchst du nicht dabei zu sein, wenn du keine Lust hast. Nimm Madu und Tulani mit. Wir haben sowieso zu wenig Schaufeln.«

11. September 1933:

Ich habe kaum geschlafen. Irgendwo muss es Überreste der Siedlung geben. Wenn mehrere hundert Menschen hier lebten, kann nicht alles vom Erdboden verschwunden sein. Es wäre fantastisch, wenn sich eine Mauer oder der Teil eines eingestürzten Gebäudes unter dem Hügel befände.

Ich schrecke hoch, als Amaniel die Zeltplane zur Seite schiebt und den Kaffee bringt.

»Mr. Pepper ist bereits aufgebrochen«, sagt er und gießt das heiße Getränk in eine Blechtasse, die neben mir steht.

Ich ziehe meine Stiefel an, nehme die Tasse in die

Hand und trete vors Zelt. Die Regenwolken sind verschwunden, und die Sonne scheint bereits.

Amaniel führt unsere kleine Gruppe an. Das Gras ist nass, und die Schuhe glänzen feucht, als der Weg bergauf führt und ich auf den Boden schaue. Den Boys habe ich die Schaufeln gegeben, und sie tragen die Arbeitsgeräte auf ihren Schultern.

Es dauert eine dreiviertel Stunde, bis wir den Platz erreichen und mit den Grabungen beginnen. Zuerst entfernen wir mehrere Akazienbäume und einige Büsche, deren Namen ich nicht kenne. Die Boys arbeiten schnell, was sicher damit zusammenhängt, dass ich eine Prämie versprochen habe, wenn sie den kleinen Hügel heute abtragen.

Amaniel flüstert mir zu, dass sie besser arbeiten könnten, wenn ich sie nicht ständig beobachten würde, und schlägt vor, Enten fürs Abendessen zu jagen.

»Enten? Du meinst Antilopen?«

Amaniel schüttelt den Kopf und krümmt sich vor Lachen.

Die Boys senken die Schaufeln und beobachten ihn.

Ich bewundere seine Zähne, die so weiß aussehen wie der Schnee auf dem Kilimandscharo und warte, bis er sich beruhigt.

»Ich meine wirklich Enten. Es gibt einen kleinen See ganz in der Nähe.«

»Wie nah?«

»Zwei Stunden zu Fuß, eine Stunde jagen, zwei Stunden zurück.«

Ich schaue auf die Uhr und überlege. Die Geschichte mit dem See überrascht mich. »Auf der Karte ist nichts eingezeichnet. Bist du sicher?«

»Er ist nicht besonders groß und ein bisschen verschlammt. Sie haben nicht einmal eine Piste dahin gebaut«, erwidert Amaniel.

»Was ist mit dieser Siedlung, über die in eurem Dorf gesprochen wurde? Sie muss hier irgendwo sein. Oder liegt sie am See?«

»Nein. Vergiss, was du gehört hast! Diese alten Legenden sind es nicht wert, dass man darüber nachdenkt. Afrika ist ein schönes Land.«

Amaniel weiß mehr als er zugibt, soviel habe ich verstanden.

Ich beschließe abzuwarten, bis die Boys den Hügel freigelegt haben, und wir brechen sofort auf.

Amaniel führt mich durch hohes Gras, bis der Boden felsiger wird und in ein ausgetrocknetes Bachbett mündet. Wir laufen hintereinander, steigen über mehrere querliegende Baumgerippe und klettern über flache Steine, die unter den Schuhsohlen wegrutschen, wenn man nicht aufpasst. Auf einmal gibt die verkrustete Lehmschicht nach, und Wasser quillt über meinen Stiefel. Amaniel dreht sich um, als er das schmatzende Geräusch hört, und wartet, bis ich den rechten Fuß aus dem Morast gezogen habe. Der Himmel ist wolkenlos, und es gibt keinen Schutz vor den Sonnenstrahlen, die die Luft erhitzen, sodass der Boden an manchen Stellen zu flimmern scheint. Ich nutze die Pause und trinke aus der Wasserflasche, die um meine Schulter hängt.

Amaniel gibt mir ein Zeichen, läuft geduckt weiter und achtet auf seine Schritte, um möglichst keine Geräusche zu verursachen.

Ich nehme das Gewehr in die Hand und bin überrascht, als wir auf einmal das Ufer erreichen und der See vor uns liegt.

Amaniel schießt in die Luft, und plötzlich ist der Himmel voller Enten, die aus dem hohen Ufergras emporfliegen.

Ich schieße blitzschnell, treffe die erste, verfehle die zweite und treffe noch dreimal, ehe die Vögel außer

Schussweite sind. Amaniel hat selbst dreimal getroffen, und ich denke, dass er absichtlich eine weniger geschossen hat. Er watet durchs Wasser, sammelt die toten Tiere auf, legt sie auf einen Felsen und das Gewehr daneben.

Ich betrachte das Geröll und die faustgroßen Kieselsteine, die das seichte Wasser in Ufernähe bedecken, und schätze die Seitenlänge des quadratischen Sees auf zweihundert Meter.

Amaniel hebt den Arm, und ich sehe, dass die Vögel zwischen den Bäumen hindurch wieder angeflogen kommen. Wir packen die toten Enten ein und ziehen uns zurück.

Die Ausgrabungsstätte ist verlassen. Ein etwa drei Meter langes Stück Mauer haben die Boys freigelegt; das ist alles. Ich blicke Amaniel an und bin wütend.

»Das ist ja wunderbar! Wir jagen, und die Jungs legen sich auf die faule Haut. Kannst du mir das erklären?«

Er schweigt.

Die Mauer besteht aus aufgeschichteten Felsblöcken. Zwischen den Steinen verläuft eine harte Schicht, die etwa einen Zentimeter dick ist und die Felsen aneinanderschweißt. Diese Wand trotzt Regen und Wind und jedem feindlichen Angriff. Vor wem mussten sich die Menschen schützen? Ich denke an die Legende, die mir einer der Stammesältesten erzählt hatte und von der ich nicht weiß, ob sie frei erfunden ist oder ein Körnchen Wahrheit enthält.

Plötzlich stutze ich und gehe näher ran. An einem der Steine ist etwas aufgemalt, genauer gesagt wurde es mit einem spitzen Gegenstand in den Fels geritzt. Es zeigt einen Kopf, zwei leere Augenhöhlen und ein weiteres Auge mit Pupille auf der Stirn.

Seltsam. Es erinnert mich an die Zyklopen aus der griechischen Mythologie, aber was wussten die Menschen im Dschungel über das dritte Auge?

Ich will Amaniel fragen, aber der ist spurlos verschwunden, und ich denke, dass die Boys genauso reagierten.

Im Lager herrscht Aufregung. Pepper ist es gelungen, einen Löwen zu schießen. Ich gratuliere ihm, was ihn sichtlich verlegen macht. Die Boys gehen mir aus dem Weg, und ich denke nicht, dass sie nur um ihre Prämie fürchten.

Am Feuer entspannt sich die Situation, als wir Entenfleisch essen und Pepper immer wieder die gleiche Geschichte erzählt.

12. September 1933:
Ich frage Amaniel nach der Zeichnung auf der Mauer, als er die Kaffeekanne in der rechten Hand hält und das Zelt betritt.

»Warum willst du das wissen? Es gibt ein afrikanisches Sprichwort: Menschen werden vom Bösen gefressen, weil sie seine Gesellschaft suchen, nicht weil sie es meiden.«

»Dann ist es keine Legende?«

Er schüttelt den Kopf, stellte die Kanne ab und rennt aus dem Zelt, als wäre ihm der Leibhaftige auf den Fersen.

Das wundert mich, denn ich hielt ihn bislang für einen vernünftigen Menschen.

Pepper hat sich vor dem Frühstück mindestens fünf Mal bei mir entschuldigt, dass er den Löwen geschossen hat.

»Ich habe damit kein Problem und gönne es dir. Jeder andere an deiner Stelle hätte genauso gehandelt.«

»Ich weiß, dass du gerne den ersten geschossen hättest.«

»Ich schieße dafür die größte Antilope von ganz Afrika. Dann spricht niemand mehr über deinen kümmerlichen Löwen.« Wir lachen beide, und die Sache ist erledigt.

Amaniel wundert sich, dass ich jagen möchte, und spricht nicht über den Vorfall von heute Morgen. Die Boys sind froh, dass sie keine Schaufeln brauchen, und singen, während sie Kaffee kochen und Spiegeleier zubereiten.

Pepper hatte gestern bei der Löwenjagd eine Tränke entdeckt und Madu bestätigt, dass es sich bei den Hufspuren um Antilopen handelt. Ich will ein männliches Tier schießen, um die geringelten Hörner als Souvenir mitnehmen zu können.

Pepper und ich brechen allein auf, legen uns zwischen einen umgestürzten Baum und mehreren Büschen bäuchlings ins Gras und beobachten den Tümpel. Ich wäre fast eingenickt, als Pepper mich an der Schulter rüttelt. Mehrere Antilopen nähern sich dem Wasser, bleiben immer wieder stehen und äsen. Sie tragen keine Hörner. Ich fluche lautlos und lasse das Gewehr sinken. Pech gehabt.

13. September 1933:

Amaniel ist bereits vor dem Frühstück zu mir gekommen. Er entschuldigt sich für sein gestriges Verhalten und gibt mir ein paar Informationen. Die in den Stein geritzte Zeichnung stellt ein Wesen dar, von dem die Legende berichtet, dass es in unterirdischen Höhlen lebt. Wenn der Mond am Himmel leuchtet und die Nacht am schwärzesten ist, rücken die Männer ganz dicht ans Feuer und erzählen sich flüsternd Geschichten über diesen *Tfarcevol*, was in der Eingeborenensprache so viel wie Seelenfänger bedeutet. Die Menschen haben Angst vor ihm, da er jeden tötet, der seinen Namen ausspricht. Und wozu das dritte Auge? Amaniel weiß es nicht, und ich denke, dass *Tfarcevol* eher ein drittes Ohr bräuchte, wenn er alles hört. Seelenfänger! Eine Seele kann man nicht mit

Händen greifen und einsperren. Amaniel sieht darin keinen Widerspruch. Es ist immer das Gleiche mit diesen abergläubischen Geschichten. Sie ergeben keinen Sinn, sobald man den gesunden Menschenverstand einschaltet und die Dinge hinterfragt. Aber vielleicht verlange ich zu viel.

14. September 1933:
Amaniel ist tot. Er hat zusammen mit Madu die Nachtwache übernommen. Plötzlich steht er auf, verlässt das Feuer und läuft in die Nacht hinaus, gerade so, als hätte ihn jemand gerufen.

Madu wartet, ob er zurückkommt. Dann weckt er Tulani, und die beiden finden seine Leiche einen halben Kilometer vom Lager entfernt neben dem Wassertümpel, an dem ich vor zwei Tagen vergeblich auf eine männliche Antilope wartete. Das Wasser ist dunkelbraun und stinkt.

Amaniels Körper weist keine Wunden auf, und es sieht aus, als hätte sein Herz einfach aufgehört zu schlagen. Aber ich bin kein Arzt. Vielleicht war er krank und hat mir nichts davon erzählt, weil er fürchtete, ich würde sonst einen anderen Führer wählen.

Die Stimmung im Lager ist schlecht. Ich schätze, dass die Boys wissen, worüber ich gestern mit ihm gesprochen habe. *Tfarcevol!* Zum Teufel mit diesem Aberglaube! Ich habe mit Pepper geredet, und wir beschließen, heute nicht zu jagen.

15. September 1933:
Madu und Tulani sind tot. Ihre Leichen treiben in dem Wassertümpel, neben dem wir schon Amaniel fanden. Ob sie ertrunken sind? Ich weiß es nicht, aber merkwürdig finde ich, dass der Tümpel größer geworden ist. Es hat letzte Nacht nicht geregnet, und trotzdem schätze ich, dass sein Umfang um das drei- bis vierfache zugenommen

hat. Und dazu dieser entsetzliche Gestank! Pepper sagt, es müssen Tierkadaver sein, die ganz in der Nähe verwesen; mit den Boys kann ich darüber nicht sprechen.
Ob es mit der ausgegrabenen Mauer und dieser rätselhaften Zeichnung zusammenhängt?

16. September 1933:
Die Boys sind fort. Sie müssen in der Nacht aufgebrochen sein. Wir haben Proviant, Gewehre, das Zelt und eine unvollständige Karte, an der ich mich bislang orientiert habe. Pepper hat recht, wenn er sagt, dass mit den Boys nach den mysteriösen Todesfällen nichts mehr anzufangen war. Außerdem sparen wir Geld. Ich überlege, ob ich Pepper von *Tfarcevol* erzählen soll. Ich weiß nicht, wie er reagieren würde. Gut, er hat seinen Löwen geschossen, aber ob er ein Monster jagen möchte?

17. September 1933:
Pepper ist tot. Ich wache auf und sehe, dass er verschwunden ist. Das ist ungewöhnlich, denn ich bin dran mit Feuer machen und Kaffee kochen. Der faulige Geruch aus dem Tümpel dringt mittlerweile bis in unser Zelt. Vielleicht wollte Pepper nachschauen, ob er die Ursache dafür entdeckt. Das Wasser füllt mittlerweile die mehrere hundert Meter lange Senke, und ich brauche nicht lange, um Pepper zu finden. Er liegt am Ufer und murmelt ein paar unverständliche Worte, bevor er stirbt. Ich habe nicht die Kraft, ihn sofort zu begraben, und ziehe die Leiche wenige Meter neben das Zelt, decke eine Plane darüber und beschwere sie mit Steinen. Jetzt bin ich ganz allein ...

18. September 1933:
Peppers Leiche ist fort. Es muss gestern Nacht passiert sein, während ich schlief, und mir ist klar, dass er

hier gewesen ist. *Tfarcevol!* Wahrscheinlich stand er direkt neben meinem Lager, und ich verdammter Narr habe geschlafen. Ich hätte sein drittes Auge beobachten können!

Als ich aus dem Zelt trete, sehe ich, dass eine Sumpflandschaft den Lagerplatz umgibt. Das Wasser in der Senke hat sich weiter ausgebreitet. Es ist hellbraun und stinkt, als wäre es mit verfaulten Fischen gefüllt.

19. September 1933:

Das Wasser ist über Nacht nicht zurückgewichen, obwohl ich gehofft hatte, es würde genau so überraschend verschwinden, wie es gekommen war. Im Gegenteil. Meine kleine Insel, auf der ich mich trockenen Fußes bewegen kann, ist kleiner geworden. Ich weiß noch immer nicht, warum sich das Wasser ausgerechnet an dieser Stelle staut. Das kann kein Zufall sein. Ich hätte eine Idee, aber wenn ich sie ernsthaft in Betracht ziehe, nähere ich mich den abergläubischen Vorstellungen der Einheimischen.

20. September 1933:

Der Wasserspiegel hat sich nicht verändert. Ich habe einen Stock als Markierung ins Gras gesteckt, und der Abstand ist der gleiche geblieben. Es ist entsetzlich heiß geworden, und jede Bewegung wird zur Qual. Ich liege die meiste Zeit im Zelt, schwitze und vervollständige meine Aufzeichnungen.

Eine Bestandsaufnahme ergibt, dass die Vorräte für neun Tage reichen und das Trinkwasser doppelt so lang hält. In der Nacht habe ich von Pepper geträumt.

21. September 1933:

Ich halte einen Zeltpfosten ins Wasser, um die Tiefe zu messen. Er gleitet wie durch ein Stück Butter, und wenn ich ihn nicht festgehalten hätte, wäre er ganz im Morast versackt. Der Gestank nach fauligem Fleisch ist unerträglich geworden, und es scheint, als befände sich die Quelle irgendwo in diesem braunen Sumpfwasser, das den Boden wie ein schmutziges Leintuch bedeckt. Ich denke, dass mich *Tfarcevol* beobachtet, ohne dass ich ihn sehen kann.

Was hat er vor? Gestern Nacht bin ich mehrmals aufgewacht, weil das Wasser plätscherte, als ob etwas Großes hindurchwaten würde. Ich sprang auf die Beine, nahm das Gewehr und spähte nach draußen. Nichts. Ich werde versuchen, heute Nacht wach zu bleiben …

»Steve, was tust du da? Du bist ein böser Junge!«

Steve zuckte zusammen. Die Tagebuchaufzeichnungen glitten aus seinen Händen und fielen ins Wasser, das den Steinboden knietief bedeckte. Die trockenen Seiten sogen die Nässe gierig auf, bis die schwarze Tinte zerfloss und die Worte und Sätze verschwanden.

»Oh, Mr. Watson, es tut mir leid; das wollte ich nicht.« Er bückte sich und fischte die Blätter heraus, die eine dunkelbraune Farbe angenommen hatten und in seinen Händen zerfielen, als er die zusammengeklumpten Seiten lösen wollte. Fadenförmige Rinnsale liefen zwischen seinen Fingern hindurch, und die Tropfen bildeten kleine Kreise, als sie auf der Wasseroberfläche zerplatzten.

Steve blickte zu Mr. Watson, der die dunkle Holztür hinter sich geschlossen hatte und langsam die Stufen heruntersteig. Seine Schritte hallten durch den Kellerraum, und das Echo vervielfachte sie.

»Du hättest das nicht tun dürfen, Steve. Dieser Ort sollte für immer verschlossen bleiben.«

»Ich habe nur ein bisschen gestöbert, Mr. Watson. Keine Ahnung, wie das mit der Überschwemmung passiert ist.« Steves Stimme klang höher als sonst, fast wie das Piepen eines jungen Vogels. Das schmutzige Wasser bedeckte den Kellerboden und die beiden letzten Stufen. Einzelne Stechmücken tanzten lautlos über die glatte Oberfläche, ohne sie zu berühren. Es war heiß geworden, und Steves kariertes Hemd klebte nass und kalt an seinem Körper.

Täuschte er sich oder drangen die Schreie mehrerer Papageien an sein Ohr? Brüllte hinter dem Gitter ein Löwe?

Steve wollte auf Mr. Watson zugehen, die Sache erklären, um seinen Ferienjob behalten zu dürfen, aber seine Füße steckten in dem sumpfigen Untergrund fest, und er konnte sie nicht herausziehen.

Plötzlich hatte er eine Idee. »Sie haben dieses Tagebuch geschrieben, Mr. Watson. Sie haben *Tfarcevol* gesucht.«

»Ich war besessen danach, mein Junge. Heinrich Schliemann grub die Ruinen des alten Trojas aus; Howard Carter entdeckte das Grab von Tutanchamun im Tal der Könige.«

»Sie riskierten das Leben der Männer, die sie begleiteten.«

»Es wird eine Zeit kommen, in der die Menschen an das Böse glauben, und wenn die Finsternis das Licht verdrängt, werden sich die Großen Alten aus ihren Gräbern erheben und auf der Erde herrschen.«

»Sie sind verrückt!»

»Ja, mein Junge, vielleicht. Ich ...« Er verstummte, fasste sich an den Kopf, und Steve sah auf der Stirn des alten Mannes einen kleinen Riss, der schnell größer wurde und aufsprang. Als dieser die Wunde berührte und seine blutverschmierte Hand betrachtete, wurde der Körper plötzlich von heftigen Krämpfen geschüttelt. Die Nähte der braunen Jacke rissen an einigen Stellen, und die dunkelgraue Baskenmütze fiel ins Wasser. Der alte Mann fuchtelte mit den Armen wild umher und zerschlug dabei das Glas der beiden Deckenlampen, sodass nur noch eine einzelne Glühbirne neben der Tür brannte, die als Notbeleuchtung diente.

Steve hörte hinter sich ein platschendes Geräusch und drehte den Kopf. Die Regale waren zusammengebrochen, und die Trümmer, die nackt aus dem Wasser ragten, warfen gezackte Schatten an die Wand. Die Bücher trieben mehrere Sekunden auf der Oberfläche, bevor sie versanken und kleine Blasen zurückließen, die schnell zerplatzten.

Der Traum von Afrika und den Löwen war vorbei, der Blütenduft verschwunden, und es stank nach verfaulten Tierkadavern.

Steve blickte wieder zu Mr. Watson, dessen Körper sich in einen massigen Fleischberg verwandelt hatte, der fast gegen die Kellerdecke stieß. Schwarze Fliegen bedeckten den Koloss und schimmerten matt im müden Licht der letzten Glühbirne, die kraftlos an einem Kabel baumelte. Einzelne Stofffetzen trieben in der dunkelbraunen Wasserbrühe, und Steve hatte Mühe, die Jacke wiederzuerkennen, die der alte Mann so gerne trug.

Der Fleischberg schob sich langsam auf ihn zu und verursachte kleine Wellen, wie ein Öltanker, dessen Schiffsrumpf den Ozean teilt. Die Wellen breiteten sich aus, klatschten gegen die Kellerwände und spritzten dem Jungen ins Gesicht.

Steve schloss die Augen und wollte um nichts in der Welt das Gesicht dieses Monsters betrachten, das Mr. Watson aus der Hölle des Dschungels direkt hierher in die zivilisierte Welt des 20. Jahrhunderts getragen hatte, obwohl er gern gewusst hätte, was auf den letzten Seiten des Tagebuchs stand.

Dann wurde es still. Steve zählte langsam bis zehn,

öffnete die Augen, und als er *Tfarcevol* erblickte, hörte sein Herz auf zu schlagen, und die Gliedmaßen fielen in sich zusammen. Sein Körper rutschte an den Gitterstäben herunter, und bevor er im Schlamm versank, sog das dritte Auge seine Seele ein, um sie Sekunden später in den finsteren Kosmos zu entlassen. Als sie erkannte, dass sie frei war, gebar sie einen Leib und schenkte ihm Flügel, die sich bewegen ließen.

Steves neugeborener Körper schoss durch die Nacht, bis er das Licht von weit entfernten Sternen sah und fantastischer Nebel aus glühenden Gasen das dunkle Universum erhellte.

Als er den Kopf drehte, entdeckte er andere Vögel, die neben ihm flogen, und es waren Adler, genau wie er, die ihre gewaltigen Schwingen kraftvoll einsetzten. Vor ihnen türmte sich ein riesiges Gebirge auf, dessen Bergspitzen wie kostbare Kristalle funkelten, und der Junge ahnte, dass er bald am Ziel sein würde.

Angie Pfeiffer

Wolfsbruder

Ich grüße euch, ihr Menschen, die ihr meine Geschichte hören wollt. Ich erzähle sie euch gern und versichere, dass sie sich genau so zugetragen hat. Sie mag euch abenteuerlich erscheinen und fremd, doch so war mein Leben, als ich jung und ungestüm war.

Jetzt, im Alter, ist Ruhe eingekehrt. Ich sitze am Feuer, wärme meine schmerzenden Knochen und denke an diese Zeiten zurück.

Manchmal beschleicht mich der Zweifel. Hätte ich lieber beim Volk der Wölfe bleiben sollen? Es war ein freies, ungebundenes Leben, eingebettet in die Hierarchie des Rudels. Doch so sehr ich es mir wünschte, es war nicht mein Stamm, die Wolfsbrüder waren nicht von meinem Blut.

Auch dem Menschengeschlecht gehöre ich nicht wirklich an. So war ich immer ein Fremder unter Freunden, werde es bis zu meinem Tod bleiben.

Meine leibliche Mutter kenne ich nicht, doch habe ich sie nie vermisst. Eine Wölfin zog mich auf, zusammen mit ihren Jungen. Sie gab mir alles, was ich brauchte: Sicherheit, Schutz, auch Liebe. Meine Brüder akzeptierten mich, obwohl ich so anders war. Ein unbehaartes, schutzloses Junges, das schon beim Balgen verletzt werden konnte. Das schneller blutete als sie, selbst nach leichten Bissen, wie sie in einem Kampf unter Geschwistern vorkommen.

Doch das war nur in der ersten Zeit so. Ich lernte behände zu sein, merkte, dass auch ich Stärken hatte. Ich konnte einen Knüppel in meine Vorderpfoten nehmen, ihn gegen meine Gegner einsetzen, und im Gegensatz zu den Brüdern konnte ich einen Baum erklimmen, hoch hinauf klettern, wo mich kein Wolf erreichen würde.

Auch begriff ich schnell, was die oberste Regel eines jeden Rudels ist: Gemeinsam sind wir unbesiegbar. Wenn wir agieren wie ein einziges Wesen, so entkommt uns niemand.

So verlebte ich eine unbekümmerte Kindheit und Jugend. Lief mit dem Rudel, lernte, dem Rudelführer unbedingt zu gehorchen.

Als ich älter wurde, nahm ich an der Jagd teil, bekam meinen gerechten Anteil der Beute. Es hätte ein unbeschwertes Leben sein können, doch änderte es sich auf einen Schlag. Taran, der Führer, der mich als Jäger eingeführt und als vollwertiges Mitglied in das Rudel aufgenommen hatte, wurde alt und müde. Noch saß er auf dem Felsen, wie es dem Rudelführer gebührte, doch war seine Zeit so gut wie abgelaufen.

Die jungen Wölfe spürten dies, wurden respektloser. Bisher hatte ihn noch keiner der Machthungrigen zum Kampf herausgefordert, doch war dies nur eine Frage der Zeit. Besonders Ajit tat sich hervor, denn er tötete furchtlos und unbarmherzig, war im Rudel gefürchtet wegen seiner Unbeherrschtheit und seiner riesigen Gestalt.

Eines Nachts, nach der Jagd, rief mich Taran zu sich auf den Wolfsfelsen. Der volle Mond tauchte den Felsen in silbriges Licht, ließ uns unruhig und ruhelos sein.

»Kleiner Wolfsbruder«, begann er zögerlich. »Ich habe dich gerufen, weil ich dir einen guten Rat geben will. Meine Kraft schwindet, meine Tage sind gezählt. Noch herrsche ich über das Volk der Wölfe, doch ich spüre, dass die Jungen und Kraftvollen, allen voran Ajit, mich beobachten, auf einen günstigen Augenblick warten, um mich zu töten, denn das werden sie zweifellos, wenn ich eine Schwäche zeige. Das ist der Preis, den ich für meine Herrschaft zahlen muss.« Er seufzte schwer, legte den Kopf auf die Pfoten und schloss für einen Moment die Augen.

»Was kann ich tun?«, fragte ich, denn ich dachte, dass Taran mich gerufen hatte, damit ich ihm helfe.

Er hob den Kopf, nahm wieder seine gewohnt stolze Haltung ein. »Du kannst nichts tun. Die Starken töten die Schwachen, so war es immer, so muss es sein. Auch ich tötete einst den Führer des Rudels und trank von seinem Blut. Wenn meine Zeit gekommen ist, so bin ich bereit.

Aber ich will dich warnen. Noch stehst du unter meinem Schutz. Bald wird das nicht mehr so sein. Du bist als Menschenjunges zu uns gekommen, und wenn du auch wölfische Gewohnheiten und Eigenheiten, ja selbst unseren Geruch angenommen hast, so bleibst du doch ein Mensch.

Ajit ist der Stärkste im Rudel. Er wird bald an meiner Stelle auf diesem Felsen sitzen. Er hasst alles, was menschlichen Geschlechts ist, denn er ist als junger Wolf von ihm gefangen, eingesperrt und gequält worden.

Wenn du genau hinsiehst, dann erkennst du die Narben, die er davongetragen hat. Es ist ihm mit List gelungen zu entkommen. Er hat geschworen, bittere Rache an allen deiner Art zu nehmen. Bisher hat er sich von dir ferngehalten, aber bald wird es niemanden geben, der dich vor seiner Rachsucht schützen könnte. Ich fürchte, nicht einmal du selbst bist dazu in der Lage. Er wird das Rudel auf dich hetzen, dich jagen und nicht ruhen, bis er dich erlegt hat.«

Ich schüttelte ungläubig den Kopf. »Meine Brüder werden mir helfen. Sie würden mich niemals verraten.«

»Das mag wohl sein, doch sind deine Brüder wenige, und das Rudel viele. Höre auf meinen Rat, geh zurück zu den deinen, so lange du es kannst.«

Taran legte wieder den Kopf auf die Vorderpfoten. »Jetzt geh und bedenke meine Worte wohl, Menschenkind.«

Ich wandte mich ab, kletterte den Felsen hinab. In

meinem Kopf schwirrte es. Es stimmte, dass Ajit sich mir gegenüber aggressiv verhielt, mich häufig starr fixierte. Oft hatte ich den Eindruck, dass er sich mühsam zurückhielt, sich am liebsten auf mich stürzen würde.

Doch hatte ich niemals darüber nachgedacht, woran dieses Verhalten liegen könnte. Viel mehr hatte ich versucht, ihm möglichst aus dem Weg zu gehen. Jetzt verstand ich zum ersten Mal.

In dieser Nacht und am nächsten Tag schlief ich nicht. Tarans Worte hielten mich davon ab. Gern hätte ich mit meinen Brüdern gesprochen, doch hätte ich dann von Tarans Zweifeln und seiner schwindenden Stärke reden müssen. Das wäre mir wie ein Verrat vorgekommen.

Der Mond verschwand vom Himmel, wurde wieder voll, ohne dass ich zu einem Ergebnis meiner Überlegung gekommen wäre. Das Rudel war meine Heimat, die Brüder die einzige Familie, die ich kannte. Der Dschungel war mir vertraut. Das alles sollte ich verlassen, um mich dem Menschengeschlecht anzuschließen? Den Wesen, die Ajit gequält hatten, ihn zu dem gemacht hatten, was er war? Was, wenn sie auch mich einsperren würden? Wenn sie mir die gleichen Narben zufügen würden, die Ajit trug? Doch sollte er der neue Rudelführer werden, waren meine Tage gezählt. Diese Ahnung ließ mich schaudern.

Selbst wenn mir meine Brüder beistanden, würde das nichts ändern. So quälte ich mich weiter mit Zweifeln, wusste nicht, was ich machen sollte.

Als Ajit die Herrschaft über das Rudel forderte, beleuchteten nur ein paar blasse Sterne die finstere Nacht, die sich wie ein Leichentuch über den Dschungel breitete. Taran stellte sich dem Kampf, wohl wissend, dass es sein letzter sein würde. Er schenkte seinem Gegner nichts, warf die geballte Kraft seiner Erfahrung in die Waagschale, doch zuletzt unterlag er.

Ajit trank sein Blut, war nun der Herrscher über das

Rudel, das sich um ihn scharte, begierig dem neuen Führer zu huldigen.

»Wahrlich, die Nacht ist wie zum Sterben gemacht«, knurrte er, als ich zögernd vortrat, um ihm meine Gefolgschaft zu schwören. »Was willst du, Mensch? Einer wie du soll mir nicht die Treue schwören, denn dein Geschlecht ist niederträchtig und falsch. Ihr tötet um des Mordens willen, ihr weidet euch an den Qualen anderer Geschöpfe.«

Ich senkte demütig den Kopf. »Ich werde Wolfsbruder genannt, und das bin ich auch. Als Mitglied des Rudels, eingeführt und akzeptiert von Taran, der in einem ehrenhaften Kampf gestorben ist.«

»Aber er ist tot, ich herrsche nun und sage: Tötet das Menschengezücht, bevor es euch tötet«, knurrte Ajit, wobei er langsam auf mich zukam.

Noch verhielt sich das Rudel ruhig. Aus den Augenwinkeln sah ich, wie meine Brüder sich neben mir aufstellten. »Flieh, so lange du es kannst! Wir versuchen, ihn aufzuhalten.«

Langsam bewegte ich mich rückwärts, wobei ich Ajit fest im Auge behielt, denn ich wagte es nicht, ihm den ungeschützten Rücken zuzuwenden.

Dann geschah alles so schnell, wie der Blitz in einen Baum einschlägt. Meine Brüder rückten eng zusammen, stellten sich dem Rudelführer in den Weg, was mir die Gelegenheit gab, mich umzudrehen und zu rennen, so schnell ich konnte. Obwohl ich hinter mir Kampfgeräusche hörte, drehte ich mich nicht um. Ich lief um mein Leben, machte erst halt, als meine Lungen brannten, ich vor Erschöpfung nicht mehr weiter konnte. Mit letzter Kraft kletterte ich auf einem Baum. Ein breiter Ast gewährte mir genügend Sicherheit, sodass ich beschloss auszuruhen.

Ich musste eingeschlafen sein, denn es war bereits heller Tag, als ich wieder zu mir kam. Obwohl Hunger und vor allem Durst mich quälten, lief ich weiter.

Gegen Mittag konnte ich meinen Durst an einem Fluss löschen. Gegen den Hunger pflückte ich Beeren, grub Wurzeln aus. Zum Jagen würde ich mir Zeit nehmen, wenn ich in Sicherheit war.

Weiter, weiter, nur weg aus dem Jagrevier des Rudels, dem ich nun nicht mehr angehörte. Ich war ein Ausgestoßener, heimatlos und zum ersten Mal ohne meine Brüder.

Schließlich war es tiefe Nacht, unendliche Müdigkeit überfiel mich. Wieder erklomm ich einen Baum und suchte Schutz in seinem Geäst.

Stimmen holten mich in der Morgendämmerung aus einem tiefen, traumlosen Schlaf. Unter mir schlichen Menschen, die lange, spitze Stöcke in der Hand hielten. Scheinbar waren sie auf der Jagd. Also bestand auch das Menschengeschlecht aus Rudeln, die gemeinsam jagten. Das interessierte mich sehr, denn vielleicht war dies eine Möglichkeit, eine neue Heimat zu finden.

So folgte ich ihnen verstohlen. Bald schon merkte ich, dass diese Jäger das Wild weitaus weniger gut aufspürten wie der ungeschickteste Jungwolf, und ich beschloss, ihnen das Wild zuzutreiben. Nicht zuletzt, weil ich die Menschen von meinen Fähigkeiten überzeugen wollte, denn dann würden sie mich vielleicht in ihr Rudel aufnehmen.

Bald hatte ich die geeignete Beute entdeckt, eine Gruppe Hirsche, die ich den Jägern zutrieb, wie ich es gelernt hatte.

Obwohl sie irritiert waren, reagierten sie sofort, erlegten mithilfe ihrer spitzen Stöcke so viel Wild, wie sie tragen konnten.

Vorsichtig gesellte ich mich zu ihnen, immer bereit, bei Gefahr schnell zu verschwinden. Einige der Jäger waren misstrauisch. Ich glaube, sie hätten mich am liebsten getötet oder wenigstens weggejagt. Doch ihr Führer, Sher, sprach für mich. Er erkannte, dass ich im Dschungel aufgewachsen und ein guter Jäger war und dass sie die reiche Beute mir zu verdanken hatten.

Nach langem Hin und Her nahmen mich die Männer mit in ihr Dorf. Sher erlaubte mir, in seiner Hütte zu wohnen, wo er mit Frau und Tochter lebte. Er nahm sich meiner an, nannte mich Wolfsmann, was mir gefiel.

Nach und nach lernte ich die Sitten und Gebräuche der Gemeinschaft, erkannte, dass Sher der Anführer in allen Dingen war. Wenn ich auch mit vielem schlecht zurechtkam, immer wieder den Unwillen einiger Dorfbewohner erregte, so war ich doch der beste Jäger, sorgte dafür, dass es immer Fleisch zu essen gab, was der Gemeinschaft zugute kam.

Nachdem ich ein Jahr in Shers Familie gelebt hatte, wurde ich offiziell in die Dorfgemeinschaft aufgenommen. Er gab mir seine Tochter zur Frau, denn sie und ich hatten uns lieben gelernt.

Ein Jahr später schenkte sie mir einen Sohn. Ich hatte mich in das Menschenrudel eingefügt, so gut ich es konnte, fühlte mich dazugehörig und doch fremd.

Eines Nachts ließ mich der volle Mond nicht schlafen. Lautlos erhob ich mich von meinem Lager, schlich mich aus dem Dorf, um durch den Dschungel zu streifen, wie ich es immer in tat, wenn ich ruhelos war.

Ich witterte sie bereits, ehe ich sie sah, denn sie verbargen sich nicht vor mir.

»Wolfsbruder«, begrüßten sie mich. Drei meiner Brüder standen vor mir, es fehlte Raj, der einmal der Stärkste des Wurfes gewesen war. Sie erzählten mir, dass Raj sein Leben für mich geopfert hatte, denn er war es gewesen, der sich Ajit entgegengestellt hatte. Obwohl er ein großer, kraftvoller Wolf gewesen war, besiegte der neue Rudelführer ihn mühelos. Doch hielt er ihn so lange auf, bis ich mich weit genug entfernt hatte. Auch setzte Ajit mir nicht nach, zunächst musste er die aufgebrachten Wölfe zur Ruhe bringen, ihnen klarmachen, dass er der uneingeschränkte Herrscher war. Doch schwor er, nicht zu ruhen, bis er mich getötet hätte.

»Jetzt hat er dich gefunden, Wolfsbruder. Und er will nicht nur dich, sondern auch dein Junges morden. Er ist blind vor Hass, weil du ihm entkommen bist. Er will es ganz allein tun, dich in deiner Behausung töten, beim nächsten vollen Mond. Schon jetzt rühmt er sich damit, einen Menschen und seine Brut auszurotten.«

Voller Kummer über Rajs Tod setzte ich mich zu meinen Brüdern.

Doch auch Hass auf den unerbittlichen Ajid zerriss meine Brust und Angst um meinen kleinen Sohn. Es war mir unbarmherzig klar, dass ich Ajit töten musste.

Schon reifte ein Plan in mir, mit dem ich meine Brüder vertraut machte. »Es ist machbar, wenn wir genau zusammenarbeiten und wenn ihr mir vertraut. Ich muss mit dem Rudelführer der Menschen reden. Wir treffen uns morgen an dieser Stelle wieder.«

»So soll es sein.« Lautlos, wie sie gekommen waren, verschwanden die Brüder.

Endlich war der Tag da, den ich gefürchtet und erwartet hatte. Der Mond stand hell am Firmament, beleuchtete mit seinem kalten Silberlicht die Szenerie. Ein riesiger Schatten bewegte sich plötzlich lautlos zwischen den Behausungen, zögerte, nahm Witterung auf. Ehe Ajit einen Entschluss fassen konnte, sprang ich aus meinem Versteck, stand ungeschützt mitten auf dem breiten Pfad, an dem sich rechts und links die Hütten des Dorfes dicht an dich aufreihten.

»Ajit, ich fordere dich heraus!«, knurrte ich laut.

»Komm her, du feiger Mörder, wenn du dich traust. Ich will dich lehren, dich mit meinem Tod zu brüsten.«

Mit einem Satz stand mir der riesige Leitwolf gegenüber. »Erst werde ich dein Blut trinken und dann das deines Jungen, Menschlein.«

Ihn nicht aus den Augen lassend, bewegte ich mich langsam rückwärts, in die Richtung, in der der Pfad von einem hohen Pferch begrenzt war, der für die Gayale gebaut worden war.

Die Herde lebte im Dschungel, wurde nur gelegentlich ins Dorf getrieben, wenn die Fleischvorräte zur Neige gingen und die Jagd über eine längere Zeit unergiebig war.

Schweiß rann mir den Rücken hinunter, Zweifel beschlichen mich, ob mein Plan gelingen würde, ob ich mich in Sicherheit bringen könnte, wenn das Inferno losbrach.

Ajit folgte mir Schritt für Schritt, weidete sich an meiner Angst. Blutgier ließ ihn wohlig erschauern, sodass er das entfernte Beben nicht zur Kenntnis nahm.

Die Zeit dehnte sich, wurde endlos. Mit einem Mal ging das Beben in ein Toben und Brüllen über. Schon wälzte sich die Herde der Gayale den Pfad hinunter, in wilder Panik alles niedertrampelnd, was ihnen in den Weg kam. Meine Brüder trieben sie, versetzten sie in Todesangst.

Ich rannte in den Pferch, überkletterte in Windeseile die hohe Rückwand, brachte mich so in Sicherheit. Auch Ajit hetzte vorwärts in die einzig mögliche Richtung, doch gelang es ihm nicht, die Begrenzung des Pferchs zu überspringen. Er prallte vor das harte Holz und wurde unter die Hufe der hereinbrechenden Herde geschleudert.

Viel später, als ich mir Ajits Fell geholt hatte, die Dorfbewohner sich aus ihren Hütten wagten, schlug mir mein Schwiegervater Sher anerkennend auf die Schulter. »Du hast es geschafft«, sagte er. »Ich hatte meine Zweifel an deiner Geschichte und vor allem an deinem Plan, doch musste ich vor allem meinen Enkelsohn schützen. Ich hatte keine Wahl, als dir zu vertrauen. Du bist wahrlich der Beherrscher der Wölfe.«

»Nein«, entgegnete ich ihm, »ich bin Wolfsbruder, nicht ihr Beherrscher. Ohne meine Brüder wäre ich verloren gewesen und dein Enkel auch. Ich bin nicht von ihrem Blut, doch von ihrer Art. Sie haben mir die Treue gehalten und hätten ihr Leben für mich gegeben.«

Sher nickte langsam, denn er war einer der Wenigen, die verstanden. »So ist es. Du bist von meinem Blut und ein Mitglied meines Stammes, aber du wirst immer ein Wolfsmann bleiben.«

Wenig später trieb es mich fort. Auch, weil die Dorfbewohner nicht wie Sher dachten und mich immer mehr mit Misstrauen betrachteten, tuschelten und mir Böses wollten.

So ließ ich Frau und Kind zurück, streifte mit meinen Brüdern durch den Dschungel, lebte frei, wie es einem Wolfsbruder gebührt.

Doch war ich immer heimatlos und werde es immer sein.

(Gayal = im Dschungel beheimatetes Windrind)

Sabine Kranich

Anna und ihr Dschungel

Wenn Anna morgens ihre Augen öffnete, liebte sie es, den ersten bewussten Blick des Tages auf die Palme vor ihrem Schlafzimmerfenster zu verschwenden. Das Grün der Palmwedel, gepaart mit dem Braun des Palmstammes, versprachen ihr jeden Morgen wieder einen weiteren aufregenden Tag in ihrem eigenen privaten Dschungel.

Einmal aufgestanden, konnte Anna auch die beiden Bananenstauden sehen, die rechts neben der Palme gepflanzt waren. Jeden Morgen wieder vergewisserte sie sich, dass die Bananenstauden weiterhin neue Blätter in ihrer Mitte ausbildeten, Blätter, die noch jung und eingerollt hellgrün auf ihre Entfaltung warteten. Solange diese Blätter wuchsen, waren die Bananenpflanzen gesund, und Anna genoss täglich ihre eigene Vorfreude auf die Früchte, die sie eines Tages haben würden.

Vor den beiden Bananen stand eine Tamarillo-Pflanze mit einigen daran hängenden Baumtomaten, die noch auf ihre vollständige Reife warteten.

Etwas später setzte Anna ihr morgendliches Ritual in einem Liegestuhl auf der eingegrünten Terrasse im Freien mit einer Tasse Kaffee fort. Um diese noch frühe Tageszeit waren die Nachtwinde, die vorüberhuschenden Fledermäuse und die rufenden Käuzchen bereits schlafen gegangen, um Platz zu machen für einen sonnigen und wie üblich trockenen Tag.

Und tatsächlich: Die Sonne schickte von Osten ihre ersten Sonnenstrahlen, die hinter den Palmwedeln hervorblinzelten. Die Hauskatzen kamen zeitgleich von ihren nächtlichen Ausflügen zurück und umschmeichelten Annas Beine. Es war Zeit für ihr Frühstück, und sanft und schmeichlerisch drängelten sie Anna, ihren Kaffee schneller auszutrinken. Die ersten Eichelhäher flogen laut kreischend in die im Hintergrund stehenden größeren Bäume ein. So schön sie auch anzusehen waren, so waren sie doch gleichzeitig Nesträuber, die gern Vogelkinder anderer Vogelgattungen verspeisten. Anna hatte deswegen ein gespaltenes Verhältnis zu ihnen. Überdies hatte es einige Zeit gedauert, bis Anna verstehen konnte, dass genau diese Eichelhäher Laute und sogar ihre eigene Stimme imitieren konnten.

Was war sie anfangs durch ihren Dschungel geeilt, um eine vermeintliche Katze in Nöten zu befreien, und hatte letztendlich nur einen Eichelhäher vorgefunden, der über ihrem Kopf auf einem Ast thronte. Sie hätte schwören können, dass dieser Eichelhäher einen schadenfrohen Ausdruck in seinem Vogelgesicht hatte und Gedanken wie *Reingelegt, du Mensch*.

Nachdem Anna ihre Katzen gefüttert hatte, hatte sie wieder Zeit, sich ganz und gar ihrem Dschungel zu widmen. Einer ihrer Lieblingsplätze war ein blauer Liegestuhl unter den Baumkronen der verschiedenen exotischen Bäume rechts und links des grasbewachsenen Weges. Sie war immer wieder entzückt über die Farbharmonie des blauen Liegestuhls mit dem darunter hervorlugenden Grasgrün, ganz zu schweigen von den verschiedenen Grüntönen des Blattwerks der unterschiedlichen Bäume darüber. Das war auf alle Fälle ihr Lieblingsplatz für einen Mittagsschlaf, wenn die Sonne vom Himmel knallte und die Bäume kühlenden, schützenden Schatten spendeten.

Doch wer sagte, dass dieser Platz ausschließlich für die Mittagszeit bestimmt ist? Anna tat nichts lieber, als sich in ihrem Dschungel aufzuhalten, und nichts weniger lieber, als Hausarbeit zu erledigen. Ein aufmerksamer Beobachter hätte das jederzeit selbst bemerken können, gab es hier doch diesen interessanten, wenn auch wildromantischen Garten, und mittendrin versteckt das alte Bauernhaus, das so manche kleinere Renovierungsarbeit bereits von außen hätte vertragen können. Von innen ganz zu schweigen, Staub sammelte sich in den Bücherregalen und gewaschene Wäsche wartete treuherzig darauf, endlich im Wäscheschrank verstaut zu werden.

Anna fand, dies waren alles Arbeiten, die gut an einem Regentag erledigt werden konnten. Praktischerweise gab es in ihrem Heimatland so gut wie keine Regentage, und so würden Staub und Wäsche noch etwas länger warten müssen. Schöne Tage waren nicht für Hausarbeit gemacht, schöne Tage waren dafür gemacht, sie im Garten zu verbringen. Da viel frische Luft müde machte, waren auch schöne Abende nicht für Hausarbeit gemacht. Wann immer es Anna gelang, an Informationen aus Büchern, Zeitschriften oder dem TV zu kommen, die von der heilenden Wirkung der Natur berichteten, fühlte sie sich in ihrem Leben und ihrer Begeisterung für ihren Dschungel voll und ganz bestätigt.

Sie tat nichts lieber, als dem Wind zuzuhören, der dem grünen Blattwerk unterschiedliche Rausche-Melodien entlockte durch verschiedene Windstärken an unterschiedlichen Tagen. Oder mit geschlossenen Augen dem Rufen und Zwitschern der Vögel zu lauschen, die die Bäume bevölkerten, um gleich danach die Augen zu öffnen und zu versuchen, den jeweiligen Vogelgesang dem richtigen Vogel zuzuordnen.

Die verschiedenen Vögel waren unterschiedlich groß und unterschiedlich gefärbt. Seltsamerweise schienen diejenigen, die am schönsten singen konnten, am unscheinbarsten zu sein. Da war zum Beispiel die Nachtigall, die nicht nur nachts, sondern auch tagsüber so oft wunderschön flötete, dass sich Anna fragte, ob sie überhaupt keinen Schlaf brauchte. Vom Aussehen her war diese Nachtigall so unscheinbar, dass sie kaum zu erkennen war.

So verbrachte Anna ihre Tage inmitten des Vogelgesanges und der Vegetation. In den Nächten liebte sie es, im Bett zu liegen und dem Rauschen des Nachtwindes in den Palmwedeln und dem Rufen der Käuzchen vor ihrem offenen Schlafzimmerfenster zu lauschen. Als einzige weitere Gesellschaft hatte sie ihre Katzen, die immer mal wieder auf der Suche nach Streicheleinheiten oder Futter vorbeikamen.

Anna fing an, sich in diesem Leben zu verlieren. War sie früher wenigstens einmal wöchentlich in das nächste Dorf zum Einkaufen gefahren oder hatte sie früher noch manchmal mit Bekannten zumindest telefonisch geredet, begann sie nun, mehr und mehr jeglichen Kontakt mit anderen Menschen als störend zu empfinden. Sie wollte nicht mehr abgelenkt werden von dem Erleben ihres Dschungels.

Anfangs hängte sie das Telefon aus, manchmal vergaß sie das jedoch, und wenn es dann ungewollt und ungeplant schrillte, war Anna ärgerlich auf sich selbst und den Verursacher des Lärms. Als Konsequenz zog sie das Telefonkabel aus der Wand und zahlte ihre Telefonrechnung nicht mehr. So war das störende Telefon bald endgültig aus ihrem Leben verbannt.

Andere Menschen verbannte Anna genauso konsequent aus ihrem Leben, indem sie einfach das Tor an ihrer Einfahrt zuschloss und nicht reagierte, wenn irgendjemand davorstand und rief oder hupte.

Langsam gab sie auch geregelte Mahlzeiten auf, Kochen war ihr sowieso schon länger als lästig und Zeitverschwendung erschienen. Aber diese Störung erledigte sich auch von selbst, denn als Anna aufhörte, einkaufen zu gehen, waren eines Tages alle ihre Lebensmittelvorräte aufgebraucht.

Die Katzen hatten sich daran gewöhnt, dass es immer weniger Futter gab, und hatten Anna und ihrem Haus schließlich den Rücken gekehrt auf der Suche nach einem ergiebigeren Zuhause.

Anna war nun ganz allein, fühlte sich aber nicht allein, sondern im Gegenteil immer mehr eins mit ihrer geliebten Natur. Letztendlich war sie auf die Nahrung angewiesen, die ihre Bäume und Pflanzen ihr freiwillig gaben.

Anna fühlte sich sehr wohl mit dieser Abhängigkeit und durchstreifte ihr großes Grundstück auf der Suche nach Früchten, essbaren Wurzeln und Blättern. Kochen hätte sie sowieso nichts mehr gekonnt, weil die Gasflasche leer war. Auch die Stromrechnung hatte sie nicht mehr bezahlt, und sie fand es viel natürlicher, mit Kerzenlicht auszukommen oder gleich ganz im Dunkeln zu sitzen und nur das Mondlicht oder das schwache Licht der Sterne als nächtliche, wegweisende Orientierungshilfe zu verwenden.

Wasser schöpfte sie aus ihrem Brunnen und wunderte sich manchmal, dass sie in früheren Tagen fast abhängig gewesen war von dem Duft und dem Geschmack von Kaffee oder Tee. Im Grunde genommen war das doch alles überflüssiger Schnickschnack, verglichen mit einem vollkommen harmonischen und symbiotischen Leben in und mit der Natur.

Im Laufe der Wochen und Monate überwucherte der Efeu das Eingangstor und die Auffahrt. Trotzdem ließ sich eines Tages eine Gruppe Jugendliche nicht davon abhalten, über das Tor zu klettern und neugierig das Grundstück zu erkunden.

»Hey, Leute, das ist hier ja ein richtiger Dschungel!«, rief einer den anderen zu. Tief im Schatten der herabhängenden Baumkronen konnten sie sogar noch den Rest eines ehemals blauen Liegestuhls ausmachen, der niedergedrückt wurde von einem Gegenstand, der auf den ersten Blick wie ein alter Baumstamm aussah.

Ingeborg Henrichs

Undurchdringlich

Undurchdringlich,
unerklärlich.
Versteckt, wiederentdeckt,
einfach nur da.
Die Liebe zu dir
wird und bleibt,
wächst und gedeiht.
Vollendung nie erreicht.
Doch täglich schöner,
inniger, verständiger, unbändiger.
Genieß und schweig.
Hier mit dir bin ich
im großen Daseinsdschungel,
auf stetigem Weg,
zu unserem gemeinsamen,
zu unserem einen,
diesem einzigen Wir.
Manchmal verloren,
oft betrogen.
Und dann, danach
wie neugeboren
unter schweren Lasten,
erdrückenden Höhen.
Die himmlischen Lichtblicke,
die unerschrockenen Wegweiser.
Mein Sehen, mein Wissen –
Egal wie dicht der Daseinsdschungel
ich spüre,
jede Faser verbindet mich mit dir.

Martina Bracke

Die goldene Sonne

»Verflucht!« Mara strich sich mit dem Handrücken eine Strähne aus dem Gesicht und blickte aus dem Schutz der bis zum Boden herabhängenden Zweige auf eine Lichtung. Das hatte ihr gerade noch gefehlt! Sie war so nah dran, sie wusste es. Reglos blieb sie stehen und versuchte, ihren Atem unter Kontrolle zu bringen. Die Geräusche des Urwaldes drangen auf sie ein – das Schreien der Affen, das Sirren der Insekten, rasche Flügelschläge der Vögel.

Eine Lichtung lag vor ihr, nicht sehr groß. Sie zu umgehen würde dennoch viel Zeit kosten. Mara müsste den Pfad verlassen, das Dickicht durchdringen mit ihrem Messer. Doch ihre Muskeln schmerzten. Einen Moment schloss sie die Augen, fühlte, wie die feuchtheiße Luft durch Nase und Hals in ihre Lungen drang. Gleichzeitig stieg ihr Wille noch einmal auf und hieß sie loszustürzen. Ihr Rucksack holperte auf und ab, behinderte sie beim Laufen. Aber er schützte sie ein wenig vor den Pfeilen, die ihr hinterherzischten.

Schon nach ein paar Metern fing sie an zu keuchen. In ihrer Brust stach es, in der Seite zog es, die Beine fühlten sich immer schwerer an. Ein Büschel Gras brachte sie zum Straucheln. Sie fing sich. In ihren Ohren pochte ihr Blut so laut, dass sie die Pfeile kaum surren hörte.

Dennoch musste einer ihren Rucksack getroffen haben.

Vier Sprünge weiter hatte sie das Ende der Lichtung erreicht. Hinter sich vernahm sie das enttäuschte Geheul der Angreifer.

Der Dschungel umschloss sie augenblicklich und verbarg sie vor den Augen der Pydrigenas, deren Krieger sie seit Beginn verfolgten, manchmal auch vor ihr waren und

Fallen stellten, denn sie kannten ihr Ziel. Immer wieder wunderte Mara sich, dass sie noch lebte, denn die Pydrigenas waren im Urwald zu Hause, wussten jede Deckung zu nutzen und kürzere Wege zu finden.

Es konnte nicht mehr weit sein, dann hätte sie ihr Heiligtum, die *Goldene Sonne* des Mydanga – des Regenwaldes – erreicht. Sieben Tage hatte sie bis hierher gebraucht. Eine heiße, feuchte, einsame und gefährliche Zeit.

Vom Rucksack entfernte sie den Pfeil. Ihre Hände zitterten. So knapp war es noch nie gewesen. Nach vorn, nur nach vorn.

Sie nahm einen Schluck aus ihrer Trinkflasche. Warm und abgestanden füllte das Wasser ihren Mund und rann durch die Kehle. Die fast leere Flasche hängte sie sich wieder um den Hals, den Rucksack schulterte sie. Mit dem Handrücken fuhr sie sich noch über die Stirn. Mehr Verschnaufpause wollte sie sich nicht gönnen.

Entschlossen schritt Mara vorwärts auf dem kaum erkennbaren Pfad. Die Pflanzen griffen bei jeder Bewegung nach ihr und kratzten an den Hosenbeinen. An den Armen trug sie die Spuren bereits in vielen kleinen roten Krusten.

Nicht mehr weit.

Etwa eine Stunde ging sie weiter. In Abständen blieb sie stehen und lauschte. Manchmal waren ihre Gegner nicht schnell genug. Dann vernahm sie leises Rascheln.

Sehen konnte sie niemanden.

Als sie das nächste Mal innehielt, schienen sogar die Tiere einen Moment zu schweigen. Bevor sie genau wusste, was geschah, ahnte sie die Gefahr und warf sich auf den weichen Boden. Die Trinkflasche drückte ihr schmerzhaft in den Bauch. Der zischende Pfeil verlor sich im Dickicht.

Die Pydrigenas waren näher denn je, sie konnte hören,

wie sie durch den Wald heranjagten, ohne auf die Zweige Rücksicht zu nehmen.

Mara rappelte sich auf und rannte los. Ihr Vorsprung war knapp.

Weiter! Schneller!

Nach vielleicht fünfzig Metern endete der Weg an einer undurchdringlich scheinenden Blätterwand. Mechanisch griff sie nach dem Messer, holte mit dem Arm aus – und traf auf Stein. Das Metall des Messers klang nach. Der klirrende Ton drang von den Ohren über alle Fasern bis in ihr Herz.

Mara tastete in die Blätterwand hinein und berührte dabei einen rauen Felsen. Ein Monolith. Ein riesiger Felsbrocken mitten im Urwald. Mitten im Mydanga. Sie konnte es nicht fassen, sie war am Ziel ihrer Reise.

Gehetzt blickte sie um sich. Zum ersten Mal konnte sie ihre Verfolger sehen. Einen Kopf kleiner als sie, nahezu unbekleidet. Sie formten einen Halbkreis, teilweise verdeckt von den Blättern. Ihre dunklen Augen starrten sie an.

Mara tastete nach dem Stein, hielt sich daran fest. Und wartete.

Nichts geschah.

Die Pydrigenas rührten sich nicht.

Mara atmete ruhiger. Wer vor dem Heiligtum steht, ist unantastbar! Dennoch verharrte sie noch minutenlang mit dem Rücken zu dem Stein. Erst dann löste sie sich langsam.

Die Pydrigenas waren Teil des Urwaldes, sie hatten sie mit allen Mitteln abhalten wollen, das Ziel zu erreichen. Als Wächter der *Goldenen Sonne*.

Jetzt hatte sie bewiesen, wie stark ihr Wille war. Sie musste lächeln. Damit verlor der Urwald das Bedrohliche.

Tief atmete Mara ein. Kraft strömte in sie, vertrieb die

Mattigkeit. Hörbar blies sie die Luft durch ihre Lippen wieder hinaus, mischte den Ton unter die gewöhnlichen Laute der unzähligen verborgenen Lebewesen und blickte offen in die Gesichter der Pydrigenas.

Sie wandte sich um. Ihre Finger glitten vorsichtig über die spröde Oberfläche. Es hieß, wer sein ganzes Sehnen auf die *Goldene Sonne* des Mydanga richtete, würde den Weg finden, könne alle Gefahren überstehen und am Ende das steinerne Tor öffnen. Hinter ihm lag das Geheimnis, das sie als Kind schon in den Erzählungen ihrer Amme fasziniert hatte.

Immer weniger Menschen machten sich auf den Weg, für viele war es nur noch ein Mythos. Die meisten, die suchten, starben unterwegs, denn sie trieb die Gier nach Gold.

Mara aber wusste, dass es die Wahrheit war. Sie brauchte kein Gold, sie war nicht einmal für sich selbst hier. Ihre Hoffnung war das Elixier des Lebens für ihr Kind. Miguel, der nur noch wenige Wochen zu leben hatte.

Mara ließ den Rucksack von den Schultern gleiten. Sie sammelte sich, legte die Hände auf den Stein und sprach: »Agnumamad!«

Dr. Silke Vogt

Urwaldessen

Ein Missionar geht zur Kur
in einen Wald namens Ur.
Dort spricht er zu einem Pygmäen:
»Was muss ich denn da bloß sehen?
Du reichst mir nur bis zu den Haxen!
Willst du noch ein bisschen wachsen?«
Der kleine Mann blickt empor,
ruft lauthals: »Stell dich erst mal vor!«
Und dann zu sich selber, ganz leise:
»Ich weiß gerne, wen ich verspeise.«
Der Pater versteht nur Satz eins:
»Mein Name ist Karl-Heinz.«
Dann zieht er deftig vom Leder:
»Daheim, da kennt mich jeder!«
Wie üblich in seiner Sippe
riskiert er 'ne kesse Lippe:
»Ich bin doch ein Ostwestfale!«
Happs! – macht der Kannibale
und lässt den nun wirklich sehr Fahlen
glatt mit dem Leben bezahlen.
Denn Proteine sind wichtig,
sonst wächst ein Pygmäe nicht richtig …

Markus L. Schmid

Mein Leben im Dschungel

Im Nachhinein muss ich sagen, dass mein Leben im Dschungel eigentlich sehr langweilig war. Natürlich gab es auch Ausnahmen, aber im Großen und Ganzen war mein Alltag, obschon mitten im Dschungel, abseits jeglicher Zivilisation, sehr eintönig.

Jeden Tag weckten mich die ersten Sonnenstrahlen, und ich bin dann auch sofort aufgestanden. Ich wäre nie auf die Idee gekommen, mich noch mal umzudrehen und einfach ein paar Minuten liegen zu bleiben. Nicht im Dschungel! Die Sonne ging ja immer zur gleichen Zeit auf, muss man wissen, weil mein Dschungel ja so nah am Äquator war. Deshalb bin ich immer zur gleichen Zeit aufgestanden. Es gibt ja auch kein Wochenende, so nah am Äquator.

Viel hab ich auch vergessen von meinem Leben im Dschungel. Wie ich da hineingeraten bin, zum Beispiel, weiß ich gar nicht mehr, und ich erinnere mich auch nicht mehr daran, das Baumhaus gebaut zu haben, in dem ich jede Nacht geschlafen habe.

Mein Tagesablauf war immer gleich. Ich musste ja ständig schauen, wo ich genug zu essen herbekam. Sehr gern hab ich Kokosnüsse gegessen und Papaya. Gerade die Kokosnüsse hab ich nirgends mehr so gut gegessen wie damals im Dschungel: Das weiße Fruchtfleisch war super smooth. Papayas hab ich am liebsten auf den Grill gehauen. Groß gegessen wurde immer abends. Tagsüber war ich viel zu beschäftigt für geregelte Mahlzeiten, da hab ich mir in den Mund geschoben, was ich gerade so zu greifen bekam. Wenn ich dann aber in der warmen Abendsonne saß, die Papaya auf dem Grill knusprig wurde und einen süßlichen Duft verströmte, ein bisschen wie

Aas, dann ließ es sich aushalten, mein Leben im Dschungel.

Fleisch gab es ab und zu auch, aber eher selten. Für Fleisch musste ich ja Tiere jagen! Und das Problem dabei, welches der Laie oft gar nicht gleich sieht, ist, dass ja alle Tiere schnell sind. Zumindest die leckeren Tiere sind alle ganz schön schnell. Zu den langsamen Tieren zählen zum Beispiel Schnecken, Frösche, Insekten, Schildkröten, und von den Insekten auch nur diejenigen, die nicht oder nicht so gut fliegen können. Bis auf die Schildkröte gilt ja leider nichts dieser Tiere als Delikatesse, und die Schildkröte wiederum ist schwer zu knacken. Viel schwerer noch als eine Kokosnuss.

Fische gab es wenig, da, so muss man wissen, mein Dschungel ja nicht am Meer oder auf einer Insel lag. Und in den paar Gewässern, die groß genug waren, um Fische zu beherbergen, waren auch immer Piranhas. Und überhaupt sind ja Fische auch nicht gerade langsam, zumindest solange sie noch im Wasser sind.

Die langsamen Tiere habe ich mir schon ab und zu mal gegönnt, hier und da mal ein paar Schnecken in die Pfanne geschmissen oder Raupenmus gemacht. Das war schon o.k.

Jetzt sagt der eine oder andere vielleicht, man hätte ja auch was anbauen können, Getreide zum Beispiel, aber da kann ich ja nur drüber lachen über so einen Vorschlag! Im Dschungel ist alles voller Gestrüpp und Pflanzen und Bäume und Lianen und Wurzeln, und das ist ja alles Unkraut, eigentlich. Und selbst wenn man es schaffen würde, einen kleinen Acker anzulegen, so wäre es ja viel zu dunkel. Die Dschungel-Bäume sind derart dicht gewachsen, dass ja fast kein einziger Sonnenstrahl da durchkommt. Ich übertreibe nur ein bisschen, wenn ich sage, dass ich es eigentlich in völliger Dunkelheit zugebracht habe, dieses Leben im Dschungel. Jeden Tag bin ich absichtlich zur größten mir bekannten Lichtung gegangen, um zu verhindern, dass sich meine Augen, wie bei einem Maulwurf, völlig an die Dunkelheit gewöhnten. Ich wäre ja selbst am Ende noch gänzlich zum Maulwurf geworden, wenn ich nicht aufgepasst hätte.

Ich könnte noch lange so weitererzählen, wie langweilig und gleichförmig mein Leben war, damals im Dschungel. Aber, wie ich ja auch schon eingeräumt habe, gab es Ausnahmen, und von solch einer möchte ich eigentlich berichten.

Eines Morgens wurde ich wach, nicht etwa durch die Sonnenstrahlen, sondern durch eine Stimme, die von unten zu meinem Baumhaus heraufrief. Als ich verwundert über das Geländer nach unten schaute, stand doch da tatsächlich ein Schwede und rief: »Hello, hello!«

Mir wurde heiß und kalt gleichzeitig, und der Schweiß brach mir aus. Nicht etwa, weil dies der erste Mensch war, den ich seit Jahren sah, sondern weil ich damals doch gar nicht so gut Englisch konnte, höchstens ein paar Brocken. Und der Schwede rief ja in Englisch zu mir. Es stellte sich später heraus, dass der Schwede sogar manche deutsche Wörter verstehen konnte und auch manches sagen konnte, aber trotzdem war sein Deutsch noch schlechter als mein Englisch. Wir mussten uns also auf Englisch verständigen, was der Schwede aber wiederum fast perfekt beherrschte. Ich sage »fast perfekt«, denn bei der Aussprache mancher Wörter war eindeutig zu hören, dass Englisch nicht seine Muttersprache war. Eines dieser Wörter war ausgerechnet das Wort »Jungle«, also das englische Wort für Dschungel. Das fängt ja eigentlich genau so an, wie das deutsche Wort, also mit »dsch« oder »tsch«, aber genau diesen Laut konnte der Schwede nicht so gut. Er sprach stattdessen eine Art »J«, gemischt mit einem kleinen bisschen »S«. So sagte er dann immer: »Our life in the jungle!«

Zunächst wusste ich gar nicht, wie ich reagieren sollte, auf den Schweden, am Fuße meines Baumhauses. Ich war nur froh, dass ich über Nacht die Strickleiter heraufgezogen hatte, sonst wäre der Schwede womöglich bereits heraufgekommen. Das dachte ich damals aber nur, weil ich den Schweden ja noch gar nicht kannte. Es sollte sich nämlich herausstellen, dass es sich bei ihm um einen ganz höflichen und gar nicht aufdringlichen Menschen handelte. Er wäre niemals einfach so in meine Privatsphäre eingedrungen. Dennoch war die Situation für mich so, als ob es am Sonntagnachmittag plötzlich klingelt, ganz unerwartet, und man sich fragt, wer mag das wohl sein, und dann öffnet man die Tür, und was dann? Und das auch noch im Dschungel! Ich war ganz verwirrt.

Schließlich habe ich auch zu ihm hinuntergerufen, ich musste ja, denn er hatte ja schon gesehen, wie ich mich über das Geländer gebeugt hatte. Der Schwede wusste also: Da ist jemand zu Hause.

»Yes, hello!«, rief ich hinab, und der Schwede antwortete: »Hello! How do you do?«

Und daraufhin rief ich zurück: »Yes, yes, hello. I come, I come.« Ich ging zurück ins Baumhaus und machte noch schnell mein Bett. Um den Schweden zu beschwichtigen rief ich über die Schulter: »One moment, I come, one moment.«

»My name is Olaf and I am from Sweden!«

Sobald das Bett gemacht war, ging ich zu der Luke, die meinem Baumhaus als Eingang diente, warf die Strickleiter nach unten und begann, langsam und vorsichtig hinabzuklettern. Man musste vorsichtig sein mit der Strickleiter, denn sie war etwas morsch, und ich hatte mir schon lange vorgenommen, sie zu erneuern. Aber ich kletterte auch deshalb so langsam, weil ich angestrengt darüber nachdachte, was ich zu dem Schweden wohl sagen sollte. Mühsam kramte ich in meinem Gedächtnis nach englischen Wörtern und versuchte, mir möglichst sinnvolle Sätze zurechtzulegen. Ich sollte zumindest dafür etwas Zeit haben, da mein Baumhaus in der Baumkrone eines sehr hohen Baumes lag. Natürlich wusste ich nicht, dass der Schwede die herunterfallende Strickleiter als Einladung aufgefasst hatte, zu mir heraufzukommen. So trafen wir uns, für uns beide gleichermaßen unerwartet, etwa auf halber Höhe der Strickleiter.

Der Schwede war zu sehr damit beschäftigt, auf seine Füße zu achten, und ich achtete zu sehr auf mein Englischproblem. Wie es der Zufall wollte, trat ich dem Schweden nicht etwa auf die Finger, sondern bemerkte ihn erst, als sein Kopf gegen meinen Hintern stieß.

Erschrocken schaute ich nach unten, in das erstaunte Gesicht des Schwedens, welcher nur »Oh, Oh« sagte. Ich nahm eine Hand von der Sprosse, sodass ich mich ihm besser zuwenden konnte. Dies versetzte jedoch die Strickleiter in Schwingungen, sodass der Schwede unter mir immer wieder aus meinem Sichtfeld baumelte.

»Welcome, welcome«, sagte ich. Dann zeigte ich hoch zum Baumhaus und sagte »tree house, tree house«.

Der Schwede verstand dies als Aufforderung, mit mir in mein Baumhaus zu kommen, und, obwohl ich das so nicht gemeint hatte, war es mir recht.

Dies war meine erste Begegnung mit dem Schweden, und er blieb auch ganz schön lange bei mir. Ich weiß nicht mehr genau wie lange, vielleicht aber waren es ein paar Monate. Wir verstanden uns gut, und Olaf, so hieß ja der Schwede, wohnte auch in meinem Baumhaus. Das einzige Problem zwischen uns war die Kommunikation, und ich muss leider zugeben, dass dies an meinen Englischkenntnissen lag. Olaf sprach ja fließend und schnell, und obwohl ich Englisch viel besser verstehen als sprechen konnte, hatte ich auch manchmal Probleme, ihm zu folgen. Oft verstand ich aber auch genau, worüber Olaf sprach, aber was ich erwidern wollte, war zu schwierig für mich.

»You can call me Ole!«, sagte Olaf einmal. Ich könne ihn also auch Ole nennen, wollte er mir sagen. Aber ich wollte das eigentlich nicht, denn immer wenn ich »Ole« sagen wollte, wusste ich nicht genau, ob ich das »O« oder das »e« betonen sollte. Eigentlich hätte ich wissen müssen, dass ich das »O« betonen musste, denn so hatte Olaf selbst ja »Ole« ausgesprochen, aber jedes Mal, wenn ich »Ole« sagte, machte ich es falsch und betonte das »e«.

Olaf schaute mich dann jedes Mal verwirrt an und grinste dann. Er meinte wohl, ich wollte einen Witz machen oder mich womöglich über seinen Namen lustig machen.

Einmal versuchte ich, ihm zu erklären, dass ich »Ole« nur versehentlich immer falsch ausspreche, aber er verstand nicht. Mein Englisch reichte dazu nicht aus.

Olaf erzählte mir oft Witze. Als er dies das erste Mal tat, erklärte er mir vorher, dass er nun einen Witz, also einen »joke« erzählen wollte. Er wusste nämlich genau, dass ich vieles von dem, was er sagte, einfach nicht verstand. Aber auch das Wort »joke« konnte er nicht richtig aussprechen, das heißt, er sprach es wieder mit einem »J« anstatt einem »tsch«. So dachte ich, er sagte »yolk«, was Eidotter heißt! Ich war ein bisschen stolz, dass ich gerade dieses englische Wort, also »yolk«, kannte, und deshalb kam es mir gar nicht in den Sinn, dass ich Olaf mal wieder missverstanden haben könnte.

Ich versuchte, ihm klar zu machen, dass es keine Hühner und somit auch keine Eier in unserem Dschungel gab. Dazu gackerte ich sogar und lief wie eine Henne um unser Lagerfeuer herum.

Der Schwede lächelte höflich.

Damals, im Dschungel, gab ich Olaf eine Herberge, er durfte bei mir schlafen, und er durfte auch alle meine Sachen benutzen. Aber eigentlich profitierte ich viel mehr von ihm als er von mir.

Zum Beispiel konnte Olaf viel besser jagen als ich, und er schaffte es, Tiere zu fangen, die mir viel zu schnell waren. Er hatte sich einen Bogen gebaut, mit dem er die Tiere einfach totschoss, noch bevor sie weglaufen konnten. Dazu nutzte er aus, dass kein lebendiges Tier ja bisher jemals totgeschossen wurde, also gar nicht wusste, dass dies überhaupt möglich war. So standen die Tiere in vermeintlich sicherer Entfernung und beobachteten Olaf, in dem Glauben, dass dieser Schwede ihnen ja nichts anhaben könne auf diese Entfernung.

Flitze-fatze schoss dann der Pfeil herbei, und dann war es auch schon zu spät. Die anderen Tiere rannten dann zwar weg so schnell es ging, aber auch sie verstanden ja gar nicht, was da vor sich gegangen war: Ihre Gehirne sind zu klein dafür. Demnach konnten sie auch die anderen Tiere nicht warnen, und der Trick mit dem Pfeil gelang dem Schweden immer wieder.

Olaf machte sogar Musik. Er baute ein ganzes Schlagzeug aus Kokosnussschalen, die alle unterschiedlich groß waren, und eine Tröte aus einem Schilfrohr. Die Tröte war eigentlich nur ein Rohr, aber der Schwede schaffte es trotzdem, in unterschiedlichen Tönen darauf zu tröten. Dazu begleitete er sich mit den kompliziertesten Rhythmen auf dem Kokosnussschlagzeug.

Plötzlich nahm Olaf den Mund von der Tröte und rief »Let's dance, let's dance.«

Das Kokosnussgeklapper aber steigerte sich zu einem hypnotischem Wirbel, das reinste Schlagzeugsolo.

»Let's dance, let's dance.«

Obwohl ich gar nicht tanzen konnte, musste ich dann schnell aufspringen, denn Olaf konnte ja nicht auch noch tanzen. Ob ich nun wollte oder nicht, dies war meine Aufgabe. Ich bin dann wie wild um das Lagerfeuer gesprungen und habe die Arme in die Luft geworfen, in alle Richtungen, obwohl das in den Gelenken manchmal gespannt hat.

»Listen to the beat! Listen to the beat!«, schrie der Schwede, und der Schweiß tropfte ihm vom Gesicht, so anstrengend war sein Getrommel.

Manchmal ging ich in die Hocke und sprang einfach in die Höhe, dabei flatterte ich mit den Armen. Dies gefiel Olaf immer ganz besonders, und er brach in schallendes Gelächter aus.

»Listen to the beat!«, rief ich dann, und der Schwede nickte heftig, ohne sein Getröte zu unterbrechen.

Der Schwede erfand auch ein Spiel, welches wir zusammen spielten. Dazu befestigten wir Ringe, die wir aus dünnen Zweigen gebunden hatten, an den Bäumen in unterschiedlichen Höhen, und da mussten wir hindurch treffen, mit Kokosnüssen. Es fing ganz leicht an und wurde immer schwerer. Für die späteren Ringe musste man die Kokosnuss zum Teil so werfen, dass sie zuerst an einem anderen Baum genau im richtigen Winkel abprallte. Aber zu so einem Ring musste man erst mal kommen, denn wenn man auch nur mit einem Versuch den Ring nicht traf, so musste man von vorn anfangen. Über diese strenge Regel waren wir beide oft sehr erbost, und gerade zu Beginn kam es häufig vor, dass wir die Kokosnüsse frustriert zu Boden warfen, wenn wir bei einem der späteren Ringe versagten. Denn jetzt noch mal ganz von vorne zu beginnen, das war uns oft zu blöd. Wir hätten viel lieber den schweren Ring, an dem wir gescheitert sind, etwas geübt. Aber Regel war Regel, auch hier, oder gerade hier, im Dschungel.

Aber eines Tages kam der Schwede zu mir, als ich gerade damit beschäftigt war, Kokosnüsse zu knacken. Er legte mir die Hand auf die Schulter und sah mich ernst an. »My friend, my friend!«, sagte er und lächelte dann.

»My friend! Goodbye! Take care!« Dann drehte er sich einfach um und lief in den Dschungel hinein, der ihn wie ein grüner Vorhang verschluckte.

Ich sah ihm nach, und als mir plötzlich bewusst wurde, dass sich Olaf für immer von mir verabschiedet hatte, rief ich so laut ich konnte: »Goodbye!«

Aber nichts war mehr zu hören von dem Schweden, und ich rief »I come, I come. Wait!«, doch ich blieb stehen, bei meinen Kokosnüssen. Ich schmiss alles hin und kletterte so heftig in mein Baumhaus, dass die Strickleiter dabei fast abriss. Dort angekommen, warf ich mich aufs Bett und vergrub mein Gesicht im Kissen.

Mensch, war ich sauer darüber, dass der Schwede einfach weggegangen war!

Auch am nächsten Tag blieb der Schwede verschwunden. Seinen Bogen hatte er mir vermacht, genau so wie sein Schlagzeug und seine Tröte. Und die Ringe für unser Spiel waren noch überall in den Bäumen zu sehen. Ansonsten war vom Schweden keine Spur zu sehen.

Ich sagte mir, dass ich den Schweden gar nicht brauchte und auch allein die ganzen tollen Sachen machen könne, wie Jagen, Musik machen oder Kokosnuss-Golf spielen. Es war dazu ja noch alles da, Olaf hatte nichts mitgenommen. Doch schnell wurde klar, dass die Pfeile, die ich schoss, obwohl sie genau so schnell flogen wie Olafs, einfach kein einziges Tier trafen.

Einen Tag lang schoss ich Pfeile im ganzen Dschungel umher, ohne abends etwas zum Essen zu haben. Ich hätte wochenlang üben müssen, denn ich hatte kein Talent. Aber wer hätte sich in dieser Zeit um das Essen gekümmert? Denn es dauerte sehr lange, die ganzen verschossenen Pfeile einzusammeln. Im Dschungel!

Kokosnuss-Golf spielte ich zunächst zwar manchmal, aber es wollte dabei keine rechte Freude aufkommen. Jetzt, da ich allein war, hielt ich mich einfach nicht mehr an die Regeln und schummelte. Es wusste ja niemand davon, außer ich selbst. Deswegen konnte ich auch nicht stolz darauf sein, wenn ich einen schweren Ring zum ersten Mal schaffte, denn ich hatte ja gemogelt.

Ich versuchte auch, Musik zu machen, doch wenn ich in die Tröte blies, kamen keine schönen Töne raus, sondern nur ein unangenehmes Pupsen! Ich konnte zwar auch unterschiedliche Töne, das war nicht das Problem, aber eben leider immer nur Pupslaute.

Mein Schlagzeugspiel war eine Katastrophe: Ich hatte den »beat« einfach nicht im Blut! Ich klopfte und hämmerte auf die Nüsse, so schnell ich konnte, ich fing auch ordentlich an zu schwitzen, wie Olaf, aber es war doch anders. Zumindest kann mir niemand vorwerfen, ich hätte mich nicht bemüht, denn ich versuchte alles: »Let's dance!« und »Listen to the beat!«, aber es sollte nicht sein. Ich musste einsehen, dass ich den aufregenden Lebensstil des Schwedens nicht aufrechterhalten konnte, so sehr ich mich auch bemühte.

Den Bogen zerbrach ich aus Frust über dem Knie, und die Kokosnuss-Golf-Anlage ließ ich verkommen. Da das Kokosnussschlagzeug den Rhythmus nicht mehr zu spüren bekam, zerfiel es in seine Einzelteile, denn es war ja nur Olafs »beat«, der alles zusammengehalten hatte.

So kehrte ich langsam zurück in mein altes Leben im Dschungel. Dieses Leben, ich habe es am Anfang ja erzählt, war sehr langweilig gewesen, aber es war eben mein Leben im Dschungel.

Wenn ich aber heute in Talkshows zu Gast bin, um über mein Leben im Dschungel zu erzählen, so sage ich immer »jungle« anstatt »Dschungel« und zwar genau so, wie der Schwede es ausgesprochen hatte. Die Leute nehmen das einfach hin und denken wohl, ich sei etwas wunderlich geworden aufgrund meines Lebens im Dschungel.

Mona Schneider-Siepe

Dschungel in der Stadt

Ich schließe die Augen
und finde mich im Dschungel wieder.
Viele schimmernde Lichter in der einfarbigen Landschaft.
Fremde Düfte, die die stickige Luft erfüllen.
Kämpfend durch das Getümmel,
bemüht, die Orientierung nicht zu verlieren.
Überwältigt von den fremden Lauten
und der neuen Enge.

Neu bin ich hier,
und möchte bleiben.
Doch Orientierungslos und gehetzt
laufe ich mit Perlen auf der Stirn umher.
Sachte tropft es von oben auf mich herab.

Ein neues Leben erwacht.
Neue Düfte verbreiten sich.
Es wird enger, und die Fremde breitet sich aus.
Verlaufen kann man sich schnell
in fremden Plätzen,
die doch so gleich aussehen.

Gefahren lauern um mich herum,
Rascheln und Zischen, lautes Getöse und die Stille.
Sind sie da oder ist es doch nur die Angst?

So streife ich durch den fremden Dschungel
und atme erleichtert aus
beim Aufschließen meiner neuen Haustür.

Hans-Peter Lorang

Dschungelnächte

Der Familienrat der Ranners war sich einig, Georg wird die Stelle in Südafrika annehmen, um dort als Anwalt bei der UN an den Verträgen für den internationalen Handel mit Rohdiamanten mitzuarbeiten. Nach einem Seufzer fasste Mathilde den Beschluss der Familie zusammen: »Gut, die Stelle bei der UN musst du annehmen. Meinetwegen kannst du vorher auf Safari gehen – mit Sabrina, auch wenn ich es lieber sähe, wenn sie erst später mit mir nach Südafrika käme.«

»Sabrina hat nach dem guten Abiturabschluss eine Belohnung verdient. Der Urlaub im Dschungel wird für sie ein großes Erlebnis werden«, bestärkte Georg die einvernehmliche Entscheidung, als er mit einer Flasche Sekt zurück ins Wohnzimmer kam.

Während er die Flasche öffnete, verharrten seine Blicke auf Mathilde. Er wusste, dass sie ungern ihre Bedenken zurückstellte und nur zustimmte, weil Sabrina sich so sehr auf die Safari freute.

Mit einem lauten Plopp schoss der Korken in Georgs Hand. Sogleich ergoss sich das prickelnde Getränk in die parat stehenden Gläser. Georg stand auf, reichte Sabrina und Mathilde die gefüllten Sektschalen und prostete Sabrina zu: »Jetzt bist du deiner Mutter endlich nicht mehr zu jung für die wilden Tiere in Afrika. Heia, Safari!«

Heute war es so weit – mit einer erneuten Mahnung zur Achtsamkeit verabschiedete Mathilde Georg und Sabrina auf dem Frankfurter Flughafen. Der Check-in verlief problemlos. Schließlich wurden die Reisenden für Flight-Number SA25 mit South African Airways nach Johannesburg aufgerufen. Georgs und Sabrinas Abenteuer begann, als endlich der Airbus A 340-600 von deutschem Boden abhob.

Nach knapp elf Stunden Flugzeit warteten Vater und Tochter in der Abfertigungshalle des International Airport O.R. Tambo etwas zerschlagen auf ihr Reisegepäck. Am Gepäckband sollte auch Piet Kensington eintreffen, der, als Professional Hunter der Jagdreiseagentur, für die Betreuung und die Jagdbegleitung der deutschen Safarigäste zuständig war.

»Piet kam auch im letzten Jahr etwas später. Er weiß, dass man auf das Gepäck warten muss«, versuchte Georg, einer möglichen Beunruhigung seiner Tochter entgegenzuwirken. »Der Airport ist der sicherste Fleck in ganz Südafrika«, bemerkte er eher beiläufig, als wiederholt Securitypersonal auftauchte, vorbeipatrouillierte und wieder in der riesigen Abfertigungshalle seinen Blicken entschwand.

»Da ist er ja schon«, rief Georg vernehmbar erleichtert, als er Piet sah. Mit großen Schritten kam der mit Khaki-Jeans und weißem T-Shirt bekleidete sportliche Mann auf die Deutschen zu.

Sabrina verspürte sogleich ein prickelndes Gefühl im Bauch, das sie in dieser Art noch nicht erlebt hatte. Der braungebrannte Mann mit den verwegenen, dunklen Augen wirkte auf Sabrina mit einer Ausstrahlung, die sie sehr verunsicherte.

In keiner Weise hatte sie diese Empfindung gehabt, wenn sie zuvor einem ebenso interessanten Mann begegnet war.

»Schön, dass ich Sie kennenlerne, Sabrina. Ihr Vater schwärmte bei jeder Safari von Ihnen. Endlich hat er sein Versprechen wahrgemacht und Sie mitgebracht. Schade, dass ich Sie nicht schon in Deutschland angetroffen habe, als ich zu Ostern Ihren Vater besuchte – Sie gingen damals noch zur Schule. Ich bin nur von September bis

März hier in Afrika. Meine Wahlheimat ist Deutschland, auch wenn ich Engländer bin.«

»Interessant – ein Engländer, der Deutsche mag und in Afrika Safaris durchführt«, fasste Sabrina die kurze Vorstellung etwas verlegen zusammen.

»Meine Mutter ist Deutsche. Sie lebt im Sommer in Idar-Oberstein.«

»Dann sind wir ja fast Nachbarn. Papa, warum hast du nie erwähnt, dass Herr Kensington bei uns im Hunsrück wohnt?«

»Hat er nicht?«, unterbrach Piet mit einem Lächeln, das kurz seine strahlend weißen Zähne zeigte.

»Georg, du willst wohl deine schöne Tochter für dich alleine behalten?«, scherzte Piet, reichte erneut Sabrina seine Hand entgegen und sagte: »Sie müssen Piet zu mir sagen.«

»Gerne. Ich heiße Sabrina, aber das wissen Sie – äh, du ja schon.«

Endlich war auf dem großen Laufband Gepäck zu sehen. Georg ging den herankommenden Gepäckstücken etwas entgegen, obwohl er gleich erkannte, dass diese Koffer nicht ihm gehörten. Dann endlich: Die zwei grauen Samsonitekoffer und der silberfarbene Gewehrkoffer mit der großkalibrigen Safaribüchse waren zu sehen.

Während Georg oberflächlich die unverschlossenen Gepäckstücke auf Beschädigungen kontrollierte, erschien ein Farbiger, der sogleich von Piet vorgestellt wurde: »Das ist Malu vom Stamm der Bantu. Er wird uns begleiten und auch für uns sorgen. Malu ist nicht nur ein ausgezeichneter Fährtenleser, sondern auch ein perfekter Koch.«

Malu wuchtete die Koffer auf den von ihm mitgebrachten Transporttrolley und eilte damit der kleinen Gruppe nach, die bereits Richtung Ausgang der Arrivals Hall unterwegs war. Die Fahrt zum Big Hole, dem riesigen Tagebauloch der ehemaligen Kimberley Mine, dauerte über drei Stunden. Bis in die Nähe dieses größten, je von Menschenhand gegrabenen Erdtrichters gab es leidlich ausgebaute Straßen. Hier liegt das Kimberley Mine Museum, dem das UN-Büro mit Georgs neuer Arbeitsstelle und die zukünftige Apartmentwohnung der Familie Ranner angegliedert waren.

Beeindruckt vom extravaganten Ambiente, bewunderte Sabrina Lage und Architektur des Gebäudekomplexes, während Piet und Malu mit Georg zusammen das Gepäck in die Wohnung brachten.

Viel Zeit ließ Piet den deutschen Gästen nicht und drängte zur Weiterfahrt ins Jagdcamp. Eilig verpackten Vater und Tochter das an Bekleidung und Ausrüstung in einen Seesack, was ihnen für den Aufenthalt im Jagdcamp und die Jagd notwendig schien. Mit einem Pickup ging es über unwegsames Terrain weiter.

Nach zweistündiger Fahrt durch den Dschungel erreichten sie die gerodete Fläche, auf der die Jagdlodge stand. Malträtiert von der Fahrt über Wurzeln und durch Bodenlöcher, krochen Georg und Sabrina aus dem Geländefahrzeug.

»Here we are, another journey, another story! Das ist hier alles anders als in der Savanne, Georg. Ihr habt es ja schon in euren Knochen gespürt.«

Das Erste, was Sabrina nach der Ankunft im Camp wollte, war eine erfrischende Dusche. Spärlich mit Slip und Safarihemd bekleidet, huschte sie aus ihrem Zimmer zur zentralen Nasszelle der Jagdlodge. Vergebens, die Dusche war bereits besetzt – ihr Vater war schneller gewesen. Zum dritten Mal war Sabrina nun an dem kleinen, schilfummantelten Verschlag mit den davorstehenden Wassereimern vorbeigelaufen – es war die Safaridusche. Piet, die Szene beobachtend, nahm seinerseits das zum

Trocknen vor seinem Zelt aufgehängte Handtuch und schlenderte Sabrina entgegen.

»Hallo, Sabrina, ich brauche auch eine Abkühlung. Aber ich muss wohl damit warten, bis Sie – Pardon, bis du fertig bist.«

»Sag nur, das hier ist die alternative Duschgelegenheit?«

»Ja, und eine ganz praktische. Malu sorgt dafür, dass ständig ein Eimer mit frischem Wasser an dem dicken Ast hängt. Einfach an dem herabhängenden Strick ziehen, der mit einem Haken im Eimer hängt und diesen zum Abkippen bringt. So lässt sich das ausfließende Wasser leicht dosieren. Wer mehr braucht, muss einen weiteren vollen Eimer hochhängen – zu zweit macht das natürlich auch viel Spaß.«

Sabrina lächelte verlegen, bevor sie antwortete: »Dann werde ich es mal versuchen. Entschuldige bitte, dass ich dir zuvorgekommen bin.«

»No problem, ich warte.«

Unter der Dusche stehend, empfand Sabrina die etwas freche Anspielung auf ein gemeinsames Duschvergnügen nicht als anstößig. Piets charmant freie Art imponierte ihr. Etwas unachtsam zog Sabrina wiederholt an dem Strick, der sodann den Eimer gänzlich zum Kippen und Herabfallen brachte. Ihr lauter Aufschrei ob der ungewollten Schnelldusche veranlasste Piet sogleich, die vermeintlich notwendige Hilfe leisten zu wollen. Durch die lückenhaften Schilfwände sah er, bei Annäherung an den Duschverschlag, schemenhaft Sabrinas nackten Körper – eine seltene erotische Erscheinung in dem sonst so tristen Jagdcamp. »Hey, Sabrina, ist etwas passiert? Brauchst du Hilfe?«, fragte Piet, aus eigener Erfahrung wohl wissend, dass nur der Wassereimer abgestürzt war.

»Der Misteimer!«, schimpfte Sabrina, ihren rechten Arm herausstreckend. »Reich mir bitte mein Badetuch!

Ich schaue dir mal zu, wie das mit der Safaridusche richtig funktioniert.«

Baff von diesem Ansinnen, überspielte Piet einen Anflug von Verlegenheit und begann, einen gefüllten Wassereimer für sein Duschvergnügen vorzubereiten. Lachend erklärte er Sabrina die geniale, jedoch auch sensible Technik der Safaridusche und genoss dabei die Abkühlung.

Als wolle er Sabrina alle Seiten seines sportlich trainierten Körpers präsentieren, drehte sich Piet, gleich einem Tanzbär, unter dem wohldosierten Wasserstrahl.

Während Sabrina und Piet nach der anregend erfrischenden Dusche, im Schatten eines Flammenbaumes sitzend, auf Georg warteten, servierte Malu einen Safari-Cocktail.

Genüsslich schlürfte Sabrina aus dem riesigen Hurrican-Glas den mit reichlich *Amarula* gemixten Drink. Die großen, herabhängenden, feuerrot leuchtend gefärbten Blüten des Flammenbaumes boten Piet Gesprächsstoff für einen unverfänglichen Smalltalk: »Aus den schönen Blüten werden später lange Fruchthülsen, die im getrockneten Zustand von den Eingeborenen als Musikinstrumente genutzt werden.«

Sabrina interessierte sich sodann für die neben dem Eingang in einer Art Köcher stehenden Speere. Sehr oft hatte ihr Vater nahezu ehrfürchtig von der tödlichen Wirkung dieser Waffen berichtet und selbst einige als Souvenir von seinen bisherigen Safaris mitgebracht.

Bereitwillig erklärte Piet den Grund für die unterschiedlichen Längen sowie die Einsatzarten und Handhabung der Speere. »Das sind Assegai, die Waffen der Bantu. Du kannst später selbst einmal diese Speere werfen – just for fun natürlich«, stellte Piet in Aussicht.

Erwartungsvoll auf den ersten Jagdtag im Dschungel gespannt, kam Sabrinas Vater auf die Terrasse. Offensichtlich zufrieden, setzte er sich in einen der herumstehenden Rattansessel, schloss für einen Moment seine Augen und atmete das über der Jagdfarm liegende Bukett der exotischen Flora tief ein.

»Heute Abend klappt es vielleicht schon, Georg«, sagte Piet, als er begann, die erste Jagd auf den Leoparden zu besprechen. »Wir jagen am *Bait*. Das *Bait* ist eine Art Luderplatz, der die Katzen von den Schafen der Bantu abhalten soll. Dort haben wir einen Bodensitz eingerichtet, den wir *Blind* nennen«, erklärte Piet weiter. »Du musst dort alleine ausharren, solange du noch was erkennen kannst. Ich werde das *Bait* von einer Anhöhe beobachten. Wenn es sein muss, bin ich in wenigen Minuten bei dir.«

»Und ich?«, fragte Sabrina.

»Du kommst natürlich mit mir. Wir haben bestimmt keine Langeweile auf unserem Feldherrnhügel«, antwortete Piet mit einem verwegenen Lächeln.

Sabrina spürte ihre Verlegenheit und hoffte, dass die ihr in solchen Situationen eigene Art, leicht zu erröten, nicht allzu deutlich das Erkennen von Piets Hintergedanken signalisieren würde.

Am späten Nachmittag fuhr Piet mit dem Pickup vor die Terrasse. Während Georg sein Gewehr, Leinenrucksack und eine Jacke zu den Utensilien auf der Rücksitzbank legte, brachte Malu eine kleine Kühlbox aus dem Haus.

»Nach dem Jagderfolg schmeckt ein kühles Bier am besten«, sagte Piet, Sabrina verschmitzt angrinsend.

Sabrina war sich nicht sicher, ob er dabei den Jagderfolg auf den Leoparden oder auf sie meinte. Ohne Kommentar zwängte sie sich mit ihren hautengen Safarijeans und der aufreizend dekolletierten Leinenbluse zu dem Kram auf die Rückbank. Als Piet dann über sie hinweg greifend die Kühlbox verstaute, kam es zu einer eher absichtlichen Berührung ihrer Brust, die Sabrina sprichwörtlich durch Mark und Bein ging. Sie grübelte: Dieses Gefühl hatte ich selbst beim Abiball nicht, als sich Jens beim Tanzen immer fester an mich schmiegte. Ich glaube, ich habe mich verknallt, verknallt in diesen verwegenen Typ.

Nach etwa drei Meilen Schlaglochstrecke erreichte die kleine Jagdkorona die Nähe des Luderplatzes. Piet lud eines seiner zwei mitgeführten Gewehre durch und übergab die großkalibrige Safaribüchse Sabrina. Auf ihren Vater schauend, merkte er an: »Just to make sure, Georg. Du sagtest, sie kann damit umgehen.«

»Kann sie auch. Bleibe aber trotz Waffe auf jeden Fall im Auto, Sabrina!«

»Ja, unbedingt – ich bin schnell zurück«, bekräftigte Piet.

Piet und Georg luden nun auch ihre Gewehre durch und pirschten zu dem getarnten Erdsitz, der unweit des Luderplatzes Georg zum Jagderfolg verhelfen sollte.

»Dort in den Bäumen hängt das *Bait.* Lasse dir Zeit, schieße nur, wenn du gut drauf bist! Verlasse deine Deckung auf keinen Fall – egal, was passiert!«

Im Nu war Piet verschwunden. Georg versuchte, sich mit seiner Umgebung etwas vertraut zu machen. Trotz seiner Erfahrung als Afrikajäger befiel ihn ein spürbares Unbehagen. Gedankenverloren blickte er in den blutroten Himmel mit der hinter dem Horizont verschwindenden Sonne. Die eindrucksvolle Geräuschkulisse der anbrechenden Dschungelnacht und die Anspannung vor der Jagd auf die gefährliche Beute konnten Georg nicht davon abbringen, unentwegt an seine Tochter zu denken: Wenn sie nur ein Abenteuer sucht, soll es mir egal sein. Aber ich kenne sie. Piet wird sie beeindrucken. Hoffentlich wird da keine Enttäuschung draus.

Alleine gelassen wurde Sabrina von den Geräuschen der kleinen und großen Dschungelbewohner dermaßen beeindruckt, dass sie für einen Moment ihre gedankliche Schwärmerei von Piet vergessen ließ. Die vielfältigen Stimmen von Vögeln und anderem Getier erzeugten ringsum ein fantastisches Konzert. Ab und an ließ das Trompeten eines näher kommenden Waldelefanten Sabrinas Atem stocken. Schaudernd sah sie auf den mächtigen grauen Koloss, der sich durch das sich teilende Grün der wuchernden Sträucher auf die Lichtung schob. Unruhig bewegten sich die riesigen Ohren, bevor der graue Riese mit erhobenem Rüssel den Wind prüfend weiterzog.

Das Stelldichein des Waldelefanten blieb von Piet nicht unbemerkt. Abwartend verharrte er so lange in Deckung, bis dieser weit davongezogen war. Erst nun näherte sich Piet, einer Katze gleich, dem auf der Anhöhe unter den immergrünen Hartlaubbäumen abgestellten Pickup. Wenige Meter, bevor er das Fahrzeug erreicht hatte, bemerkte Sabrina seine Rückkehr. Überschwänglich begann sie, sogleich auf Piet einzureden, um ihre ergreifenden Erlebnisse zu schildern. Wenig beeindruckt von den für ihn alltäglichen Erlebnissen, fragte Piet mit einem breiten Grinsen: »Na, hast du Lust auf ...« Er machte absichtlich eine Pause und schaute Sabrina tief in die Augen. Ohne eine Antwort abzuwarten, griff er nach hinten, öffnete die Kühlbox und angelte zwei Becher Eis heraus. »Eis? Oder dachtest du an etwas anderes?«

Der hat's faustdick hinter den schönen Ohren, war sich Sabrina sicher und nahm Piet einen Becher aus der Hand. Noch war das Eis nicht aufgegessen, als Piet die prickelnde Situation ausnutzte und, Sabrina anlächelnd, meinte: »Auf dem Airport hatten wir dazu keine Gelegenheit – aber hier, hier ist der richtige Platz, unsere Freundschaft mit einem Kuss zu besiegeln. Bestimmt hast du schon viele Freunde geküsst – oder?« Ohne eine Antwort abzuwarten, beugte sich Piet über Sabrina, die bereitwillig ihre Lippen zum Küssen formte. Die reizvoll erotische Zweisamkeit in der Dschungelnacht wurde jäh gestört, als ein Gewehrschuss brach.

»Der Leopard!«, unterbrach Piet leise ausrufend seine Absicht, Sabrina zum Austausch weiterer Zärtlichkeiten zu motivieren. »Georg hat den Leoparden geschossen. Hoffentlich hat er gut getroffen.«

Piet angelte das Fernglas vom Rücksitz und suchte den Bereich unter den Bäumen am Luderplatz ab. Nichts war zu erkennen, was vorher nicht schon dort zu sehen war.

»Wir fahren hin«, entschied Piet, der sich sogleich auf seine Aufgabe als Jagdführer besann. Er startete den Pickup, langsam rollend begann die Fahrt Richtung *Bait*.

Georg winkte bereits aus dem Erdsitz heraus. Aufgeregt rief er: »Ich hab ihn! Ich hab ihn! Er liegt dort. Dort drüben – mausetot!«

Mit der starken Lampe leuchtete Piet in die von Georg gezeigte Richtung. Tatsächlich, Georg hatte einen Leoparden geschossen – ein außergewöhnliches Ereignis.

Die erfolgreiche Jagd auf den Leoparden wurde am nächsten Tag von den Eingeborenen gebührend gefeiert. Für den Stamm der Bantu bedeutet ein toter Leopard das Überleben vieler ihrer Nutztiere, auf die ihre Familien angewiesen sind. Auch bringt die offizielle Jagd den Bantu einen bescheidenen, nachhaltigen Wohlstand, da viele von ihnen in den Jagdcamps beschäftigt sind. Hierher kommen sie auch stets mit ihren Familien, um einen nach ihrer Kultur bedeutenden Jagderfolg mit traditionellen Riten zu zelebrieren. Dass die Bantu bei dieser Gelegenheit das meiste Fleisch des erbeuteten Wildes erhalten, ist für sie zu einer nicht ganz nebensächlichen Gewohnheit geworden. Sabrina fühlte sich nicht wirklich wohl in ihrer Haut, als die in Tiergestalten verkleideten Tänzer ihr immer wieder sehr nahe kamen. Noch angsteinflößender benahmen sich die Bantus, die bis auf ihre furchterregenden Masken völlig nackt waren und offensichtlich mit Vorliebe Sabrina für ihre Scheinangriffe auswählten. Fast kroch sie in Piet hinein, um den wilden Bewegungen und Gebärden der berauschten Bantujäger auszuweichen. Seine Beschützerrolle frech ausnutzend, drückte Piet Sabrina bei jedem vermeintlichen Angriff eines Tänzers fest an sich heran; wiederholt glitten dabei seine Hände ausgeschamt über ihre Oberschenkel.

Das Techtelmechtel zwischen Sabrina und Piet und ihr gemeinsames Verschwinden während der ritualen Zeremonie blieb von Georg natürlich nicht unbemerkt. So ausgelassen und hemmungslos hatte er seine Tochter noch nie erlebt.

Es war Mitte Dezember, als Sabrina den großen sandbeigefarbenen Umschlag öffnete, ein Brief von Piet – ein erstes Lebenszeichen von ihm seit der ritualen Nacht mit den Eingeborenen.

Etwas enttäuscht las sie den Text, mit dem Piet, ohne persönliche Worte, sie zu seiner Geburtstagsparty in das Jagdcamp einlud. Lange grübelte Sabrina an der Formulierung des E-Mail-Textes, mit dem sie ihre Teilnahme zusagte und dabei ihre Empfindungen hinsichtlich der unpersönlichen Einladung andeutete.

Wenig später wurde Sabrinas Sinnieren durch den Klingelton ihres Handys unterbrochen. Sie drückte die Annahmetaste und hörte ihren Vater: »Hallo, Sabrina. Ich habe gerade einen Brief von Piet erhalten – eine Einladung zu seinem Geburtstag. Bestimmt bekommst du auch eine.«

»Hab' ich schon«, unterbrach Sabrina ihren Vater.

»Etwas unpersönlich finde ich die Einladung schon. Aber egal, da müssen wir wohl hin.«

»Ja sicher. Dann wird Mathilde Piet auch mal live erleben. Sie ist dann ja schon über eine Woche hier und lernt so gleich den Dschungel kennen. Die Feier in dem Jagdcamp wird bestimmt ein besonderes Ereignis. Wir werden sehen, Sabrina. Bis dann.«

Unter den Affenbrotbäumen beim Jagdcamp standen bereits einige Geländefahrzeuge. Mit flauem Gefühl folgte Sabrina Hand in Hand mit ihrer Mutter Georg, der mit seinem vertrauten Sekretär und Fahrer vorausging.

Was wird Piet von mir denken, wenn er mich mit meiner Mutter sieht?, grübelte Sabrina. Eigentlich wäre ich lieber alleine hier, allein für einen schönen Abend mit Piet.

Auf der Veranda stehend, begrüßte Piet die Gäste. Neben ihm, an seine Schulter angelehnt, stand eine in Safarilook gekleidete attraktive Frau. Es war Angela Rester, eine seiner vielen Freundinnen – wie sich später herausstellte.

Ohne Gefühle zu zeigen begrüßte Piet Sabrina und Mathilde. Auf eine gegenseitige Vorstellung der Gäste verzichtete er lapidar mit dem Hinweis: »Schaut euch um, im Camp gibt es vieles zu sehen. Fühlt euch wie zu Hause – meine Freunde sind auch eure Freunde.«

Sabrinas Anspannung wich. Ein so kaltes Wiedersehen hatte sie nicht erwartet. Sie empfand große Enttäuschung, fast eine Spur von Hass. Hass gegen einen Mann, der hier so anders war als in ihren Träumen und während der Jagd im Dschungel. Vor sich selbst konnte sie einen Anflug von Eifersucht jedoch nicht leugnen. Gespielt souverän sagte sie scherzhaft zu Piet: »Wir sehen uns. Ich werde schon mal mit den Assegai üben.«

In den vielen Sitzecken, die sich im und um das Camp

verteilten, vergnügten sich, Champagner schlürfend, weitere Gäste. Es waren überwiegend Männer mit verwegener Ausstrahlung, die hier um die wenigen Frauen buhlten. Auch Sabrina fand mit ihrer Mutter einen Platz an einem kleinen Tischlein. Die Tochter zwang sich, ihre Enttäuschung über Piets Verhalten beim heutigen Wiedersehen zu verdrängen.

Nachdem sie ihr erstes Glas Champagner geleert hatte, begann Sabrina, ihrer Mutter die Episode mit Piet bei der Dschungeljagd anzuvertrauen. Dabei suchten ihre Blicke wiederholt Kontakt mit Piet, ohne dessen Aufmerksamkeit wirklich zu erreichen.

Mathilde hörte sogleich aus Sabrinas Schwärmen heraus – ihre Tochter war verliebt. Sie suchte nach den richtigen Worten, um ihre Euphorie etwas zu dämpfen, sie möglicherweise vor einer Enttäuschung zu bewahren. Im schummrigen Kerzenlicht sah die Mutter die Tränen, die sich aus Sabrinas Augen drückten, als sie antwortete: »Ich hätte dir das alles gar nicht sagen sollen, Mutter. Klar, kenne ich den Altersunterschied, sicher weiß ich auch, dass Piet kein Heiliger ist, und die Frau an seiner Schulter habe ich eben auch gesehen. Sei's drum, ich will mich auf jeden Fall heute Abend noch mit ihm aussprechen.«

Bevor Mathilde etwas antworten konnte, kam ein junger Professional Hunter an den Tisch, griff Sabrinas Hand und fragte galant: »Would you like to dance with me?«

Spontan, ohne etwas als Antwort zu geben, folgte Sabrina dem smarten Mann, der sie sanft, aber bestimmt, an die Hand nahm und zur Tanzfläche zog.

Die vielen Personen, die sich zwischenzeitlich im Foyer amüsierten, bescherten der Gesellschaft ein etwas unübersichtliches Gedränge. Zwischen den herumstehenden Grüppchen fanden die Tanzenden kaum Raum für ihre

Schritte. Die Konversationsversuche ihres Tanzpartners ignorierend, sah Sabrina Piet auf der Veranda stehen – alleine. Sogleich verspürte sie den Drang, mit ihm zu sprechen, ihm zu sagen, was sie für ihn empfand.

Bereits nach dem ersten Tanz verließ sie ihren Tanzpartner, um sich durch die tanzende Menge einen Weg nach draußen zu bahnen. Doch Piet war nicht mehr zu sehen.

Unbedarft verließ Sabrina die Veranda und schritt zu dem mächtigen Flammenbaum, dessen feuerrote Blüten selbst im schwachen Mondlicht leuchteten. Noch einmal wollte sie ohne die aus der Lodge dringende Geräuschkulisse das Konzert des Dschungels hören. Arglos schlenderte sie bis zum Rand der Rodung, die durch eine fast rundum geschlossene Dornenhecke umgeben war. Die Dornen sollten das Raubwild und andere ungebetene Gäste von unerwünschtem Besuch der Jagdfarm abhalten. Doch die Blutwitterung des erbeuteten Wildes zog die dreisten Hyänen und hungrigen Leoparden an, die immer wieder ein Schlupfloch fanden und das Areal nach leichter Beute visitierten. Schon mehrfach war es Malu gelungen, eine Hyäne mit dem Assegai zu erlegen. Doch die Begegnung mit dem Leoparden hatte er stets gemieden, wenn dessen wildes Fauchen sein dominantes Herumschleichen verriet.

Angestrengt lauschte Sabrina in die Dunkelheit des Dschungels. Es schien ihr, als wären die Tiere in der Nähe durch ihre Anwesenheit gestört und verstummt. Nur im weiteren Umkreis und insbesondere von der gegenüberliegenden Seite des Jagdcamps drang das vielfältige Konzert der Dschungelnacht an ihre Ohren. Eine lautlose Bewegung vor der Dornenhecke ließ sie erstarren. Sicher erkannte sie sogleich die dunklen Flecken auf dem hellen Körper der zum Sprung bereiten anpirschenden Raubkatze.

Ein Leopard, schoss es Sabrina durch den Kopf. Ich bin verloren, dachte sie angsterfüllt.

Außerstande, sich zu bewegen, blickte Sabrina in die im Mondlicht funkelnden Augen des Leoparden. Ihr lautes Schreien vermochte nicht, den unmittelbar bevorstehenden Angriff der Raubkatze zu verhindern. Fauchend schnellte der Leopard Sabrina sogleich entgegen. Wie von vielen Messern gestochen, realisierte sie die Schmerzen, die das Eindringen der Raubkatzenkrallen in ihren Körper verursachten. Zu Boden geworfen, verlor sie ohnmächtig ihre Besinnung.

Verschwommen erkannte Sabrina die vier Menschen, deren Augen sorgenvoll auf sie blickten. Es waren Vater, Mutter und Piet – ihr Lebensretter, der mit Malus Hilfe ihre Wunden versorgte.

»Was ist geschehen?«, stammelte Sabrina mit schmerzverzerrtem Gesicht.

»Alles gut«, antwortet Piet mit einem Lächeln und fügte an: »Schon der Prophet Jeremia sagte: *Ein Leopard lauert an ihren Städten: Jeder, der aus ihnen hinausgeht, wird zerrissen.* Gut, dass du großes Glück gehabt hast, Sabrina.«

»Ja, Miss. Piet wirft den Assegai, wie ein Bantu es nicht besser kann«, ergänzte Malu in gebrochenem Deutsch.

Karen Plate-Buchner

Tarzan

Im tiefsten Dschungel bin ich aufgewachsen,
als Baby ward ich liebevoll gestillt
von einer riesigen Gorilladame, wild
war ihr Blick nur, wurde ich bedroht.

Als Knabe spielte ich mit jungen Tigern,
von deren Mutter blieb ich lieber fern,
sie sah den Umgang ihrer Kleinen nicht so gern,
doch lernte ich von ihr schon bald das Brüllen.

Wie Hercules bezwang ich gift'ge Schlangen,
ich lernte schnell die Unterschiede seh'n,
sonst wäre ich als Kind schon draufgegangen.

Ich stählte meinen Körper an Lianen
und konnte doch bei aller Kraft nicht ahnen:
gefährlich wurde mir im Dschungel einzig Jane!

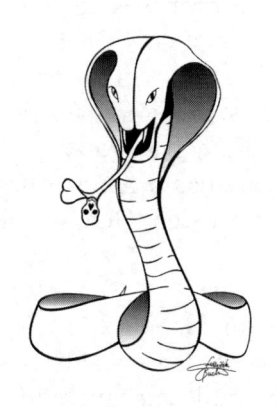

Anja Kubica

24 Stunden

Aufrecht saß Tim auf seinem Platz im Boot. Er lauschte jedem Geräusch. Dem Zirpen der Insekten. Dem Brüllen der Affen. Dem Quaken der Frösche. Von hinten wärmten die letzten Strahlen der Sonne.

»Wenn du jetzt schon so nervös bist, Tim, wie willst du dann die nächsten vier Wochen durchhalten?«

Ruckartig drehte sich Tim um und blickte blinzelnd in das Gesicht seines Vaters Karl. Dieser hatte recht. Tim musste sich beruhigen. Unnötige Panik half ihm nicht, sein Dschungelabenteuer zu meistern.

»Sollte es wirklich ein ungewöhnliches Geräusch geben, sage ich dir Bescheid. Außerdem beschütze ich dich doch sowieso vor allen Gefahren.«

»Danke, Papa.«

»Jetzt leg dich erst einmal schlafen. Die Nacht über bleiben wir auf dem Fluss. Morgen gehen wir an Land.«

Nickend stand Tim auf, lief unter Deck und legte sich hin. Nur Sekunden später fielen ihm die Augen zu.

Am nächsten Morgen weckte Karl seinen Sohn. Über ihnen trommelte Regen aufs Dach.

»Komm mit, Tim. Ich will dir etwas zeigen.«

Gähnend rollte sich Tim aus seinem Bett und trottete an Deck. Dort deutete sein Vater auf einen der Äste über dem Boot. Rund um das braune Holz lagen mehrere grüne Schlingen mit weißen Querstreifen. Dazwischen lag ein Kopf.

»Was ist das, Papa?«

»Ein Grüner Hundskopfschlinger. Eine Würgeschlange, die in den dichten Regenwäldern Südamerikas lebt.«

»Menschen frisst die aber nicht?«

»Nein«, lachte Karl, »dafür ist sie viel zu klein. Sie

wird nur um die zwei Meter groß und frisst Vögel und kleine Säugetiere.«

»Aha«, antwortete Tim und betrachtete die Wasseroberfläche.

Das Boot fuhr noch ein Stück, bevor es an einem Holzsteg anlegte. Expeditionsleiter Angus verließ als Erster das Schiff. Karl stand an der Rehling und schaute zu seinem Sohn: »Tim, kommst du?«

Doch Tim reagierte nicht. Er starrte auf einen bestimmten Punkt im Wasser. Dort sah er einen olivefarbenen Kopf mit zwei oben liegenden Augen.

Unterdessen hatte sich Karl hinter seinen Sohn gestellt.

»Ist das eine Anakonda, Papa?«

»Ja, das ist eine. Also sei vorsichtig. Die Anakonda ist eine von wenigen Schlangen, die Menschen fressen können.«

»Aber mich will die nicht fressen?«

»Nein, ich pass auf dich auf.«

Gemeinsam verließen Karl und Tim das Boot und liefen etwa zwanzig Meter bis zum Camp. Dieses bestand aus einfachen Holzhütten, die auf Stelzen standen. Das Gepäck wurde bereits dorthin gebracht.

»Kann ich mir noch etwas den Dschungel ansehen, Papa?«

»Ich weiß es nicht so recht.«

»Bitte, ich bin auch vorsichtig.«

»In Ordnung. Aber bleib in Sichtweite und fass keine Tiere an!«

»Jawohl!« Sofort schlich Tim los. An einem Baum entdeckte er mehrere zweieinhalb Zentimeter große, schwarze Ameisen mit goldfarbenen Vorderbeinen. Entgegen der Warnung seines Vaters nahm er die Insekten auf die Hand. Zehn Sekunden später schrie er wie am Spieß: »Aaaah, auaaa.«

Sofort kam Karl angerannt. Ein Blick genügte. Mit einer Handbewegung wischte er die Ameisen vom Arm seines Sohnes.

»Es tut mir so leid, Papa.«

»Ich hatte dich gewarnt, Tim. Fass keine Tiere an!«

»Aua, es tut mir leid, aua. Was sind das denn für Ameisen?«

Bevor Karl antworten konnte, trat Angus von hinten an ihn und seinen Sohn heran. Er sah sich Tims Arm an und ging dann zu einer der Hütten. Weniger als eine Minuten später kam er zurück.

»Aua, was sind das denn nun für Ameisen?«, fragte Tim erneut.

»Das sind Tropische Riesenameisen«, erwiderte Angus, »auch als 24-Stunden-Ameise bekannt.«

»Wieso 24-Stunden-Ameise?«

»Weil die Schmerzen nach einem Stich 24 Stunden anhalten.«

»So lange? Aua, das tut so weh.«

»Können wir denn gar nichts tun, Angus?«, mischte sich Karl in das Gespräch ein.

»Prinzipiell schon. Es gibt ein Antihistamynikum, das die Schmerzen lindert. Leider haben wir keines im Camp, und ihr müsstet mit dem Boot in die nächste Stadt fahren, um welches zu bekommen.«

Vater und Sohn sahen sich in die Augen. Obwohl keiner etwas sagte, nickten beide gleichzeitig. Es war Karl, der das Wort ergriff: »Wir fahren mit dem Boot in die Stadt. In ein paar Tagen sind wir wieder zurück.«

Nickend stimmte Angus zu und entfernte sich. Karl und Tim liefen zum Boot.

»Tut mir leid, Papa, dass du wegen mir so viel Ärger hast. Aua!«

»Ist schon gut. Aber so hättest du dir deine ersten 24 Stunden im Dschungel wohl nicht vorgestellt.«

Autorenbiografien

Martina Bracke, *1968, Referentin für Kulturelle Bildung, Dortmund, seit 2010 diverse Veröffentlichungen von Kurzgeschichten, mehr unter www.mbracke.de

Saskia V. Burmeister, *1986, Berlin, Studentin, veröffentlichte einige Romane, 3 davon im net-Verlag! Ist in div. Anthologien vertreten: www.saskia-v-burmeister.de

Ronny Gempe, *1982, Augsburg, Soziologe und Verwaltungsangestellter der LHM, Veröffentlichungen von Gedichten und Kurzgeschichten in diversen Anthologien.

Wenke Giwsok ist 1966 geboren, wohnt in Neubrandenburg und ist gelernte Krankenschwester. Sie hat hier das erste Mal veröffentlicht.

Brit Gögel, *1972, schreibt als Hobbyautorin und Lyrikerin für Kinder, Jugendliche und Erwachsene. www.ich-schreibe-fuer-sie.com

Gina Grimpo, *1988, wohnhaft in Weyhe, gelernte Außenhandelskauffrau, hat bisher noch nicht in Anthologien veröffentlicht.

Heike Großmann, *1977, Dresden, Pressesprecherin. Die Lyrik ist für sie Ausdruck ihrer innersten Gedanken. Ideen und Anreize findet sie daheim und auf Reisen.

Susanne Haug, *1981 im Ulm, arbeitet auf einer Jugendfarm. Sie schreibt für Leser jeden Alters, liebt Tiere, Pflanzen und das Malen.

Ingeborg Henrichs, *1956, Paderborn, zu Hause in Ostwestfalen, verfasst bevorzugt kürzere Texte. Veröffentlichungen in Anthologien.

Sophie Jauch, *2000, lebt mit ihrer Familie und vier Hühnern in der Nähe von Freiburg im Breisgau. »Urwaldexpedition« ist ihre erste Veröffentlichung.

Sabine Kohlert, *1970, wohnt und schreibt in Erlangen. Regelmäßige Veröffentlichungen von Lyrik und Prosatexten. Homepage: www.sabinekohlert.de

Sabine Kranich, *1963, Psychologin, lebt und arbeitet in Portugal (dazu: das Quinta-da-Fortuna Buch) und veröffentlicht Kurz- und Kindergeschichten.

Anja Kubica, *1983 in Radebeul, lebt in Dresden, Industriekauffrau, Veröffentlichungen in verschiedenen Anthologien u.a. im net-Verlag und im Elbverlag.

Michael Johannes B. Lange, *1968, erhielt 2014 für seinen Beitrag *Navigation* vom Autorenkreis Ruhr-Mark e.V. den 2. Preis beim Literaturwettbewerb *Prisma*.

Volker Liebelt, *1966, Öhringen, Bankkaufmann, hat über 35 Geschichten in Anthologien veröffentlicht, viele davon im net-Verlag.

Hans-Peter Lorang, *1952, wohnhaft in 54422 Neuhütten im Hunsrück, schreibt historische Romane, Kurzkrimis und Gedichte. Mehr über ihn unter www.lorang.de.

Heidemarie Opfinger schreibt seit mehr als 10 Jahren, hat bereits in Anthologien Lyrik und Kurzgeschichten veröffentlicht. Erste Kurzkrimis gibt es jetzt als E-Books.

Karin Pelka, *1983, lebt und schreibt in München, ist hauptberuflich IT-Systemelektronikerin mit einem Hang zum Fantastischen. – karin-pelka.jimdo.com

Angie Pfeiffer, *1955, Veröffentlichungen: 5 Romane, 15 eBooks, Kurzgeschichten in Anthologien, Literaturzeitschriften, der Tagespresse. Home: angie-pfeiffer.com

Karen Plate-Buchner, *1956, verheiratet, Mutter einer Tochter, ist Studienrätin, lebt in Berlin und hat »Der Prinz von Kreta – Schlichte Gedichte« geschrieben.

Christine Prinz, *1986 in Graz, vertrödelte einen denkwürdigen Monat als Soldatin und veröffentlicht mit »*Begegnungen*« nun ihre dritte Kurzgeschichte auf Deutsch.

Susanne Rübner wurde 1996 in Zerbst geboren. Zurzeit wohnt sie in der Universitätsstadt Hildesheim, wo sie Erziehungswissenschaften studiert.

Mona Schneider-Siepe, ist am 03.02.1993 geboren und wohnt derzeit im Sauerland, im kleinen Städtchen Attendorn. Sie ist zurzeit noch Schülerin.

Dr. Silke Vogt, *1966, wohnhaft im Westerwald, z.Z. schreibende Hausfrau und Mutter, bislang noch keine belletristischen Veröffentlichungen.

Michaela Weiß, *1991, wohnt in Pfungstadt und arbeitet als Inspektorin beim Regierungspräsidium Darmstadt. Dies ist ihre 7. Veröffentlichung in Anthologien.

1962 geboren, lebt **Karen Wright** in Devon. Sie hat Kinder- und Kochbücher aus dem Englischen übersetzt und eine Geschichte in einer Anthologie veröffentlicht.

Susanne Zetzl, *1965, Grafikerin; arbeitet und schreibt in Oberbayern. Veröffentlicht Kindergeschichten, Kurzgeschichten und Erzählungen. www.susanne-zetzl.de

Illustratorenbiografien

Sandra Braun, *1988, Chemnitz, Studentin an der Martin-Luther-Univ. Halle-Witt. Zeichnen ist seit frühester Kindheit ihr Hobby, http://deyvarah.deviantart.com

Franziska Buchner, *1991, studiert eigentlich in Lübeck Operngesang, steht auch auf der Theaterbühne und zeichnet gerne. www.franziskabuchner.de

Heidemarie Opfinger, siehe Autorenbiografie

Christine Prinz, siehe Autorenbiografie

Buchempfehlungen:

Schau in die Zukunft
Anthologie
ISBN 978-3-95720-073-0
13,95 €

Fräulein Karnecke
& Freunde
Kinderbuch Diana Stein
und Brigitte Puntschuh
Hardcover
ISBN 978-95720-114-0
14,95 €

Seelenkur am Gartenteich
Geschichten und Gedichte von
Waltraut Wozniak
Hardcover
ISBN 978-3-95720-117-1
15,95 €